U0586246

"双一流"背景下高等教育国际化理论探索与实践研究

于　漫　著

中国原子能出版社

图书在版编目（CIP）数据

"双一流"背景下高等教育国际化理论探索与实践研究 / 于漫著． -- 北京：中国原子能出版社，2022.7
ISBN 978-7-5221-2037-9

Ⅰ．①双… Ⅱ．①于… Ⅲ．①高等教育－国际化－研究－中国 Ⅳ．① G649.2

中国版本图书馆 CIP 数据核字（2022）第 136858 号

"双一流"背景下高等教育国际化理论探索与实践研究

出版发行	中国原子能出版社（北京市海淀区阜成路 43 号　100048）
责任编辑	杨晓宇
责任印制	赵　明
印　　刷	北京天恒嘉业印刷有限公司
经　　销	全国新华书店
开　　本	787 mm×1092 mm　　　1/16
印　　张	13
字　　数	230 千字
版　　次	2022 年 7 月第 1 版　　2022 年 7 月第 1 次印刷
书　　号	ISBN 978-7-5221-2037-9　　**定　价** 72.00 元

作者简介

于漫　女，1968 年生，吉林长春人。本科学历，讲师。毕业于东北师范大学，现任职于吉林大学。主要研究方向为本科教学管理与改革、人才培养模式改革、实践教学改革与探索、高等教育国际化。近年来致力于高校教育管理及教育教学改革与实践研究，主持并参与省、校级高校教学改革研究项目10 余项，在《教育教学论坛》等刊物上发表相关论文 10 余篇。

前　言

当前，我国教育教学在不断发展、革新与进步，同时也对高校的教育与发展提出了更高的要求。从近几年的实践来看，国际交流合作已成为高校推进一流学科和一流大学建设的重要引擎与重要路径，"双一流"建设和国际化发展如鸟之双翼，相辅相成。对此，本书紧紧围绕"'双一流'背景下高等教育国际化理论探索与实践"这一主题展开论述，分别从"双一流"背景下的高校建设、高等教育国际化概述、高等教育国际化发展现状分析、"双一流"背景下的国际学生流动，以及"双一流"背景下的高等教育国际化方面，做出了全面的解读。

全书共五章。第一章为"双一流"背景下高校建设，分别介绍了高水平大学建设的主要经验、"双一流"背景下高校行政管理建设、"双一流"背景下高校教学管理建设、"双一流"背景下高校师资队伍建设，以及"双一流"背景下高校建设发展困境及策略五方面的内容；第二章为高等教育国际化概述，分别介绍了高等教育国际化文献综述、高等教育国际化的历史进程、高等教育国际化的动因，以及高等教育国际化的现实含义四方面的内容；第三章为高等教育国际化发展现状，分别介绍了全球高等教育国际化的发展趋势、我国高等教育国际化发展现状、我国高等教育国际化发展存在的问题，以及推进我国高等教育国际化发展的策略四方面的内容；第四章为"双一流"背景下的国际学生流动，分别介绍了全球国际学生的流动以及市场竞争、国际学生全球流动及国家策略对比、国际学生向中国高校流动的因素、国际学生向中国高水平大学流动的特征以及机遇和发展空间、"双一流"背景下国际学生流动概况五方面的内容；第五章为"双一流"背景下的高等教育国际化，分别介绍了"双一流"背景下的高校国际化、"双一流"建设对高校国际化建设的影响、"双一流"背景下高校国际化存在的问题，以及"双一流"背景下高校国际化的发展思路四方面的内容。

在撰写本书的过程中，作者得到了许多专家学者的帮助和指导，参考了大量的学术文献，在此表示真诚的感谢。本书内容系统全面，论述条理清晰、深入浅出，但由于作者水平有限，书中难免会有不足之处，希望广大读者批评指正。

目　录

第一章 "双一流"背景下高校建设

本章的主要内容为"双一流"背景下高校建设，分别介绍了高水平大学建设的主要经验、"双一流"背景下高校行政管理建设、"双一流"背景下高校教学管理建设、"双一流"背景下高校师资队伍建设，以及"双一流"背景下高校建设发展困境及策略五个方面的内容。

第一节 高水平大学建设的主要经验

建设世界一流大学与高水平大学是党和国家的重大决策。《统筹推进世界一流大学和一流学科建设总体方案》提出了"双一流"高校建设规划。2015 年 10 月，国务院颁布了"双一流"建设总体方案，开启了我国"双一流"高校建设的新征程。那么，什么样的大学才是一流大学呢？对此，国内外学者尚无定论，但从教育特点、人才培养、师资队伍，以及管理体系等方面评判，世界一流大学一定是在可比较领域内综合指标排在世界前列的高校，一定是在推动社会发展、引领世界高等教育发展中发挥不可替代作用的高校。

近年来，根据夸夸雷利·西蒙兹（Quacquarelli Symonds，QS）世界大学排名、《泰晤士报高等教育》排名，以及世界大学学术排名三大最具影响力的世界大学排名数据来看，我国部分高校在这些榜单上的排名尽管日益提升，但总体上看，与世界一流高校的差距依然很大，国内高校上榜比例依然不高。我国高校要获得跨越式发展，实现"双一流"建设目标，必须培养世界眼光，在可比较领域，积极学习借鉴世界一流大学的成功经验，并结合新时代我国高等教育发展实际，逐渐培养具有中国特色的世界一流大学。纵观世界一流大学发展脉络，其成功经验可以归纳为以下几个方面。

一、有鲜明的办学特色

世界一流大学都十分注重自身办学特色的培育。例如，哈佛大学将创新性知识融入办学特色中，并致力于用这些创新性知识培育学生心智，使学生能充分利用学校给予的教育机会。牛津大学则以追求卓越为办学目标，充分彰显其在教学、科研、人才培养等诸多领域的领先地位，并通过科研服务和毕业生的卓越技能而广泛服务于国际社会、国家和地方。斯坦福大学临近硅谷，受其创新引领的影响，极力推崇学生创新创业，逐步形成了浓厚的创新创业氛围，因而在培养科技应用型人才和高科技企业家方面独树一帜。加州理工学院立足于"小而精"的发展路径，致力于研究科学领域前沿问题和基础理论，尽管学校占地和教职工规模都很小，但其尊重科学和科学至上的氛围异常浓厚，对世界顶级大学的教授和全球的优秀学生极具吸引力。香港科技大学坚持国际化办学和服务香港本地的发展导向，重点发展理工科专业，是一种"小而精"的发展。

由此可见，追求和培育鲜明的办学特色是世界一流大学取得成功的先决条件。我国高校在推进"双一流"建设的过程中，必须不断聚焦、凝练、培育出自身的办学特色。为此，高校首先要破除一些"去特色"的办学误区。这些误区主要体现在三个方面。一是贪大求全。如盲目的校园扩张、学科扩张，片面追求校园面积，追求师资和学生规模，不重质量，忽视内涵发展。二是盲目跟风。如社会上金融、贸易、法律等行业比较热门，很多高校便扎堆设置这些专业，而不是根据市场需求、政府需求、大学需求等因素综合决定，结果导致这些专业人才培养总量过剩，有些专业的学生面临毕业即失业的窘境。三是人才培养模式化，缺乏独立个性。四是评价标准单一。综合性大学和多科性大学同一标准，不同学科、不同类型的教师同一要求，缺乏鼓励特色发展的环境。杨福家院士曾说，一流大学不一定是综合大学，但必须具有鲜明特色。国内高校趋于同质化而办学导向不当的最大危害就是导致大学特色迷失。高校办学的趋同化，还会形成大学生态上的无效重叠和盲目竞争，从而造成办学资源的巨大浪费。办学特色建立于对学校既有办学条件和优势的综合利用，又要遵循高等教育办学规律和办学宗旨。当前，我国高校只有彻底纠正办学中的短视行为，回归教育本质、回归办学规律和宗旨，才能真正跻身于世界一流行列。

二、创新一流人才培养

世界一流大学都将培养创新型一流人才作为重要使命，择天下英才而育之，着力从全世界吸引各种不同背景的优秀学生前来就读，并通过丰厚的奖助学金及其他条件支持优秀学生的学习和研究。为吸引全球优秀学生、拓展生源，一流大学必须充分利用一流教师吸引一流学生，并利用一流学生吸引一流教师，同时为师生之间积极互动创造一流的学习和研究环境。例如，斯坦福大学重视培养学生独立思考和独立学习的能力，倾向于招收那些对科技创新感兴趣以及有创业潜质的学生。加州理工学院则注重结合本校培养目标和教育特色选拔学生，倾向于招收理工科科研方面的天才少年。正是这种相得益彰的良性互动，人才集聚效应才日益增强，从而使得这些大学办学更加成功。美国媒体曾宣布，在美国一流大学接受过系统学术训练并获得博士学位的中国学生90%选择留在美国。

目前，我国高等教育面对的国际环境发生了重大变革，正如教育部高等教育司司长吴岩所说："我们的舞台是世界舞台，我们的坐标是国际坐标，我们的格局是全球格局。"因此，面向未来，我国高校应该积极顺应这一趋势，树立世界人才观，站在人才培养至高点上，努力培养创新型一流人才。那么，如何打造这样的人才培养环境呢？

第一，要强调学术自由。世界一流大学必须具有浓厚的学术氛围，并尊重教授、学生的个性和差异性。大学学术自由概括来说体现在六个方面：学术理念自由、学术研究主题自由、研究思想表达自由、课程内容设置自由、课程评估自由、学生选课和研究自由。例如，斯坦福大学就极力推崇教授与学生进行科技创新和科技成果转化。

第二，改革教育教学管理模式。首先，要尊重学生选择权，使人才培养目标与社会需求相适应。为此，必须实施灵活的教育制度，如弹性学制，让学生有多样化的课程选择，从而适应未来社会发展需要。因此，高校要加大教育教学改革力度，打破专业壁垒，提供多样化的基础课程，加强专业规划指导，让学生根据学习习惯、学习需求和学习节奏来安排学业进度，扭转对课程被动接受的境况。其次，要基于创新创业教育目标要求，促进专业教育与创新创业教育的有机结合，优化以提高大学生实践能力为引领的人才培养流程，构建产教融合、协同育人的人才培养模式，搭建专业链与产业链、课程内容与专业标准、教学过程与生产过程之间的联系网络。例如，斯坦福大学在推动专业教育和创新创业教育方面堪称典范，强调院系与项目、师生间，产学研与创业企业家、创业投资家间开展开放式互动联系，构筑开放的、网络式的层次结构，从而有力地促进创新创业教育发展。最后，要鼓励学科交叉融合。根据社会对人才的需求，探索构建跨学院、跨学科、跨专业交叉培养的创新创业人才机制。例如，宾夕法尼亚大学实施的无障碍跨学科教育就有力地促进了人才培养由学科专业单一型向多学科复合型的转变。

第三，打造生态优美、融洽的校园环境。校园环境是大学软实力之一，风格独特、环境优美的大学校园能够发挥影响人、塑造人的重要作用。世界一流大学都着力于大学软环境的建设。美国西海岸和我国香港的顶尖大学的地理位置都非常特别、共性明显，即大部分都是依山傍海，校园整体环境干净优美，绿化率较高，建筑风格明显，节能环保设计几乎无处不在，历史建筑和文物古迹得到妥善保护，各种特色的博物馆更是蕴含了大学的人文和艺术气息。例如，斯坦福大学的校园环境是典型的"大而美"，校园环境外观与大学的整体人文气息相互衬托，学术环境和自然环境更是相得益彰。

三、组建特色一流队伍

世界一流大学离不开一流师资。为此，这些一流大学会根据本身需求采用不同策略从全球范围内选聘一流师资，而且要求这些目标师资必须在研究能力和研究水平上在同行评价中居于前列，从而确保师资队伍始终处于一流水平。虽然选聘一流师资是确保大学始终处于优势地位的关键，但如果离开有效制度保障和持续不断培养投入，也依然无法凝聚起或者保持住这样的一流队伍。世界一流大学善于吸引具有国际化特色一流师资，其经验主要体现在以下三方面。

第一，严格的选聘标准。世界一流大学基本坚持严格的选聘标准。例如，斯坦福大学规定助理教授候选人的研究水平和研究能力应在全球领先，在同行评估中应在本学科或所属研究领域的排名靠前。有一些一流高校的学院选拔条件更高，如斯坦福大学的计算机系，基本上只考虑本领域内近三年的前三名。又如，加州理工学院在聘请师资方面比斯坦福大学的招聘条件和招聘标准更严苛，通常都只考虑在所研究领域3～5年内排名第一的人，且始终秉持宁缺毋滥的选聘原则，因此教授职位平均需要8年左右的时间才能找到合适的人选。

第二，良好的制度保障。世界一流大学基本拥有雄厚的办学资源。例如，斯坦福大学凭借其雄厚的财力为学校教职工提供了舒适的工作环境、良好的研究条件和生活条件，最大限度地解决了教职工的一切忧虑，因此他们能够心无旁骛地开展教学和研究。又如，马里兰大学通过设置教学卓越中心，建立了集中培训新聘教师制度和初任教师指导制度，强化对新任教师的培训和指导，从而确保新任教师短期内迅速提高教学水平；同时鼓励年轻教师积极参与科研，鼓励教学相长，多渠道促进新聘教师的成长。

第三，避免"近亲繁殖"。世界一流高校一般不招聘本校毕业直接读博士的人才，因为"近亲繁殖"会阻碍大学创新。当然，世界一流大学也不是绝对不选聘其本校毕业生，前提是毕业生需在其他大学做出较为突出的研究成果并被同行高度认可。

卓越的师资是大学战略性资源。正如哈佛大学第 23 任校长科南特所说的那样："大学的荣誉不在于其学校建筑和在校人数，而在于素质优良的教师代代相传。一所学校要站得住，教师一定要出色。"一流师资一定是在开放的环境中养成和锻造的，然而我国的人才体系还是在一个相对比较封闭的环境中运行，人才要素流动缺乏相应机制，尤其是在国内"双一流"建设方案公布后，引发了国内高校间激烈的人才争夺战。一时间的"孔雀东南飞"，造成中西部大学出现较为明显的人才流失现象，"挖人"和"被挖"已经成为当前高校的常态。这种"为建设而建设"的盲目抢人大战，从实际效果来看，并不能够解决高校高端人才缺乏的短板，反而对高校原有的师资队伍建设和高层次人才梯队会造成大的冲击。国内高校建设一流师资队伍的关键在于人才的结构性问题和人才国际化问题。首先，要加大人才培养力度，尤其是对年轻教师的培养，要让他们在宽松的学术氛围中锻炼提升。同时，还要打破学科之间的壁垒，淡化学科边界，加强学科间的交叉融合。例如，哈佛大学十分注重跨学科研究和跨学科延揽人才。其次，要改革考核机制。考核机制是影响教师努力方向的指挥棒，国际一流大学在对本校教师的考核方面要充分体现灵活性和实用性。如斯坦福大学非常重视科研成果转化，并为研究者的评估机制和转换机制提供便利，因此斯坦福大学的科技成果转化率和收益率都非常高，2014 年该校的专利许可收益就高达 1.08 亿美元。而国内的考核机制相比而言就显得僵化、模式化和单一化。例如，在学术科研成果转化上，国内考核机制使学者更有动力将成果体现在论文发表而不是产学研融合和成果转化上。现有数据也充分证明了这一点，中国科研成果转化率只有 10% 左右，远低于那些发达国家 40% 的水平，早在 20 世纪 90 年代，美国科研成果转化率就已高达 80%。因此，考核机制的调整和改革迫在眉睫，这样才能激发并释放出科研人员的创新动力。最后，要避免"近亲繁殖"，杜绝形成"学派"或者"学术山头""学术霸权"，芝加哥经济学派的发展与衰败就是对这种现象的诠释。

四、完善一流管理体系

英国高等教育管理专家夏托克指出，人们往往把成功的大学归因于优秀的教学和科研，而非管理；但是良好的管理恰恰可以为教学、科研快速发展提供合适的条件。与之相反，管理不善会使大学错失机遇，从而影响教学与科研正常发展，最终导致大学日渐式微。按照国际一些名牌大学的办学经验，要成为世界一流大学必须拥有一流管理和治理体系。

第一，夯实学院办学主体地位。世界一流大学都是强调将管理重心放在基层学术组织上，并使之享有高度自治权。如英国的牛津大学和剑桥大学的基层学院在管理、治理中有很多的话语权。自创立伊始，这些基层学院便拥有教学、科研、人事、招生、财政等方面的自主管理权。

第二，推崇扁平化的管理体系。扁平化管理体系的最大优势是能使大学内部的管理更加灵活、敏捷、高效。例如，法国大学实行的是"大学与科研单位"这样的两级结构。英国大学建立了"大学与学群"这样的两级结构，基本体现为小机关、大学院这样的管理组织体系，这些扁平化管理体系都最大化地激发了基层组织的活力。

第三，独立自主办学。世界一流大学可以自主决定发展方向、自主决定管理人员、自主评聘教职人员、自主招收学生、自主制定课程体系、自主决定研究方向。教授可以根据大学章程在相应的事务管理中扮演重要的角色。

第四，充足的经费保障。世界一流大学之所以取得世界领先的研究和教学成果，与其长期以来拥有雄厚的办学经费是分不开的。例如，加州理工学院近年来学校经费平均每年高达 4 亿美元，280 名教授年人均经费高达 142 万美元。

反观国内高校，大学管理体系依然存在诸如机制不顺、管理失灵、机构臃肿、效率低下、基层组织活力不足等问题。因此，必须解决这些高校办学中的问题，才能顺利推进我国高等教育"双一流"的建设目标。诚然，我国高校不能生搬硬套世界一流大学的办学模式，但可以借鉴世界一流大学的管理经验。在此基础上，笔者就国内高校管理体系改革方向提出以下建议。首先，要继续完善和加强党委领导下的校长负责制，形成党委领导、依法治校、教授治学、科学管理、民主参与的高校治理模式。其次，要扩大高校办学自主权，激发高校在办学过程中的主动性和自主性。最后，要建立扁平式组织架构，实现管理重心下移，尤其是要对校院两级管理模式进行调整，对学院放权，充分激发学院办学活力，不断增强学院内部管理的灵活度、敏捷度，提高效率。

当然,世界一流大学不是一朝一夕铸就的,如哈佛大学也是走过艰苦的创建之路才发展成为今天成就卓越、影响深远的全美学府之首。我国高等教育尽管起步晚,但是伴随我国在国际社会的崛起,高等教育将迎来重大发展机遇。相信只要不断革故鼎新、坚持走内涵式发展之路,我国高校"双一流"建设目标就一定能实现,我国也一定会成为真正的高等教育强国。

第二节 "双一流"背景下高校行政管理建设

习近平总书记在全国教育大会上发表重要讲话,强调加强党的领导对做好教育工作的极端重要性,对加强党对教育工作的全面领导提出了明确要求,为建设教育强国、加快推进高校"双一流"建设、办好人民满意的教育指明了政治方向,并提供了强劲动力。开展"双一流"建设的过程中需要高标准、严要求。高校机关作为高校管理的重要枢纽和服务窗口,也必须在"双一流"建设中提高工作效能和管理水平,只有从根本上加强高校行政管理建设,才能为"双一流"建设提供坚实的保障。

一、高校行政管理的重要意义

(一)指引方向

高校的"双一流"建设需要高校机关不断提高政治站位,用习近平新时代中国特色社会主义思想武装头脑,在政治方向、核心价值观等问题上符合新时代中国特色社会主义的根本要求。同时,在高校的"双一流"建设过程中,高校机关虽然不一定是决策部门,但是很多时候会承担提供信息、辅助决策的职能。高校机关加强行政管理,在做好本职服务管理工作的同时,可以通过提出问题、调查研究、分析评估、试验论证等方式,向决策管理层提出建议,从而辅助高校在开展"双一流"建设的过程中得到的信息准确可靠,选择方法科学有效,从而更好地为"双一流"建设指引方向。

(二)凝心聚力

高校"双一流"建设是一项巨大的教育工程,在习近平新时代中国特色社会主义思想的指导下,高校的"双一流"建设需要一支团结的、有战斗力的队伍,这支队伍要坚定社会主义办学方向、围绕着学校"双一流"建设的目标扎实推进，这其中既离不开校党委的领导，也要求高校机关的工作人员主动投入"双一流"建设的工作中，将管理与服务和"双一流"建设的目标相结合，提升管理和服务能力，通过管理和服务将全校师生团结起来，共同为"双一流"建设的目标努力。

（三）提高斗志

高校的"双一流"建设，需要凝聚全校师生的智慧和力量，共同做好相关工作。然而高校机关工作人员中还存在着素质参差不齐，年龄结构、知识结构不合理等问题，同时也有一些工作人员经验不足，无法处理复杂问题。因此，加强高校的行政管理工作，让高校机关工作人员在本职岗位上兢兢业业，通过行政管理切实加强工作人员的工作能力和责任心，改善对学生和教师的引领、服务和管理，可以在学校内部增强师生向心力，为"双一流"建设提供强大的动力支持。

（四）提供保障

校园风气直接影响着"双一流"建设的实际成果，也直接影响着培养人才的质量。高校行政管理是全面贯彻落实从严治党的重要一步，通过加强高校行政管理工作，尤其是加强高校机关工作人员在党风党纪方面的学习，不仅可以监督机关工作人员在工作中严守党的纪律，也可以营造一个风清气正的校园氛围，通过高校行政管理促成良好的工作、学习氛围，让更多的师生投身"双一流"建设的浪潮。

（五）提高政治站位

高校的行政管理是一项需要长期坚持的工作。高校管理层是否真正重视行政管理、能否切实抓好行政管理，是衡量政治站位的一把尺子，检验的是他们的"四个意识"强不强、政治素养高不高。习近平总书记做出了"纠正'四风'不能止步，作风建设永远在路上"的重要指示。这需要高校机关工作人员自觉学习并贯彻落实党的十九大精神，以习近平新时代中国特色社会主义思想为指引，积极投入日常工作，时刻保持政治的敏感性，提高政治站位。旗帜鲜明讲政治是马克思主义政党的根本要求，在高校"双一流"的建设中必须坚持正确的政治方向，牢固树立政治意识、大局意识、核心意识、看齐意识，用习近平新时代中国特色社会主义思想武装广大师生头脑，全面贯彻党的路线方针政策，牢牢把握中国特色社会主义办学方向。

（六）立足本职工作

高校行政管理是加强与改进大学生思想政治教育、维护高校稳定的重要保证。因此，高校机关工作人员需勤勤恳恳做好本职工作，落实好组织的工作方针，达成组织的工作目标，形成高校正确和良性发展的工作氛围；从本职工作做起，加强高校机关作风建设，推行廉政文化建设，净化教育环境，形成良好的文化氛围；紧跟党的领导，落实全面从严治党；避免校园风气走向物质化、利益化，强化思想教育，健全监督机制。

（七）完善自身建设

行政管理需要高校机关工作人员个人素质能力不断提高。机关工作人员的理论素质和业务素质决定了其服务的水平质量。这要求高校机关工作人员通过提高政治理论素质、提高专业工作能力、掌握办公自动化相关的技能知识来提高工作效率。在新时代行政管理背景下，秉持服务科学化原则，要求高校机关工作人员深入了解广大师生的需求，根据具体的需求创新服务方式，在创新管理理念与管理方式的同时加强服务，始终将广大师生的利益牢记于心。

二、高校行政管理的主要内容

在高校综合改革背景下，行政管理必须与高校的改革和发展紧密结合，以党的行政管理为指导，找准问题、精准发力，使行政管理成效真正体现在机关工作的各个方面。

与此同时，高校行政管理还需要强化问题导向。目前高校行政管理存在的主要问题包括：理想信念不够坚定；主动学习积极性不强，规定的学习过程常常走过场；创新意识和能力较弱，习惯依赖老办法；工作责任心不够，满足于完成任务，存在一定程度的形式主义；对岗位业务不够熟练，有时存在脱离实际的情况；机关部门与部门之间协同能力不强；机关为基层师生服务的意识还不够；等等。

因此，高校行政管理需要重点加强高校机关人员的学习、思想、工作和组织作风，努力克服存在的不足。

（一）学习行政管理

高校综合改革是一项复杂的系统工程，改革要想顺利推进，就需要将各种政策要求与高校的发展目标及师生的利益诉求相结合，而要想解决这个难题，则需要高校机关工作人员形成主动从书本中学、从工作中学、从群众中学的风气，从而为改革积累所需的知识和能力。

（二）思想行政管理

高校机关队伍是高校综合改革的重要参与者与执行者，机关工作人员的思想认识是决定改革成败的重要因素，也是高校行政管理的基础。作为高校机关工作人员，如果思想上不认同改革的动机，不赞成改革的行为，那么如何推动改革；如果没有清楚地认识到高校综合改革的重大意义，那么如何意识到所担负的责任。因此，高校行政管理应该让每一名机关工作人员都具有大局观和责任心。

（三）工作行政管理

首先，高校综合改革的最终目标是服务师生，在改革的过程中，需要形成密切联系师生的工作作风。其次，为了让改革措施能真正在高校落地，需要形成理论联系实际的工作作风，将改革的目标与高校的实际相联系。最后，为了解决改革中出现的新情况和新问题，需要高校机关工作人员形成勇于创新的工作作风。

（四）组织行政管理

高校综合改革的系统性要求机关各部门能够在改革过程中统筹协调、共同推进。因此，高校机关各部门在面临改革困难时，应具备迎难而上的精神、敢与困难作斗争的勇气和团结协作的良好作风。

（五）领导干部行政管理

高校综合改革中，高校机关领导干部的言行不仅代表了机关的形象，而且为其他机关工作人员也起到示范和表率作用。因此，高校机关领导干部应当保持清正廉洁、敢于担当，带头发扬不怕苦、不怕累和无私奉献精神等的优良作风。

三、加强高校党的领导和建设

高校行政管理工作的关键在于加强党的领导和党的建设，这既是高校的政治自觉，也是由客观因素决定的。

第一，加强党的领导能够使高校行政管理形成统一的领导核心。中国共产党是中国特色社会主义事业的坚强领导核心，是最高政治领导力量，各个领域都必须坚定自觉坚持党的领导。高校行政管理密切关系到高校综合改革的大局，是社会主义教育事业改革和发展的重要组成部分，必须坚定和加强党的领导，形成统一的领导核心，凝聚广大党员群众的力量。

第二，加强党的领导能够使高校行政管理保持正确的改革和建设方向。在带领中国人民进行革命和改革的历程中，中国共产党积累了丰富的关于行政管理的理论和实践经验，对高校行政管理工作具有重要的指导意义。加强党的领导，可以使高校行政管理工作具有明确的方向。

第三，加强党的领导和党的建设能够使高校行政管理形成长效机制。高校行政管理是一项长期工程，一方面高校行政管理工作不是一蹴而就的，而需要在高校改革与发展中长期坚持和改进；另一方面高校行政管理工作具有反复性，稍有松懈，就会偏离正确方向。在高校行政管理工作过程中，加强党的领导，并与党的建设紧密联系起来，可以促进高校行政管理工作常态化，从而保障高校行政管理成效。

四、培养优秀青年管理干部

随着我国高等教育的发展，高校之间的竞争不仅是人才培养、科学研究、学科建设之间的差异化，支撑高校教学、科研工作的行政和教辅管理干部队伍的差异化也会影响学校的整体建设和发展。从某种意义上来讲，高校青年管理干部的素质与水平将决定着高校的管理水平和办学效益，在我国这一特殊的高等教育体制机制下，如何激发青年管理干部的工作热情和激情，如何打造一支专业程度高、职业能力强的管理干部队伍已成为一个重要的研究课题。

（一）加强青年干部职业生涯管理

1.提升自我能力和外部环境认知

在教育对外开放和高校"双一流"建设的大环境下，高校青年管理干部所处的环境与此前相比发生了较大的变化，因此正确认识自我与环境的关系是做好职业生涯规划的前提和基础，也就是说，成功的职业生涯规划必须综合考虑自身条件和外部环境之间的关系，并对这一关系做出充分、科学、全面的认知，如果对个人和环境的认知不到位或者存在偏差，那么在此基础上建立的职业生涯规划与个人发展就会存在较大偏差。科学的职业生涯规划有规律可循，可以通过使用一系列科学的评估工具，如霍兰德职业倾向测试来进行自我评估、诊断问题，分析自身的优劣势，进而确立目标，评估自我和环境的关系，进行职业定位，采取相应的策略，进一步评估和反馈。在整个过程中，高校青年管理干部需要通过一整套科学有效的工具来认知自我，认知自己所处的社会环境和学校环境，寻找差异，主动找寻各种与个人发展相关的信息，如学校的中长期发展规划、人才培养方案、学科建设方案等。高校青年管理干部只有正确认识到自己在职业生涯发展中的矛盾和压力，不断增强自我激励和自我疏导教育，才能保持良好的心理健康状态。

2. 确定目标与路线

高校青年管理干部应对自我和环境有个相对正确的认知，在此基础上，需要明确自身的职业发展方向，确定未来的目标与发展路径，具体的做法为：高校青年管理干部在确定目标后，要对自身的职业发展做出短期、中期和长期的发展规划，对不同时期的发展制订出具有差异化的实施方案，个人的发展必须结合国家、学校的发展大局，与国家、学校的发展融合起来。

3. 动态反馈与修正

职业生涯规划是一个动态调整的过程，高校青年管理干部需要用发展的思路来看待职业生涯规划，并在实践中不断去检验，如果实践过程中出现问题或者与设定的目标有所偏离，则需要寻找问题的根源，制定相应的对策。同时，在制定策略时，高校青年管理干部需要将自我评价和他人评价结合起来，不断对所制订的行动计划进行修订和评估，更新职业生涯规划，通过这种动态的反馈和修正，帮助高校青年管理干部不断提高自身发展能力，增强其实现职业发展目标的信心。

（二）加强组织职业生涯管理

1. 指导青年管理干部的职业生涯规划

目前，很多高校已经为本校的学生开展了相关的职业生涯规划指导和培训，对于本校的青年管理干部，在利用现有资源的基础上，通过挑选学校中工作能力强、经验丰富的干部采取以"传、帮、带"的方式来指导青年管理干部的职业生涯规划。例如，根据每位青年管理干部的专业能力和性格特点制定个性化的职业生涯规划。同时，还可以发挥二级学院（系）、部门单位的作用，在二级单位层面建立本单位的青年管理干部职业发展档案，并在可能的情况下，对本单位青年管理干部的职业发展目标实现情况进行必要的监督和管理。在学校层面，可以考虑成立教师发展机构为青年管理干部职业发展提供专业的指导和咨询，通过举办相关的专业论坛、主题研讨、职业技能培训、学术交流等活动，为青年管理干部的职业发展搭建平台和桥梁，促进青年管理干部的职业发展。

2. 构建完善的培训体系

高校应该为青年管理干部提供完善的岗前培训与岗位培训。通过调研发现，尽管高校青年管理干部队伍整体的文化程度较高，但是专业差异化较大，并且大部分人没有接受过教育理论的学习和实践训练，而专业化的岗前培训恰好可以弥补这一缺失，为这些人未来的职业发展奠定良好的基础；当青年管理干部走上工作岗位后，高校再根据相应的工作职能和任务对其进行实践培训，这有助于青年管理干部进一步明确职业定位和未来发展目标。

高校的培训形式可以多样化，即可适当将长期培训和短期培训结合起来、将国内培训和国际培训结合起来。尤其是随着高等教育国际化的发展，以及教育对外开放的不断深入，高校对青年管理干部的国际化业务水平提出了更高的要求，国际培训不仅能够帮助高校青年管理干部拓宽国际视野，更重要的是通过国际化的专业培训，能够帮助高校青年管理干部了解和掌握国际通用规则与惯例。

3. 建立合理的激励机制

激励机制是高校对青年管理干部进行职业生涯规划管理的必要手段。高校需要建立公正、公平、公开的绩效考核机制，制定科学的考核评价指标体系，明确考核目标，并根据考核结果发现青年管理干部在职业生涯发展中出现的问题，对结果进行反馈，帮助青年管理干部制定有针对性的方案来改善和修正其职业生涯发展规划。

第三节　"双一流"背景下高校教学管理建设

2015 年 10 月 24 日，国务院发布《统筹推进世界一流大学和一流学科建设总体方案》，这是我国高等教育领域自"985 工程""211 工程"之后的又一项国家教育重点建设工程，建设目标是：在 2020 年左右，使我国若干所大学和一批学科进入世界一流行列，若干学科进入世界一流学科前列；到 2030 年，更多的大学和学科进入世界一流行列，若干所大学进入世界一流大学前列，一批学科进入世界一流学科前列，高等教育整体实力显著提升；在 2050 年左右使一流大学与一流学科的数量和实力进入世界前列，基本建成高等教育强国。一流大学建设，一方面涵盖建设一流师资队伍，培养创新拔尖人才，提升科学研究水平，传承创新优秀文化，推进成果转化；另一方面要实现人才培养目标，需要提供一流管理和一流服务，创造相应的条件、环境和氛围，释放高校办学活力，激发师生教育与学术的梦想。高校教学管理水平直接影响教学质量及学生素质的培养。

高校教学管理是根据教学规律和计划，对教学的全过程及各项教学活动进行合理的组织、协调和指挥，目的是建立一个拥有稳定教学秩序和良好运行机制的教学管理环境，从而实现教学计划目标。作为高校管理工作的重要组成部分，教学管理是重点内容，可为高校的教学秩序和教学质量提供有力保障。在高校"双一流"建设背景下，教学管理工作如何加强服务意识，创新管理方式，以提供一流的管理服务为目标，不断适应高校的改革与发展是值得研究的课题。

一、高校"双一流"建设对教学管理人员的要求

（一）树立以人为本的服务意识

教学管理工作的核心是管理，本质是服务，即为教学工作服务，为学校、院系领导服务，为师生服务。需要在服务的基础上进行科学化管理，在服务中规范管理，在管理中体现服务，实现管理与服务的有机结合。教务部门是高校服务育人的一个重要阵地和窗口，最能体现服务质量。教学管理人员只有增强服务意识，树立以人为本的服务思想，才能不断提升教学管理服务水平。提高服务意识具体体现在以下几方面。①服务领导时，当好领导的助手，做好信息沟通和决策参谋方面的服务，为领导提供可操作的有关教学管理方面的意见和建议。②服务教师时，能从教师实际情况出发，合理统筹，帮助教师解决后顾之忧，做到"在管理中体现服务，在服务中实现管理"，如针对教师上课时间的安排，在不违反相关规定的情况下，尽可能采取灵活变通的方式避免教师教学工作与家庭之间发生矛盾。③服务学生时，应多从学生的角度出发，尊重、理解、关爱学生，尊重学生的个性差异与多元选择，人性化地执行教学管理规章制度，确保规章制度既不失权威性，又具有人文关怀，实现"在管理中育人，在服务中育人"。

教学管理规章制度是刚性的，执行过程应是公平的、严肃的，这是教学管理工作在管理方面的体现。在执行具体教务政策、办理具体事务流程时，教学管理人员应从师生的角度出发，主动了解师生的需求，为他们提供相关信息，简化办事流程，加强信息流通，为师生提供便利的服务，这是教学管理工作在服务方面的体现。教学管理人员应广泛听取师生的意见，认真分析师生反映的实际问题，积极向学校上级部门反馈，尽一切努力满足师生的合理要求，即使问题一时难以解决或不能满足要求，也要耐心地给予解释说明。

（二）提高素质和业务能力

教学管理人员的管理水平直接影响教学运行和质量提升的各个环节，努力提高教学管理人员素质和业务能力，有利于形成"热心服务、细心管理、精心监控、

潜心改革"的教学管理工作风气。教学管理人员不仅要熟悉教学管理的工作流程、业务内容和规章制度，还需努力提高信息处理能力和应急处理能力，更新教育教学管理理念，加强英语沟通能力，切实提升管理能力和服务水平。在教学改革不断深化，新问题、新任务不断涌现的新时期，教学管理人员在工作中要勇于创新和突破，对自身工作提出新标准、新目标，升级工作模式，全面激发教学管理工作的活力，不断适应教学管理工作的新形势。例如，编制教务手册，为师生提供专业、便捷、易懂的教务服务指南；开设教务公众号，及时发布教务信息和最新政策。根据服务对象的需求不同，提供个性化服务。此外，教学管理人员应具有良好的政治素质，工作态度亲切、谦和、耐心，爱岗敬业，服务热忱，工作务实，作风严谨，为人正直。

高校应建立教学管理人员的在职培训制度，通过业务培训、知识学习、岗位交流等提高教学管理人员的业务能力；定期召开教学管理研讨会，组织专家进行专题培训、开设系列讲座；鼓励教学管理人员在职培训，增加外出学习交流与调研的机会，学习国际一流大学先进的教学管理理念，拓宽视野，培养创新意识，准确把握全球高等教育发展规律。为防止教务人员在同一岗位工作时间过长而产生惰性和经验主义，可在教务部门内部进行岗位流动调换，一方面可以让教学管理人员对新的工作产生兴趣；另一方面也能让教学管理人员对教学管理全过程、全内容充分熟悉和牢固掌握，从而拓宽业务范围。

（三）健全教学评价和激励机制

制定科学的绩效考核制度，对教学管理人员进行客观公正的评价。教学管理人员服务的对象是广大师生，在评价教学管理人员的工作绩效时，师生具有一定的发言权。在现有的自我评价和领导评价基础上，应增加同行评价和师生代表评价，让各参评主体在绩效评价中均占一定权重，全方位评价教学管理人员的工作绩效，并根据绩效给予相应的奖励和晋升机会，体现"多劳者多得，效优者晋升优先"的原则。

不断提高教学管理人员的工资待遇，为他们提供评定相应专业技术职务的机会，对表现优异的教学管理人员，给予充分的物质和精神奖励。通过表扬、培训、奖励、晋升等多种激励形式，提升教学管理人员工作的积极性和主动性，增强他们的获得感和归属感。

（四）建立标准化教学管理流程

教学管理相关条例或规定内容通常涉及面广、时效性强，经常因为一些细节和关键点的疏忽，带来不必要的失误，造成负面影响。所以应建立一整套标准化的教务工作流程，汇编成册，方便教学管理人员随时查阅工作进展、工作内容和下一节点安排，做到流程标准化、信息全透明、进展全跟踪，供全校师生使用和参考。

（五）优化教学管理系统

当前，随着云计算、大数据、"互联网+"、物联网、人工智能等新一代信息技术的快速发展，整个社会正在迈入智能化时代。基于人工智能技术的智慧校园建设已越来越引起高校的重视。智慧校园下的教学管理系统应把学校教务各部门现有的分散的、各自为政的信息化系统与资源进行有效整合，构建一个"一站式"的简便、快捷的智慧教学管理信息服务平台，从而提升教学管理的专业性、交互性和智能性。师生可以轻松通过一个信息入口，进行相关的信息查询和数据处理，使信息资源高度共享。利用互联网移动技术，师生能够通过计算机或移动设备在任何时间、任何地点登录系统查询需要的教务信息和内容，进行数据处理、在线学习等。高校应充分利用人工智能、数据挖掘等技术主动服务师生，提供个性化服务，如系统可以根据不同学生需要和学习能力，提供个性化的选课建议等；提供更多操作简便的自助式服务功能，减少事务性业务耗费的时间，避免重复填报，提高信息数据的利用率，充分利用强大的数据分析和统计功能，将重复烦琐的工作量降到最低。智能信息系统还应具有接受师生的信息反馈功能，可以给出解决方案。

（六）提升教学管理国际化服务水平

国际化是当今高等教育发展的潮流，也是世界一流大学办学成功的指标之一。提升教学管理国际化服务水平，教学管理人员应具有国际化视野，能够进行无障碍交流。运用现代科学技术，为所有管理文件、课程、管理系统提供即时英文翻译和转换，使高校与国际间的交流与互动更为便利、高效。

综上所述，随着教学管理人员的素质逐步提高，他们的服务意识不断增强，教学管理方式更趋于人性化、信息化、科学化、规范化，教学管理的质量和效率都将会显著提升。

二、以培养国际化人才为教学目标

高等教育能够实现知识的传承与创新，但在封闭的体系中，这一功能将受到诸多限制。国际交流在广泛的文化碰撞中会引发知识的传播和再生产，在当前世界经济一体化进程中有着不容忽视的作用，因为这一形式所倡导的开放、包容等精神品质有利于"教育共同体"乃至"人类命运共同体"的最终形成。进入现代社会以来，以科学技术变革为支撑的经济全球化浪潮使得高校教育教学日益面对更为深广复杂的现实世界和思想维度，并努力打造出全球学习的人才培养体系，将全球胜任力作为人才培养的核心目标之一。拓宽大学生的国际化视野，提升跨文化交流与合作的能力是大学的责任与使命，而每个大学生都要超越自己民族、国家的地理疆界去解构新知识，在国家、民族面向全球的"大我"格局中塑造自我，进而形成自身的民族尊严感、国家立场、公共观念和社会责任意识。

国际化人才是指具有国际化视野和外向包容式知识结构，有能力在经济全球化学习与竞争中适应生存并主动发展的人群。国际化人才所包含的素养内涵丰富，但主要应体现在以下几方面：具有朴素的国际化视野和积极的创新愿望；拥有国际场合的社交能力；能够进行跨文化表达与互动；能够进行快速有效的信息收集和处置能力；拥有健康的价值观和心理素质，能将爱国主义、民族情感和国际主义精神恰当地融合。跨境教育作为国际交流的重要内容和形式，可以帮助高校实现国际化人才培养目标。

跨境教育概念的提出始于加拿大学者简·奈特。他于 2003 年将跨境教育定义为："教师、学生、项目、机构、办学者在跨越国家司法管辖边界的情况下开展的教育活动。"跨境教育可以成为发展合作项目、学术合作关系和商业贸易的一部分而存在，它的分类跨度很广，包括留学海外、"结对子"、特许专营和建立外国分校等多种类型。按照简·奈特的分类，跨境教育可以概括成五种流动形式：一是以人员作为主体的跨境流动，包括教师跨境进修和学生跨境学习两方面，其相关人员在大学中最基本的身份体现为访问学者、交换生等；二是以项目作为主体的跨境流动，包括跨境教育合作项目、通过网络提供的学习项目和向国外机构出售或特许的教育培训课程等内容，在高校国际交流工作中，以项目作为主体的跨境流动的主要表现形式有联合培养、远程教育等；三是以提供者作为主体的流动，如教育机构跨境流动，包括在国外设立教育培训机构、开展国际合作办学等，如在境外设立分校、虚拟大学等；四是以设立的工程和服务作为主体的跨境流动，如根据某个学科的发展需要，共同开展某项科学研究和教育服务等；五是以政策作为实施主体的流动，如在国家、管理、学术政策层面，具体表现为学分互认等。上述五种形式既可以单独存在，也可在同一个跨境教育活动产生时交叉存在，如当学生以交换生的身份赴境外学习和交流时，要以签署的合作项目为载体方可开展跨境教育活动，而攻读课程也需要双方学校在互认学分的前提下才可以实施转换。

（一）树立明确的国际化人才培养目标

在经济全球化的背景下，高校"双一流"建设进程中，高校要认清高等教育的重要职责是培养应对国际竞争和挑战的国际化人才。我国高校尤其是"双一流"建设高校应在培养目标与办学理念中明确提出国际化人才培养的内涵和目标，借鉴国外世界一流大学人才培养的有益经验，从办学理念和培养目标着手，根据各学科专业的实际情况，在培养目标中增加国际化内容，进而确定具体的国际化教育措施，提出具备国际化素养的相关标准和要求。

（二）加强师资队伍国际化建设力度

在高等教育国际化大背景下，师资队伍的国际化程度已成为大学综合实力的衡量指标之一，因此若想实现国内高校教育国际化的目标，就要让师资力量达到国际化教育的标准，这样才能保证教师所提供的教学服务能够满足学生向国际化发展的需要。具体可从六方面促进师资队伍国际化。一是通过广泛招聘境外优秀教师和吸引世界各地的访问学者来提升师资国际化的水平。二是要进一步加强与世界一流名校间的交流与合作，为教师提供与国外名师交流的机会。三是广泛吸引各国学者来校访问。一方面可以加强访问学者与本校师生间的交流，拓宽本校师生的国际视野，丰富校园文化；另一方面也可以从访问学者中寻找具有世界一流学术水平的人才。四是聘请外籍专家来校任教。聘请外籍教师是实现教师队伍国际化发展的重要途径，开展学术讲座与短期讲学能够促进高校人才培养、学科建设和科研水平的发展。五是加强现有教师的国际化培养与培训，丰富在校教师的国际化经历与体验，使其拓宽国际视野，提高处理国际事务的能力。例如，通过各种交流项目或学术假期，为教师提供出国学习、进修和访问的机会，或有计划、有重点地将优秀教师、专业负责人、学科带头人、青年骨干教师等派往国外名校进修，通过长短期结合的交流方式，更新教师的教育理念与教学方式，培养教师主动推进教育国际化的意识，让教师从教学内容的选择、教学方式的采用及教学理念的应用等方面把教育国际化工作落到实处，并在教学过程中得到体现，提升教师的授课水平和科研能力，从而提高教学质量。六是不断探索与推进构建具有自由宽松的学术氛围、鼓励学术创新、确保良性流动、保障教师归属感的较为先进、合理、科学和人性化的师资管理制度，同时鼓励教师开展实质性的国际学术交流以及教学科研方面的全方位合作。

（三）提升能力推进教学模式国际化

人才培养主要通过具体的教学过程来体现，而教学质量的高低则主要体现在课程体系的设置上，因此可从四方面来推进教学模式国际化。一是在本科课程设置上要遵循学科发展的规律，体现不同学科发展的前沿知识，凸显交叉学科、边缘学科和新兴学科的发展特点，有选择地选用国际上先进的外文教材，不断将最新成果补充到相关课程中。二是探索现有本科四年制培养体系从单一模式向多元模式的转变。例如，学习和借鉴国（境）外合作院校的办学经验，尝试对接国（境）外核心课程，科学建成学分互认转换系统，畅通教学信息沟通机制，不断修订和完善培养方案和课程设置。另外，可以尝试邀请国际知名教授参与培养方案的制订，以提高学科的国际认同度。三是要合理设置通识课程、核心课程和实践课程的比例，大力加强全英文课程和双语课程的建设，同时通过聘请长短期外国专家访问、讲学等，将海外知名学者传授内容引入日常学习研讨、课堂教学、论文合作指导等环节。四是以多种形式为学生提供更多走向国际的机会，建设包括选修、学习、评价在内的开放课程体系，开展常态化、规模化、规范化的国际暑期课程或培训等。

（四）建立交流管理体制和评估机制

目前，国内很多高校的国际交流活动形式多样，然而高校中管理国际事务的机构相对比较分散，各部门各自为政，缺乏系统的管理体系。原因主要是相当一部分高校把国际化当成相对边缘的活动，或者比较重视以国际项目的推进来提高学校的办学层次，却没有把工作的重点切实放到国际化素质培养目标上来。因此现阶段要推动国际化教育可从三方面加以改进：一是制定一套完整的"教学计划—教学组织—教学实施—教学管理"的教育国际化培养管理体制；二是考虑适当聘请在管理上有一定经验的外国专家参与到教学管理工作中来，从而引进国外先进的管理理念和制度；三是为保证教育国际化质量，建立良好的校内外质量评估机制。例如，高校在内部评估过程中，可通过调动师生参与评估的积极性，采用学术报告、成果展示、经验分享等形式让教师切实了解学生出国交流的培养质量和效果；或者以与合作高校共建"国际交流评价管理系统"或问卷调查的方式，通过学生的评价结果来有效调整和改善相关教育研究活动，从而使国际交流的形式和内容更加符合学生的实际需要。另外，可以尝试将学校内部评估与校外评估机构的评估结合起来，建成集专业性、系统性、科学性于一体的评价体系。

第四节 "双一流"背景下高校师资队伍建设

一、加强教师队伍作风建设

（一）深化高校改革发展

党的十九大报告明确提出要优先发展教育事业，这是新时代中国特色社会主义的基本方略，是全面深化高校改革发展的基本要求，是实现教育强国目标的重要保证。当前和今后很长一个时期，高校建设事业都将处在深化改革、科学发展的重要战略机遇期。高校教务作风建设在高校改革发展这场伟大变革中，起着举足轻重的作用，只有把高校教务作风建设抓紧、抓实、抓出成效，才能有序推进高校教务工作向更高层次迈进，才能保证深化高校改革发展的步子走得稳、走得快、走得踏实。

（二）继承和弘扬优良校风

社会主义高等教育的培养目标是使受教育者成为有理想、有道德、有文化、有纪律、热爱社会主义祖国和事业的人。围绕这一培养目标，要求高校有优良的校风，有热爱党和社会主义的政治空气，有健康向上的集体舆论，有高尚的道德情操和文明的行为习惯。因此，校风建设既是办好社会主义高校的重大实际问题，又是一项值得认真研究和探讨的教育理论问题。特别是加强高校教务作风建设就是培育优良学风、教风，是高校的精神面貌和办学水平的客观体现。

（三）建设高素质教师队伍

"加强师德师风建设，培养高素质教师队伍，倡导全社会尊师重教"是党的十九大报告中对教师队伍建设提出的新要求。要建设高素质的教师队伍，必须先从师德师风建设抓起，从高校建设的角度来说，就必须从高校教务作风建设抓起。作为高校教务工作者，教师队伍素质的高低，直接影响着教务工作的质量和水平。因此，加快一流大学和一流学科建设，离不开高素质的教师队伍，建设高素质教师队伍，必须改进工作作风、养成过硬的师德师风、树立良好的教书育人形象等。

（四）高质量服务师生

作为人才培养的摇篮、科学研究的基地、社会服务的重要场所，高校的各项工作需要紧紧围绕教学、科研、学科建设来开展。为师生提供高质量服务是保证培养高素质人才、提高科研能力、建设一流学科等各项工作顺利进行的基础性工作。因此，高校教务部门必须牢固树立"四个意识"，强化服务理念，切实改进工作作风，用求真务实的教学服务态度、服从教学科研的服务理念、保障师生需求的职能责任，全心全意为教学服务、为科研服务、为师生服务，履行好宏观指导和管理职能，发挥好沟通上下和联系左右的枢纽作用。

二、加强教务作风建设

（一）制度建设

作风建设永远在路上。作风建设是一项需要长期抓、经常抓的基础工程，必须树立打持久战的思想观念。实践证明，制度是加强作风建设的有效手段，只有扎紧制度的笼子，严格按规章制度和政策法规办事，才能从根本上解决教务作风建设存在的突出问题。要建立长效工作机制，按照"于法周延、于事简便"的原则，建立健全一系列规章制度，实现办公、办文、办会、公务接待等各项工作全覆盖，使高校教务工作有章可循、有规可依。要修订完善规章制度，对教务作风建设工作中出现的新情况新问题，坚持与时俱进修订完善的规章制度，结合实际抓好制度建设，把上级要求、实际需要、新鲜经验很好地结合起来，取长补短，固强补弱，狠抓落实，避免出现"牛栏关猫"，确保规章制度严谨、周密、实用。

（二）专题教育

"四风"问题是影响教务作风建设的一大顽疾，具有很强的变异性、传染性和顽固性。要治理好这一顽症，需要高校全体师生主客观并进、内外力并发。要善于组织和借助全党开展的大型专题教育活动，在推进中强化、在强化中巩固、在巩固中发展，不断把高校教务作风建设引向深入。要坚持问题导向，在注重解决突出问题上下功夫，在武装头脑上下功夫，组织教务作风建设工作者原原本本研读习近平新时代中国特色社会主义思想，用最新理论武装头脑、指导实践、推动工作，切实补精神之"钙"；在查找问题上下功夫，"以铜为镜正衣冠，以人为镜明得失"，找准参照系，定准坐标，认真组织开展民主生活会，积极开展批评与自我批评，切实把每个部门或每个人的问题找准、原因查透，把"像"画准，把措施定实；在抓整改落实上下功夫，明确问题整改时间表、任务书、路线图，强化自我约束、组织检查、群众监督，切实把"病"治好。

（三）组织纪律

转变工作作风，加强作风建设，必须强化各级党组织的主体责任。首先，要在把关定向上发挥作用，组织党员干部深入学习贯彻习近平新时代中国特色社会主义思想，及时传达贯彻中央对高校教育的指示要求和重要会议精神，树牢"四个意识"，坚持"四个自信"，做到"两个维护"，确保在思想上、政治上、行动上与以习近平同志为核心的党中央保持高度一致。其次，要在抓常、抓长上发挥作用。把教务作风建设时刻摆在重要位置、有机融入日常工作，紧盯查出的教务作风建设问题不放，紧盯整改措施不放，紧盯讲规矩守纪律不放，持续用力，稳步推进，切实形成抓作风促工作、抓工作强作风的良好氛围。最后，要在从严执纪上发挥作用。教育引导党员干部及师生，严格遵守党纪国法，切实增强纪律意识、规矩意识和法制意识，不碰红线，不触底线，不越雷池，筑牢廉洁施教的纪律防线和法规屏障。

（四）率先垂范

打铁还需自身硬。改进工作作风的关键是，要树立党员就是旗帜、就是标杆、就是样板的"下意识"，引导党员干部在思想政治学习中，做到"四个力争"（力争认识高一层、力争学习深一步、力争实践先一着、力争剖析解决突出问题好一筹），使党员将其转化为自觉行动，带头学习、带头查找问题、带头开展批评与自我批评、带头落实整改措施，一级做给一级看，一级带着一级干，确保取得扎实成效。在日常工作中，要教育引导党员干部在工作、开会、活动、接待等方面遵守教务作风建设要求，自觉遵守中央八项规定精神，率先垂范，身体力行，凡是要求别人做到的自己首先要做到，凡是要求别人不做的自己坚决不做，用实际行动带动作风转变。

（五）倾心服务

要把师生满意不满意、答应不答应、高兴不高兴，作为教务工作的出发点和落脚点，努力在转变作风、提高效率、保证服务质量上下功夫。要深入师生，了解与掌握他们在日常工作和学习上的困难，增强服务工作的针对性。要主动留意师生关心的热点、难点和敏感问题，依据政策规定解决他们的实际问题。要进一步提高工作效率和服务水平，在政策制度框架内，树立"马上办"的工作理念，以夜无积卷、快捷高效的工作作风，想师生之所想、解师生之所难、帮师生之所需，扎扎实实为师生办实事、解难事，用出色的工作成绩赢得师生的理解和支持。

三、加强教师队伍国际化建设的主要策略

（一）健全政策制度，保障国际化建设

高校应结合各自的办学条件和办学特色，提出中长期国际化发展目标和实施策略。同时，全面健全和完善学校相关外事管理制度与外事工作规范，注重与各国及我国港澳台地区合作伙伴的学术交流活动，注重出访过程的监督以及出访成果的落实，为推进教师队伍国际化进程提供相关制度保障。

（二）拓展合作渠道，打造"走出去"战略

为了给广大教师提供更多的学习交流机会，并为学生创造更多的出国（出境）学习交流机会，应进一步拓展合作渠道，如北京联合大学国际交流合作处等相关职能部门努力通过国际合作，搭建跨区域、跨文化的多层次、多类型的国际交流合作平台，合作形式多样，合作范围广泛。通过拓展校际交流，增加教师出国交流机会。

（三）创新合作方式，建立稳固互访机制

高校应注重国际交流，创新合作方式，与各合作院校建立常态、稳固的学术、专业互访机制，通过参加、举办国际会议，与行业专家进行充分的交流和沟通。同时，高校还应积极通过国际会议，搭建高层次的国际合作平台。

（四）强化教师队伍，树立国际化意识

地方高校应进一步在全校范围内推广国际化意识。高等教育国际化带来的先进教育思想、理念是当前提高我国高等教育质量的重要手段之一，能为高校教师带来教学理念、教学方法的变革。地方高校要加强宣传和教育，使广大师生和管理人员树立高等教育国际化观念，形成全球化视野和国际化战略思维，增强国际合作与交流意识，切实提高对高等教育国际化内涵及其重要性的认识。

同时，教师队伍的国际交流不仅是学术科研的交流，还是文化和理念的沟通

与交流。高校应该加强对教师的外语培训，提高教师的外语水平。外语是教师要进行国际学术交流的必备工具，因此，外语水平的高低决定着教师队伍国际化进程的快慢，加强对广大教师的外语教学和培训是教师队伍国际化的重要手段。

（五）实施师资队伍国际化战略

高校应建立多方位、多层次、稳定的高水平国际交流合作平台。首先，加强制度建设，选派具有较强外语应用能力的青年教师，这样才能突破语言上的障碍，达到预期的学习效果。其次，要优先选择骨干教师和具有团队合作能力的教师出国交流学习，他们的教学、科研收获，能够对其他教师起到示范效应。要不断提升教师的英语授课能力，针对具体课程进行英语培训。高校应出台具体举措和实施方案，让教师的合作与交流尽可能取得实效，切实避免走马观花式的交流合作活动。增加资金投入，为推动教师队伍国际交流做好资金支持。学校应设立相应的国际化的专项基金来资助教师出国（出境）进修、访学等，切实做好物质保障。

（六）注重不同文化之间的交融

高校教师在国外交流学习中，不仅要学习国外先进的经验、理念、技术，同时也应传播中华民族的文化，注重国外的先进理念与本土文化的有机结合、变革发展。高校教师在学习西方文化的同时也不能丢了本民族的优秀传统和文化精髓。出访教师应该尊重其他民族的文化传统。每个民族的文化能够传承，一定有与其他文化、文明不同的特点，这些文化权利平等，互相尊重。

总之，高校培养适应区域发展的高素质人才亟需大批的国际化教师，这也是高等教育国际化发展的必然趋势。因此，如何把提高教育教学质量转化为实际有效的策略，如何更好地实施教师国际化措施，是需要更多的教育研究者来关注的问题。在当前全面推进教学质量的新形势下，建设高水平的国际化教师队伍是高校必须以积极的姿态去面对的战略路径，只有这样才能培养出更高素质的人才，才能满足社会的需求。

第五节　"双一流"背景下高校建设发展困境及策略

一、高校学生国际交流现状与策略

学生国际交流作为国际合作交流的重要组成部分，符合国务院对"双一流"

建设改革任务的总体要求，同时也是高校国际化人才培养不可或缺的重要组成部分。学生国际交流，涵盖了"走出去"和"请进来"的双重意义："走出去"旨在培养更多学贯中西、具有国际化思维和能力、通晓国际行为准则的现代化国际人才；"请进来"则是接收国际学生以有效加强与国外优秀院校的沟通交流，借鉴国外优秀的教育理念，吸引国外优质人才，推动我国高校教育向更深层次的国际化教育发展。

（一）现状分析

就目前来看，高校学生国际交流主要包括"走出去"和"请进来"两种模式。

1."走出去"模式

（1）交换学习

交换学习主要指高校间签订互换协议，是学生在协议院校期间的学习超过一学期的学习项目，参加此类项目的学生不必支付境外学校学费。

（2）访问学习

访问学习主要指高校间签订访问学习的交流协议，一般以单向开展为主，学生在协议院校学习一个学期及以上，参加此类项目的学生需向协议院校缴纳学费。

（3）国家公派

国家公派主要指通过国家留学基金委的项目资助及其他形式资助赴境外学习。

（4）短期学习

短期学习主要指通过短时间的参观学习而实现对境外院校或其所在国家或地区的基本了解，时间通常在一个月及以下。

（5）实践学习

实践学习主要涵盖了海外实习、会议和竞赛等各类境外活动类项目。

2."请进来"模式

（1）学历教育

学历教育主要指国外高校学生到国内院校攻读学位的教育。

（2）非学历教育

非学历教育主要指国外高校学生到国内院校进行语言进修、交换学习和短期培训等。

"走出去"和"请进来"两种模式涵盖了目前我国高校学生国际交流的基本模式，中外合作办学和小学期暂不列入讨论范围。不可否认，经过多年的努力和发展，国内高校的学生国际交流已经取得了很大的成绩，知名院校的学生国际交流人数也在不断增加。与此同时，目前的高校学生的国际交流尚存在许多不可忽视的问题。

（二）学生国际交流存在的问题

1. "走出去"模式存在的问题

从项目形式来看，我国高校普遍重视学生的交换学习、访问学习和国家公派学习项目，这几类项目是学生长期被派出的项目；短期访学项目在一定程度上弥补了这几类项目在时间上的单调性，可以说是用"蜻蜓点水"的方式让学生了解了一个国家的文化和教育。近年来，各高校响应教育部关于促进学生国际交流的号召，中外合作办学也在蓬勃发展。即便如此，"走出去"模式仍然面临诸多困难和挑战。

（1）资金来源不足，项目支持力度不够

从一定程度上讲，资金来源是影响学生是否参加国际交流的主要因素。该因素对短期项目的影响会大于对常规性国际交流项目（如交换学习、访问学习、国家公派和中外合作办学）的影响。综合来看，其主要原因在于常规性国际交流项目具有短期访学项目所不具有的先天优势。首先，常规性国际交流项目的专属性较强，各高校根据自身性质和特点已经发展了一批与本校需求相匹配的合作伙伴，在此基础上建立的协议期基本在5年以上，相对稳定。其次，常规性国际交流项目通常情况下会有各种形式的学费减免和助学激励，交换项目可以互免学费，国家公派及访问项目都可以获得不同的资助，每年仅来自国家留学基金管理委员会的项目资助就有几百万元乃至上千万元。最后，项目群体学生的学习目的不同，常规性国际交流项目学生的学习目的是通过一段时间的学习获得国外院校的学分以完成大学的学分要求，而短期访学项目学生主要以体验和了解为学习目的。

综合来看，除了少部分高校之外，目前我国大部分高校学生常规性学习的资助主要来自国家留学基金管理委员会及外方奖学金资助，许多高校对学生国际交流学习的经费投入十分有限，而学生本身所能承受的费用也有限，尤其是在短期访学项目方面更是如此，在一定程度上影响了学生参与国际交流学习的积极性。

（2）缺乏有效管理，学分体系无法有效对接

目前，我国高校与国外院校在学生常规性国际交流项目中主要采取"学费互免，学分互换"的形式。但在实际操作过程中，在学分兑换环节，学生往往会因受到学校相关管理规定的制约，无法取得与自己在外学习期间相应的学分，直接影响了学生参与项目的积极性；而对于短期访学项目来讲，项目种类繁多、项目

内容和层次参差不齐，加之部分高校内部分工不明确、机制建设不完善和扯皮现象严重等，导致短期访学类的交流学习在大部分高校并没有相应的学分兑换机制。考虑到时间成本、机会和学分，若无法在参加项目后获得有效学分以满足学校对毕业或评奖的要求，很多学生在经过谨慎考虑和对比后不得不放弃参加此类短期交流。

相比较而言，在日本和澳大利亚等发达国家，各高校间的学分对换机制已经十分完善。又如，欧洲学分认证体系是欧洲唯一经过验证的成熟的欧洲高等教育学分体系，最初只是被用于学分转换，后来加入了学分积累的内容。1999年的"博洛尼亚进程"的主要目的就在于打通学分体系，促进教育共享。但这种学分机制的转换和应用在亚洲国家由于课程体系的不同，实施起来依然困难重重。

（3）短期访学同质化严重，项目层次有待提高

常规性国际交流项目以交流学习为主，学生需要在交流院校完成至少一个学期的课程学习，以获得相应的学分，所以项目内容的差异性较小。短期访学项目则有所不同，各高校组织的短期访学项目大致可以分为两类。第一类项目以经济为主题，除清华大学、北京大学等几所知名院校与国外高水平大学有直接的交流项目外，我国大部分高校的此类项目以与校外第三方机构合作为主，在合作院校的选择方面都倾向于选择国外知名院校作为宣传主体，哈佛大学、哥伦比亚大学等高校项目的宣传不绝于耳。但项目主题内容往往层次较浅，基本架构大同小异，这也是为何这么多名声显赫的高校吸引不到学生参与的主要原因。第二类项目基本为高校之间直接对接，但此类项目的主要问题在于，虽然我国高校国际化水平在不断提高，但即便是国内名列前茅的院校，在国际上与名副其实的一流院校相比也还有一定的差距，于是导致校际交流的层次普遍偏低，无法对学生形成有效的影响力。

综上所述，在引导学生进行海外交流方面，资金、管理和项目方面存在的问题亟待解决。

2. "请进来"模式存在的问题

随着时代的不断发展，我国的对外开放不断深入，正吸引着越来越多的海外人才。高校作为孕育人才的摇篮，在吸引海外优秀人才方面发挥着不可忽视的重要作用。学生国际交流是一种双向互动，高校学生要想很好地"走出去"，就必须把握好这种双向互动的共生关系，积极主动地为来华学生提供更加优质的教育服务。但目前来看，其现状并不乐观。

（1）课程体系有待完善

在众多高校，凡来华的留学生，无论是学历学生还是非学历学生，大都面临

着同一个问题：由于所在高校没有统一的英文教学大纲和教学平台，因此开设的英文课程十分有限，导致许多学生到校后无法按照自己的学习计划完成课程，获得学分。例如，在我国某些高校，学生的选课早已经实现无纸化，而来华留学生却还需要拿着纸质的选课登记表到处签字盖章，过程烦琐，效率低下。另外，纵然有中国政府奖学金和国内院校补贴等各种支持，但很多海外学生来中国的主要目的是学习汉语而非专业课程。这与我国学生"走出去"的学习目的形成巨大反差，值得深思。

（2）基础设施有待完善

我国高校对来华留学生的基础设施服务较十几年前已经取得了很大的进步，但在尊重本国国情的基础上，适当完善当前我国高校对来华留学生的基础设施服务，显得十分重要。另外，针对国际留学生的配套服务也严重不足，无论是在住宿、日常生活还是学习方面，英语服务人员少之又少，导致留学生无法更好地融入校园生活；部分交换留学生根本无法取得与中国学生同等的待遇，而由差别待遇引起的不满通常会被直接反馈至交换生母校，影响两校间的友好合作。

"请进来"重在一个"请"字，只有有效解决目前我国高校来华留学生在课程体系、教育服务等方面的问题，才能实现学生国际交流的互利共赢。

（三）加强学生国际交流的建议和举措

1. 加大资金投入，优化管理制度

经过对不同院校不同类别的国际交流项目的分析研究，提高学生参与项目的积极性、提高对学生的资金支持力度是最为直接有效的方法。2016年，以对外经济贸易大学为例，该校国际交流项目总的资助金额为680万元左右，其中来自国家留学基金管理委员会的资助金额超过580万元，学校的资助不足100万元。高校应该加大对国际交流的投入，从长短期两方面着手，鼓励学生积极参加国际交流。

制度层面，高校内部应积极推动符合国际通用准则的学分体系的建立，制定与之相适应的学分管理制度，降低学生出国交流的边际成本；同时，应该推动与国际知名院校的合作，去除学分障碍。国外如"博洛尼亚"欧洲高等教育改革计划整合了欧盟的高校教育资源，打通了相互之间的教育体制，其学分转换制度为欧洲学生的内部流动提供了巨大的便利，值得我们学习。

2. 鼓励差异发展，拒绝同质教育

短期项目存在同质化严重的问题，要解决此类问题，就必须要求各高校在项目策划和开发时，从整体上把握学校国际交流项目的布局和安排。针对不同的学生群体，提供具体的项目，即根据学生的具体情况确定适宜的项目。此外，在"中国特色，世界一流"目标的指引下，高校还应该积极加强与国外知名院校的合作，实现从点到面的深层次、多领域合作研究，实现纵向合作。例如，可以以短期交流合作为起点建立初步合作关系，进而深入访问项目的交流，最终建立起双方的互换合作关系。

3.加强本土服务，完善落后机制

所谓交流，必然是双向的，有进才有出。高校只有充分认识到自身在"请进来"的过程中存在的问题，并寻求方法解决矛盾，才能为学生"走出去"打下良好的基础。要解决目前存在的问题，最基本的应做到以下两点。

首先，在国际学生的接待方面，应充分考虑文化及环境的差异，努力为国际学生营造与其在本国相似的生活环境，尤其是在住宿、饮食等方面，应充分考虑国际学生的需求，完善现有的基础设施。

其次，在国际学生的服务方面，应该配备具有一定外语水平的服务人员，防范或消除因语言问题而产生的交流障碍，以免引发不必要的矛盾。目前，许多高校都为国际学生开展了"语伴"项目，这不失为一个好的方法。

生活是保障，而学习是关键。在保证了国际学生的基本生活需求的基础上，高校如果想吸引国际知名院校的学生来校学习，那么课程和学分制度是重中之重。学校必须建立一套完整的英文课程体系，保证英文授课的数量和质量；同时，要建立与国际通用准则相一致的学分制度，实现学生学分的无障碍转换。

二、高等教育国际化的问题与策略

教育国际化是引领高校"双一流"建设的基本要求。实现教育国际化、提高教育质量是完善和促进高校教育发展的有效途径。在高校的"双一流"建设背景下，我们不仅要看到时代背景所带来的机遇，更要看清在以往教育国际化进程中所面临的问题，只有这样才能进一步加强和完善高校教育的国际化。

（一）存在的问题

1.高校对教育国际化的重要性认识不深

随着经济全球化进程的深入发展，以及科技的日新月异发展，各国的教育都面临着前所未有的机遇和挑战。国与国之间综合国力的竞争归根到底还是对国际化人才的竞争，经济全球化要求我国高校培养出来的本科生除了具备专业的知识外，还应是具有国际视野、通晓国际惯例规则、具有较强跨国文化沟通能力及国际活动能力的国际化人才。然而，一方面我国参与国际竞争的时间不长，对国际化人才培养缺乏前瞻性的规划，导致在国际化人才培养的整体理念和长远战略上都有所缺失；另一方面由于过去长期固有的传统应试教育的影响，国内很多高校还在片面地以分数高低作为判断人才培养质量的标准，各项教学活动的内容、目标，以及教育资源的配置都主要围绕成绩来确定，从而导致很多高校对教育国际化的重要性认识不深，客观上阻碍了其发展进程。

2. 师资队伍国际化程度普遍不高

教师队伍是高等教育的主干力量，是决定教学质量和教学效率的基本保证。教师的教学理念和能力能否达到国际化教育标准对教育的国际化发展起着关键性作用。优秀的教师不仅能带动学生学习的积极性，还可以让学生学习到更多前沿性的知识，从而有效促进教育国际化的发展。然而在我国，很多高校教师本身对教育国际化的认知度及参与能力都略显不足，这主要源于很多高校甚至"双一流"建设高校中具有海外留学背景和能熟练运用双语开展教学的教师比例不高，很多教学科研岗教师的英语水平普遍是读写能力较强、听说能力薄弱，开展全英文教学显得力不从心。这些都严重限制了教育国际化的进程，高校师资队伍水平的国际化还有一段很长的路要走。

3. 课程建设的国际化程度有待加强

国际化课程建设是培养国际化人才的基础，也是吸引优质国际生源的重要因素。课程内容的国际化是教育国际化的基础和重要体现。然而，在国内虽然很多高校逐步开设了相关国际化课程，但因对课程建设国际化的观念缺乏整体且系统化的理解，与此同时在实施的方式和课程设置的布局上也比较单一和分散，很容易使国际化课程学习流于形式。大部分高校对教材的更新都较慢，授课形式和授课内容的滞后也限制了学生接受国际化先进教育理念和前沿知识，从而影响了教育国际化的步伐。另外，目前很多高校所开展的各类海外课程学习交流项目多为短期交流，而我国教育中必修课程占据了很大部分，学生选择海外课程的空间较小，加之很多高校在海外课程学分互认管理机制的建设上还不够成熟与完善，导致学生在海外课程中所修的学分较难得到本校的认可，这些因素都大大限制了国内高校课程建设的国际化程度。

4. 国际交流缺乏系统管理和质量评估

学生的国际化培养是一个系统工程。目前，我国高校国际化教育活动形式虽然越来越多，但很容易使国际交流活动尤其是中短期交流活动流于形式。例如，很多高校在组织参加海外交流学习项目时，往往较侧重于"行前大力宣讲，行后申请资助"等派出前和派出后的环节，反而对实质性的质量"培养"过程比较忽视，这些都源于高校对国际交流学习的具体实施和制度管理缺乏系统的规划。在国际化人才培养过程中，如何评价国际化课程的内容和质量，如何监测中外合作办学的实际效果，如何量化指标评价学生所获得的国际知识与技能等，都需要有相应的资源配置机制、过程管理制度、质量评估机制等予以保障，否则难以保证一系列国际化教学和实践活动的质量与效果。

（二）对应策略

1. *政府层面*

一流学科建设项目是国家推进高等教育高质量发展的系统工程，除了中央宏观政策的引导，还需要各省、市、自治区主动作为，为高校的一流学科建设提供良好的制度环境和资金支持，引导一流学科布局和结构与区域经济社会发展相适应，为地区发展培养急需的专业人才。

（1）发展区域经济，完善城市基础功能

教育是需要长期投资的事业，高校的办学经费收入来源主要依靠政府，在相当长的时间内这一状况仍将持续。要加大高校的经费投入，最根本的是要提高地区经济发展水平。教育与经济的关系是相互促进、相互制约的，教育作为社会再生产的一个重要环节，它是劳动力再生产的重要手段，为经济发展和技术进步输送了大量的高级专门人才，与此同时教育所需的成本需要财力的支持，经济发展为教育提供了有力的物质保障。另外，经济发展决定教育的规模、速度和结构，若经济发展落后，则没有充足的资金和设施支持教育发展，生源数量和质量也会受到限制。

有学者分析我国省域高等教育发展水平呈现明显的区域差异，基本表现为"东高、中平、西低"的态势。这与我国经济发展水平的区域结构相吻合，从部分高校的经费预算收入对比可以看出，位于经济发达省份的一些高校经费预算相对较高，近几年快速发展的深圳大学，2020年经费预算投入达到60.8亿元，甚至超过部分部属高校。这些高校占据先天的区位优势，经济发达，临近优质高等教育资源，且城市的硬件设施和软环境双管齐下，基础设施建设完善，交通便利，政府管理高效透明，城市文明开放、包容、多元，教育、医疗、娱乐等资源丰富，这些都是吸引高素质人才的有利条件。因此，中西部地区应全力发展经济，要变被动为主动，转变过去"等靠要"的落后观念，主动对接国家经济发展战略，抓住经济发展机遇，切实推动经济高质量发展；完善城市配套设施，加强城市文明建设，为区域高等教育发展提供有力的物质保障和良好的引才环境。

（2）引导社会参与，拓展经费筹集渠道

各级政府要充分认识高等教育事业对区域经济增长和社会发展的重要性，没有充裕的资金支持，高校的学科建设就难以取得长足进步和突破，也难以对区域科技创新能力和高素质劳动力产生较大影响，因此政府应提高高校经费占财政支出的比重，尽力扩大对高校的支持力度。但是，政府作为高校主要的资金来源，其经费投入与当地经济发展存在显著正相关关系，对于经济发展水平相对较低的地区来说，政府的财政压力较大。为了提高区域高校办学水平，政府在重点扶持的基础上，还要注重政策的公平性，照顾到大多数学校的利益，重视教育公平，这就需要花费更多的人力、财力、物力。因此，政府应建立多元化的资金投入机制，积极争取社会资本的支持，建立高等教育成本分担与补偿机制，并健全和落实相应的金融税收优惠等各项激励政策，鼓励社会力量参与高校的一流学科建设。

2.学校层面

目前，建设一流学科成为高校建设国内一流大学的主要抓手。作为区域重要的人才库和知识库，高校要承担起社会责任，以服务区域发展为办学定位，根据自身特色，有的放矢、因地制宜地开展一流学科建设工作。

（1）明确学科定位，对接区域发展特色

布鲁贝克在《高等教育哲学》中提出，如果高校拥有大量的为社会服务的知识，但是缺乏把这些知识用于实践的决心和责任感，那么高校将因无用而失去存在的价值。一直以来，学术逻辑与社会逻辑作为学科建设的两种价值取向，彼此之间既相互促进，又相互博弈、对立乃至冲突，但两者并不是一个简单的非此即彼的二律背反关系，而是紧密相连、辩证统一的。那么作为区域知识创新、知识传承和知识应用的重要机构，高校应当承担起自己的责任和使命，转变以单一学术逻辑为主导的建设思维，注重社会逻辑的引领作用，针对不同学科的属性特征采取不同发展策略。

高校可以借鉴前人的学科分类思想，充分认识学科价值属性，明确学科定位，利用学科知识服务社会，并在服务社会中促进知识创新，如针对基础性学科应以知识创新为主线，强调对知识本身的兴趣和探索，鼓励原始创新，扎根理论知识，以支撑本校应用学科的发展；在人文艺术学科领域，高校应积极传承和挖掘优秀文化基因，抓住"新文科"建设发展机遇，丰富文化内涵，发挥优秀文化的社会价值，打造文化名片，丰富高校学生精神文化生活，为高校校园文化建设提供素材；在应用性较强的学科领域，高校要积极对接区域经济发展战略和产业结构，立足区域发展现状，以问题为导向，坚持自主创新，加强横向研究合作，目前一些企业的科研能力已经超越了高校，加强产学研合作是必然趋势，力争突破关键技术难题，促进区域产业转型升级，解决区域社会发展矛盾问题。另外，为更好地履行社会服务职能，高校应成立相关社会服务职能部门和科研转化专业服务团队，加快研究成果转化，加大学科对高校发展的贡献，同时也有助于拓宽学校资金来源渠道，形成多元的学科资助体系。

（2）立足一流学科，发挥辐射带动作用

我国政府和高校在学科建设上一贯秉持扶优的原则，一流学科数量占比较少。若高校一味强调少数几个优势学科的重要地位，政策和资源投入持续向优势学科倾斜，这固然在短时间内提高了少数优势学科的评价绩效，但大范围的资源累积势必会进一步强化绩效指标的合法性，从而弱化了"目标学科"的学术创新能力，抑或规避了具有较大风险且离重大理论原创较近的学术探索。另外，仅关注"目标学科"势必将进一步恶化大学的学科生态结构，导致"目标学科"缺乏其他高水平学科的支撑而增长乏力，且挤占了其他处于相对劣势的学科的生存空间，破坏了学科生态系统。一流学科不应该孤芳自赏，而要发挥自己的引领作用，反哺其他学科共同发展，促进各学科和谐共生。

高校应本着同等尊重的原则，树立可持续发展的学科理念，立足本校优势学科，发挥辐射带动作用，挖掘特色学科，形成相互支撑、良性互动的学科发展模式。高校应培养合作意识和共享精神，以往各院系、学科的科学研究、课程教学、实验室等呈现出各自为政的局面，造成学校资源闲置浪费，因此要打破学科组织壁垒，加强学科间、院系间的沟通交流，搭建校内交流平台，完善相关制度，保障交流畅通和常态化，分享优势学科建设经验，促进资源共享和科研合作，提高学校资源利用率。另外，各学科的交流可以推动学科间的交叉融合，为单个学科自身的发展注入新的活力。纵观世界一流大学的学科发展史，学科发展经历了"高度综合—高度分化—高度分化基础上的高度综合"三大阶段，如2021年1月我国新设置"交叉学科"门类，成为我国第14大学科门类，对我国学科发展提出了新的时代要求，不同学科交叉融合有利于拓宽研究领域、丰富研究方法，形成专业化的学科群，促进学科知识生产和创新。

第二章　高等教育国际化概述

本章的主要内容为高等教育国际化概述，主要介绍了四个方面的内容，依次是高等教育国际化文献综述、高等教育国际化的历史进程、高等教育国际化的动因，以及高等教育国际化的现实含义。

第一节　高等教育国际化文献综述

一、世界高等教育国际化文献综述

（一）大学国际化内容研究

美国南佛罗里达大学学者珍妮丝·苏利文（Janice Sullivan）指出国际化的三个维度：规划与运行、学生教育和教学与教师发展。珍妮丝·苏利文通过研究总结出四个优先发展的国际化战略：一是鼓励学生参与国外游学项目；二是与国外大学建立校际合作关系；三是要具有全球发展的愿景；四是增加学校官网中与国际化相关的内容。还总结出两个不被大多数高校重视的国际化战略：一是建立国外校区；二是在教职员工薪水提升及职位晋升时把外语水平作为一个指标考量。珍妮丝·苏利文还认为，国际化包括学校国际化总体思路、提供学生赴国外交流及学习外语的机会、资助教职员工出国学习交流、开发拓展学校全球视野的跨学科专业及课程、设立海外校区及与国外大学共同开展的联合科研项目等。

大学国际化包含的元素：一是教育观念国际化；二是优秀人才培育目标国际化；三是课程国际化；四是人员国际化；五是学习交流合作国际化；六是教育资

源世界共享。北京大学顾明远教授等认为，大学国际化主要包括人员、财务、信息、结构等方面的内容。人员的国际化主要指教师、学生的国际流动。财务的国际化包含获取教育费用渠道及配置的国际化。信息的国际化包含教育教学内容、理念等的国际化。结构的国际化为"三学制度"的国际化。"三学制度"包含学期、学分、学位制度。大学的国际化主要指国际合作办学。日本广岛大学黄福涛教授对中国、日本、荷兰三个非英语国家的大学课程国际化进行了对比研究，论述了三国大学在满足不同区域、经济和社会发展的需求建设国际化课程的相似性与不同之处。与大学国际化内容研究类似的是其模式探究。社会在不断地进步壮大，与此同时，大学国际化的模式也在逐渐增多，之前传统的模式被摒弃，改成了现在的课程国际化模式。现在出现了许多不一样的模式，主要包括创设国外的附属学校，与其他国家进行联合办学，与其他国家进行大学联合、学历互认等。同济大学的毕家驹、黄晓洁提出了中国大学国际化的工作内容，主要包括教育国际化、科学研究国际化、教师队伍国际化、大学管理国际化、为国际社会做贡献五个方面。值得关注的是，中国大学国际化工作不可忽略的方面包括与国际组织合作和参与国际性大学及专业协会或学会的工作并提供相应的专业服务。

（二）大学课程国际化研究

黄福涛教授综合一些日本大学课程国际化的实例，对日本大学课程国际化进行了探究，最终得出其包括两个维度，第一个维度聚焦日本国内，分两个层面：一是面向国际学生层面，包括给国际学生开设的日语课程（含初、中、高级），英文课程（含学位项目及短期课程项目）；二是面向日本及国际学生层面，包括私立大学层面，16所私立大学已开设了国际及跨文化理解相关课程，公立大学层面，部分公立大学增加了扩宽学生国际视野的课程。总的来说，日本私立大学开设的英文及国际课程较多。第二个维度聚焦跨境教育，分两个层面：第一个层面包括海外开设的面向国际学生的日语课程以及日本大学在海外开设的面向国内来的日本学生的外语及文化课程；第二个层面包括美国大学在日本开设的校园或项目所提供的课程。

美国密歇根州立大学相关学者认为，课程国际化的核心是教师。具有国外经历的教授更有可能把他们所掌握的国际知识融入他们的日常教学中。然而目前高校中此类教授的数量仍然不够，这已成为课程国际化的最大弊端。

南澳大利亚大学相关学者认为，课程的国际化是一个"制造产品"的过程，这一过程将把学生培养成熟知国际科研进展、了解文化及语言的多样性并具备国际公民所必需的国际及跨文化视野的人才。

是否有课程国际化的规划及实施方案、全外语专业课程开设的数量、开阔学生国际视野的课程开设数量，以及专任教师国际化四个指标是高校课程国际化评估常用的指标。

（三）教师队伍国际化研究

如何打造一支国际化的教师队伍？美国教育理事会的资深专家给出了对于教师队伍国际化的建议：招聘时将候选人的国际背景及经历作为一个重要标准。具有丰富国外教学经历并熟悉国外特定专业研究的教师是推动大学国际化的一个重要因素。例如，美国瓦格纳学院（Wagner College）的教师招聘公告里就包含如下与教师国际化相关的内容：瓦格纳学院地处多元文化的纽约市区，学院十分注重校园的多元化，欢迎支持多元文化及国际化的教师加盟。另外，在面试环节，所有的候选教师被要求与该学院国际委员会和多元化委员会的委员面谈，以便候选人能充分理解该学院国际化与多元化的使命。

（四）经济全球化与高等教育国际化

学者斯哥特认为，经济全球化或许是大学在自身发展的漫长历史中所面临的最基本的挑战。马格里斯在其研究中提出，如果在商业、交通和金融领域的经济全球化趋势明显存在，那么为这些领域发展提供如此大量智力资本的大学怎么会未受影响呢？实际上大学不仅受到了影响，自身还发生了改变。

加拿大学者简·奈特认为，经济全球化指的是技术、经济、知识、人员、价值观，以及概念的跨国界流动。因为每个国家自身历史、传统、文化，以及优先考虑的事项都不尽相同，经济全球化以不同的方式影响着每一个国家。而高等教育国际化是一个国家对于经济全球化带来的影响所做出的反应方式之一，与此同时它也代表着一个国家的个体性。

由此可见，国际化和经济全球化是两个不同的且动态相连的概念。经济全球化起到催化剂的作用，国际化则通过积极的方式对经济全球化做出反应。斯哥特将国际化与一个由民族国家占主导地位的世界秩序联系在一起，所强调的是传统战略关系的构建。如今的大学是民族国家的产物，一所大学在成为国际性机构之前，它首先是具有国家性质的机构，就如同国际化概念预先设定了民族国家的存在一样。

对高等教育而言，国际化的指向是一种特殊的、明显具有国际性的、跨国界运营的发展。而经济全球化的指向是高等教育在物质和功能方面发展的普遍化、国际化，以及区域化。经济全球化与高等教育国际化的辩证关系可以通过两种表征得以体现，那就是知识社会和跨国教育。经济全球化与新兴科学技术的关系可以通过知识社会这一概念宏观地表述出来。伴随新兴技术的出现，大学的特性也发生了改变。与此同时，大学在各种行业的参与下，其功能由原来单纯地强调知识的生产和传播转向技术的转移、孵化器功能的形成，以及研究中心的建立。创新型大学和创业型大学理念的出现都体现了在经济全球化环境中，科学和技术建立起来的新型关系对传统高校的象牙塔理念造成了冲击。知识生产的新范式是关注知识所处的环境的重要性以及研究社区的扩散。创业型大学的实现被认为应具备五大因素：一个加强化的控制内核、一个扩展化的发展外围、一个多样化的资金基础、一个刺激性的学术中心地带和一种整合性的创业文化。

1997年对跨国教育的定义为，在任何教学活动中，学生的学习所在国与为他们提供教育项目的来源国不是同一个国家。在这种情况下实现教育信息、教学人员，以及教育材料的跨越国境流动。2005年，欧洲教育委员会和联合国教科文组织更新了跨国教育的定义：无论任何类型或者模式的高等教育项目所提供的课程或者教育服务（包含远程教育），提供教育项目的机构与接受教育的学生都不在一个国家。这些教育项目可以作为某个国家教育体系的一部分存在，而且在其他不同的国家开展实施，也可以独立于任何国家的教育体系而开展实施。

高等教育国际化更加关注的是不同文化的互动性，而不是不同文化的均质化。针对跨国教育有可能带来的信息鸿沟的加宽、西方主导力量的加强、学术自治与市场力量的潜在冲突和透明度监管等风险，高等教育国际化可以对跨国教育提供有益补充，使其风险性得以降低。

（五）高等教育国际化的动力机制

要想清楚地掌握高等教育国际化的各个要素及它们未来的发展趋势，首先要清晰地了解高等教育国际化的动因。不同的学者试图从不同的角度去分析高等教育国际化的动因。有的学者试图从高等教育的内部环境寻找动因，而有的则从高等教育外部环境寻求动因。动因、动机或原因用在高等教育国际化领域，就是指一个国家、高等教育各部门或高校为其国际化的发展所投资的驱动力。这种驱动力反映在政策设立、项目研发，以及项目实施等各个层面，支配着人们期待国际化发展所能带来的利益或者成效。

高等教育国际化不断向前发展，其发展必然来源于一些力量的推动。我国学者陈学飞认为，高等教育的国际化发展动力源自政治层面的推动、经济利益层面的驱动、文化交流和教育自身规律的需要、对世界和平的向往、信息的经济全球化传播，以及国际组织层面的推动等因素。曹文华和钟贞山从我国的研究视域出发，分析了我国高等教育国际化发展的动力之源。我国高等教育走国际化路径是经济全球化发展的必然结果，高新技术的发展以及多样化的教育方式和教育方法为我国高等教育实现国际化发展提供了基础。加入世界贸易组织之后，我国的高等教育进入了国际化市场，大学也开启了企业化发展之路，这都有利于大学自身办学空间的拓展。

二、中国高等教育国际化阶段发展

（一）模仿移植阶段

高等教育国际化在中国并不是一个全新的事。早在 19 世纪下半叶，当中国成为半殖民地半封建国家时，就开始借鉴国外高等教育学术模式，特别是德国、法国和英国等西方模式，也建立了自己的现代高等教育体系。事实上，中国高等教育国际化肇始于洋务学堂，自洋务运动以来，近代中国高等教育在国际化进程中先后经历了两个阶段：1894—1914 年以日为师的阶段和 1915—1949 年的多元开放阶段。在第一个阶段，中国高等教育无论是实践层面、制度层面还是理论层面都是以日为师，借鉴模仿日本高等教育体系；在第二阶段，由于深刻地触及和接受了现代大学的学术自由和大学自治理念，中国高等教育开始向外高度开放，以多种方式开展了与美国、德国、法国等国高等教育的交流与合作。

在模仿移植阶段，中国高等教育国际化学习和借鉴他国教育模式主要通过以下国际化活动予以体现。

1. 兴办洋务学堂

洋务学堂旨在培养掌握近代技艺的实用人才。洋务学堂引入近代大量的自然科学、实用技术和语言文字知识作为课程教学内容，采用近代的教学组织形式和教学方法进行教学活动，聘请西方传教士讲授西学。但是，由于洋务学堂的学生得不到社会的承认，加上顽固派的抑制和洋务派自身的局限性，洋务学堂仅仅引进了西方高等教育系统操作层面的部分具体活动方式，但这些新元素的引进打开了封建教育的缺口，标志着中国高等教育国际化的肇始。

2. 派学生出国留学

派学生出国留学是中国高等教育国际化的重要内容，是发展中国家学习他国先进经验，实现富国自强的重要方式。中国学生出国留学教育发端于 1872 年的幼童留美活动。中日甲午战争时期，赴日留学的学生回国后从事基层教育，翻译大量教科书。此后，美国退还庚款余额成立教育基金，又吸引了大量的中国学生赴美求学，中国学生留学从日本转向了美国。留美学生回国后在一定程度上促进了高等教育质量及科研水平的提高。

3. 允许西方国家在中国兴办教会大学

教会大学是 19—20 世纪的西方教会在中国开办的大学，对中国的文化、教育、科技、医学产生了很大的影响。教会大学的教学方针体现了现代文化精神，它的课程、师资、教学方法、管理等参考借鉴了当时西方著名大学的通行做法，学生毕业后颁发西方国家认可的文凭，学生可以直接在国外就业，校园内具有浓厚的开放的文化氛围。教会大学是中西文化交流的重要场所，不少教会大学负责人都主张教学应吸收中西文化的精华，因而教会大学具有明显的文化传播功能。

（二）借鉴学习阶段

中华人民共和国成立后，1952 年开始，苏联高等教育模式被引入中国并在很长一段时间内支配着中国高等教育的发展，自 1978 年以来，随着开放政策和经济改革的实施，我国再次寻求西方模式，并试图将高等教育国际化。但是，此时我国高等教育学习引入的对象发生了变化。

1978—1992 年，从政府有关教育国际化的政策法规来看，这段时间的政策法规内容主要包括派遣学生、学者、海外进修留学人员，邀请外国学者和专家到中国讲学，以及教授和学习外语尤其是英语，这些都反映出当时我国高等教育对专业人才或专家的迫切需求。

1978 年 8 月，教育部（1985 年更名为国家教育委员会，并于 1998 年再次改为教育部）发布了关于派遣更多中国本科生到海外学习的重要文件。文件规定了派遣的原则、要求和遴选方法，并强烈建议那些被选中和派往国外的人在科学、工程、农业和医学等领域学习。为了培养更高层次的人才，1981 年教育部颁布了第一个自费出国留学政策。从那时起，派遣到海外的学者和留学生分为了公费和自费两类。除了制定和颁布派遣学者、教师和学生的政策外，国家还出台了邀请外国教授、专家，引进和翻译外国大学教科书以及鼓励海外华人学者和学生回国的政策。

（三）合作交流阶段

从 1993 年开始，随着中国学者、教职工和海外学生资源的日益增多，如何鼓励海外留学人员回国，如何吸引更多的外国留学生来华留学，如何开展跨国教育和使大学课程国际化成为此阶段教育国际化重点关注内容。1995 年，教育部发文鼓励中国高等教育机构与外国大学开展合作和联合运作，明确指出与外国高等教育机构的合作应该成为中国教育政策的重要组成部分，并应该成为我国教育计划的补充部分。2001 年，我国加入世界贸易组织，这进一步刺激了我国的跨国教育进程。2002 年，时任教育部部长陈至立强调："中国成为世界贸易组织成员之后，要通过吸引更多的外国学生来华，发挥中国传统文化影响力，更加广泛和更积极地向世界开放中国的教育，开拓国际教育市场。"

2010 年 10 月 15—17 日，由中国教育国际交流协会主办的"2010 中国国际教育年会"在北京举行。此年会由国际教育论坛和国际教育展两部分组成，包括以"教育引领绿色未来——中国教育国际化进程"为主题的"第十一届中国国际教育论坛"和以"国际教育，交流共享"为主题的"2010 中国国际教育展"。时任教育部副部长郝平、中国教育国际交流协会会长章新胜、中国教育学会会长顾明远、北京大学校长周其凤，有关国家驻华外交使节、国际组织机构驻华代表、教育部等有关部委代表，来自海内外各级各类教育领域的专家、学者和院校长，以及企业界人士 500 多人参加了论坛的相关活动。

郝平在为年会主论坛做的题为《加强交流与合作，积极推动教育国际化进程》的主题报告中说，中国政府召开了 21 世纪第一次全国教育工作会议、颁布了《国家中长期教育改革和发展规划纲要（2010—2020 年）》，这两件大事在中国教育发展史上具有里程碑意义，是中共中央、国务院统筹国际国内形势和世界各国教育发展的新特点、新动向，它们是在新的起点上为全面推进中国教育改革发展而做出的重大战略决策，必将对中国今后发展产生深远影响。

第二节　高等教育国际化的历史进程

一、西方大学国际化历程

（一）早期高等教育国际化发展

自中世纪大学产生以来，高等教育一直伴随着国际化的发展。高等教育国际化的历史渊源最早可以追溯到古希腊和古埃及时期。那时，跨国的"游教"和"游学"虽然只在非常狭小的区域内进行，但已经非常盛行。在古希腊时期，智者派学者漫游希腊世界，巡回讲授雄辩术。罗马帝国时期，随着罗马侵略的进一步扩张，罗马学校也在帝国领地普及开来。在欧洲中世纪大学，学生主要学习"七艺"，教学语言也是以希腊语和拉丁语为主。欧洲特别是西欧，是世界近代高等教育的发祥地，也是跨国界、跨文化学习的发源地。1158年法国创建的巴黎大学、1088年意大利创建的博洛尼亚大学和1170年英国创建的牛津大学并称为中世纪欧洲最古老的三所大学，无论在学术传统还是管理模式上都对其他各国家产生了重要影响。

古代高等教育之所以自萌芽时代就具有国际性，是因为当时知识被公认为具有普遍性。中世纪大学所追求的也正是这种普遍性，认为人文学科是一切知识的基础，一切学问在范围上都是世界性的。大学虽然不是教会，但大学却继承和保留了教会的特点。中世纪大学的宗教性是其具有国际性的主要原因。中世纪大学是按照教会的独特生活方式活动的，特别重视教会的世界性质和国际性质。因为当时的大学，至少是德国的大学，无一例外的都是在基督教会的基础上蒙受天主教会的庇护而成长起来的；教会的教义成为教学的基本原则，教会的通用语言是拉丁语；大学的成员，无论教师或学生，多数都是享受"僧侣生活待遇"的在职人员或预备人员。因为大学具有教会和宗教团体一样的国际性质，遂使教师和学生养成乐于到国外居住的习惯和勇于冒险的精神。也正如赖德所描述的那样："拉丁语作为普遍的教学语言，加上统一的教学体系和考试制度，使得游学的学生能够从一个学园转向另一个学园，并使他们的学位得到承认。"正是基于这种观念，当时的大学在入学方面没有国籍限制，每所大学都能够吸收来自不同地域、不同种族的学生。更重要的是，学生可以在不同大学之间自由流动，通过一定的考试就可以获得学位，这也能体现出中世纪大学独特的民主性和平等性。

在中世纪的欧洲，教授与学生频繁来往于本国与他国的大学之间，或开展学术交流，或进行学术朝圣之旅，致力于增广见闻，了解与体验别国的文化与社会。师生的来往流动，加之中世纪大学设有文学、神学、医学、法学四个普遍性的学科，采取拉丁语作为通用的教学语言，使得这种基于个人学术志趣的跨国游学具有了学生国际化、教师国际化，以及课程国际化的形态，并由中世纪大学传承至现代大学，反映出大学内在的国际化诉求。

可以说，正是由于这种普遍性观念的存在，古代和中世纪时期的高等教育国际化才有了内在动力。

在亚洲，类似于中世纪欧洲"游教"和"游学"的现象可以追溯到春秋战国时期，其后的各个朝代也都有着同国外不同程度的交流，唐朝时期最为频繁。

从 14 世纪开始，大学的国际化特点逐步开始丧失，许多新建立的大学开始注重从本地区、本民族进行招生，遏制学生到其他地方的大学就读。大学也不再是像巴黎大学、博洛尼亚大学、牛津大学等那样逐步长成，而是转变为在封建王侯和教皇的参与下创建的真正公共性质的学校。大学的民族性成为中世纪大学历史发展的转折点之一。

（二）高等教育国际化的复苏

16 世纪欧洲宗教的改革运动，以及封闭的国家边界，使得高等教育失去了国际化的内在动力，民族性特征得以影显，政治世界出现了分裂，学习的世界也被扯得四分五裂，严重破坏了知识普遍性的观念。而此后的一段时间，随着各国民族主义和本民族语言的发展，拉丁语不再是各国大学的通用语言，大学之间的共性和交往明显减少，大学的国际性特征趋于消失。高等教育日益为民族国家所控制，高等教育的民族化特征明显强于国际化特征。直到 19 世纪初，这些现象才有所改观。

进入 19 世纪，近代自然科学和人文科学逐渐兴起，其中自然科学进入大学课堂，科学知识具有普遍性的观念重新得到大众关注，高等教育的国际化特征又得以彰显。特别是 1810 年创办的柏林大学，其在大学改革浪潮的影响下，进行了大刀阔斧的改革。先进的教育理念（如孤独和自由、教学和科研）和制度使其在短时间内发展成为当时世界上最优秀的大学之一，其办学经验成为欧洲乃至世界各国大学效仿的对象，因此也获得了"现代大学之母"的美誉。柏林大学吸引了世界各国的大学生与青年科学家前来求学和深造，柏林也因此成为当时欧洲乃至世界的科学文化中心。从 1814 年第一批的 4 名美国学生赴德国学习，到第一次世界大战前，约有 1 万名美国青年和学者到德国大学学习，仅柏林大学接纳的美国学生就超过了 5000 人。当时的柏林大学成为其他各国大学学习和模仿的对象，促进了 19 世纪高等教育的国际交流，从而推动了高等教育国际化的新进程。

19 世纪高等教育的国际交流具有鲜明的特点。从 19 世纪直至第二次世界大战前，德国的高等教育一枝独秀。不仅有英国、美国等欧美国家，日本也仿照德国现代大学的模式进行了改革，高等教育的国际交流呈现出从德国向其他国家单向传递的特点。值得一提的是，在此期间，美国在全面学习德国模式之后开始创建符合本国国情的高等教育体系，逐步走完了"学习—移植—融合—创新"的国际化道路。20世纪初，威斯康星大学经过改革后，增加了第三项职能——社会服务。从此，威斯康星大学成为新型大学办学模式的代表，除了本国其他大学竞相效仿，有些工业国家的大学也纷纷开始增加这一重要职能。

（三）高等教育国际化的新曙光

进入20世纪，尤其是在两次世界大战至"冷战"后期，随着高等教育现代化的不断增强，从教师与学生的国际交流到课程、项目在国家间的合作设计和实施乃至大学模式的国际移植，越来越多地具备了组织性、计划性和战略性。20世纪80年代"冷战"时代结束至今，在经济全球化浪潮的冲击下，伴随国际交通便捷性的增强，高等教育国际化从强调国防与外交的国家利益转向提升高等教育质量，培养具备全球竞争力的下一代，在某些高等教育发达国家，国际化的动因还包括高等教育服务贸易的发展。

"冷战"结束，国际政治、经济形势发生翻天覆地的变化：和平与发展成为世界的两大主题；世界经济一体化、全球化进程加快；世界各国面对越来越多的国际性问题；现代交通和信息技术的快速发展，尤其得益于20世纪90年代信息高速公路的建立，世界变成了"地球村"；等等。国际竞争已从军事对峙逐步转向了经济、技术、知识、人才等的竞争，传统高等教育的办学和人才培养模式已经不能满足经济全球化和知识全球化发展趋势的需要。越来越多的受教育者认为，在这样一个经济全球化的时代，要想在未来的就业市场崭露头角，具备国际性的知识和经验是必要的条件。在这种历史背景下，高等教育国际化成为社会历史发展的必然要求。所以，大学必须更新观念，只有不断学习和借鉴他国的经验与模式，参与国际间的交流与合作，才能适应时代的要求，朝着全球范围的国际化方向发展。

高等教育国际交流在第二次世界大战结束后迅速火热起来，最初主要围绕美国、苏联两国。当时，这两个超级大国为了促进高等教育国际交流与合作，都有非常明确的政治意图，即基于对世界其他各国更透彻的理解，维持和扩大影响范围。当时的欧洲国家忙于应付两次世界性战争所带来的严重创伤，许多欧洲学者或在战争中牺牲，或移民到美国、加拿大和澳大利亚等国家，已经无暇顾及国际学术交流，以至于这些移民国家（主要是美国）一时成为高等教育的中心。

20世纪六七十年代，越来越多的国家开始注意到了高等教育国际化的问题。第三世界国家在此期间依然成为国际学术合作角逐的主战场。尤其是20世纪八九十年代以来，基于各国政府的高度重视，高等教育国际化得到了很大的发展。作为经济大国日本的崛起，不仅对美国政治和经济的主导地位带来挑战，而且对其研究和教育的主导地位也带来挑战。日本文部科学省编写的《教育白皮书》指出："必须继续有计划地推进教育、文化、体育领域内的交流与合作，建立国际信赖关系，并且进一步对外开放。"因此，日本开始投资"研究与发展计划"，与美国开展竞争。美国许多有识之士意识到了这一挑战，继而加快了高等教育国际化进程，如 1989 年一份题为《变革中的美国：国际视野》的报告更集中地讨论了美国正逐渐走向经济全球化世界，呼吁提高国际化教育的质量。同时，在教育界建立了一批组织，教育国际化便因此获得了较大的发展。如 1987 年在私人基金会资助下，"高级外语学习和国际事务研究联合会"成立，它包括 165 个成员机构，这可算是美国教育国际化活动史上第一次大规模联合。在这一时期，美洲、欧洲、亚洲和非洲国家不约而同地开始关注高等教育国际化，人员交流数量剧增，1930年在美国学习的外国学生仅有 9643 人，到 1953 年达到 33 647 人，1969 年达到 121 362 人，1988 年达到 360 000 人。

　　20 世纪 90 年代以来，美国、澳大利亚、日本等工业化国家高等教育国际化的改革与发展及其在增强国家竞争力方面的卓越成效影响了亚洲高等教育国际化的方向，亚洲诸国也开始重视通过跨境教育的运作模式促进本国高等教育建设以及提升国家能力。值得关注的是，那些传统的高等教育输入国家，如中国、韩国、新加坡与马来西亚，也纷纷确立了未来国际学生招收的量化目标，不仅经由跨境教育满足国内学生的教育需求，更进一步地通过跨境课程、海外分校等跨境教育形式进行教育输出，已然成为国际高等教育招生市场后期的竞争者。亚洲高等教育国际化领域的这些新现象模糊了传统教育输出与教育输入之间的绝对界限，即过去被认定为典型的高等教育输入国，尤其是那些工业新兴国家，开始展现其高等教育输出的能力，从而使得这个区域内国际学生的流动不再只是由东方至西方，也出现了东方至东方的流动情形。学生国际流动包含了招募国际学生以及输送本国学生到海外攻读学位项目或进行短期学习。学生国际流动的规模可以在很大程度上折射出高等教育国际化的整体水平，学生国际流动的情况能够反映出高等教育国际化的总体格局与发展趋势。

二、大学国际化历程

（一）近代高等教育国际化发展历程

1."中体西用"阶段

19 世纪中叶，欧美国家进行了一系列变革，其中就包括工业革命，发展趋势如日中天，已然成为发达的资本主义国家。而中国到了清朝乾隆末年，逐步开始故步自封、闭关锁国，遭受着西方列强野蛮的侵略。面对西方武力和精神上的双重侵略，中国社会涌现出"师夷长技以制夷"的思想，有志之士发起了洋务运动，创办了京师同文馆等一批洋务学堂，用于进行语言、军事和技术教育，培养精英型洋务人才。可以说，近代中国高等教育的国际化是近代特殊历史条件下的特殊产物，其指导思想是"中体西用"，即"以中国之伦常名教为原本，辅以诸国富强之术"。

中国高等教育国际化"中体西用"阶段的特点主要表现为：在指导思想上，重中学轻西学、重官轻商、重德轻技依然严重，国际视野较为狭窄；在方法上以移植与模仿为主，具有急功近利性；在内容上主要是一些具体的技艺层面的应急因素比较肤浅和狭隘；在参与的人员方面主要是少数官员与知识分子；在采取的措施方面既有显性交流也有隐性交流，向很多国家学习。这种立体多层面学习的国外教育方式体现出中国高等教育国际化的先进性。虽然中国高等教育国际化的起步较晚，在各方面存在着局限性，但也标志着中国近代高等教育国际化的起点。

2. 效仿发展阶段

1895—1914 年，我国近代大学受日本影响最大，在理论、制度和实践层面都在模仿日本的现代大学。例如，"大学院"就是从日本的名称中而来的，同样，商船专科学科的设立也是对日本教育体制的模仿。教育家蔡元培也承认："至现在我等教育，取法日本者甚多。"日本学制为"变法时所创设，取西洋各国之制而折中之，取法于彼，尤为相宜"。张之洞的《劝学篇》成为学习日本的宣言书。

这一阶段的特点是：模仿和照搬日本教育模式，尽管这些改革看似有一定的时代合理性和进步性，但并没有实质性的变化，甚至和清末学制相比更缺少中国特色。

高等教育国际化的改革探索阶段由于效仿日本学制时较为盲目，没能很好地进行系统研究以适应国情，因此其弊端日益凸显。辛亥革命昭示了封建统治的结束，在这一期间，各类高校获得了相对自由的环境，新文化运动提出了"去中西之见"和"学贯中西"的口号，标志着继承传统和学习西方的文化争论取得突破。中国高等教育国际化的探索改革表现出由被迫打开国门到单一的价值取向，再到多元化发展的演变过程，同时也表现为通过不断学习外国大学经验，并将之融入中国传统教育体系，从而逐步建立新的中国高等教育模式的探索过程。

从历史经验看，国际化对于大学来说是把双刃剑。影响我国现代大学发展的许多关键人物，如胡适、蒋梦麟、梅贻琦等，都曾在美国留过学，并对我国早期研究型大学的崛起做出了贡献。1952 年中国高校借鉴苏联高等教育模式进行了大规模院系调整，大批综合性大学的院系被拆分，并重组成为新的专科学校。大学从此成为国家集中计划、中央政府各部委和省级政府分别投资和管理的一部分，丧失了教学与科研的自主权。当时采取的是跟着所谓的"国际潮流"走的路线，事实证明，轻易地改变自己大学的特色、品牌与传统而盲目地跟从"国际潮流"的做法是不可取的。

（二）1966 年后大学国际化发展历程

1. 大学国际化政策的制定

我国在实施改革开放方针时，不断创立新政策，这为高等教育的发展做了铺垫，其中《中华人民共和国教育法》就涵盖了国家依法支持对外交流的内容。《中国教育改革和发展纲要》第 14 条规定"进一步扩大教育对外开放，加强国际交流与合作"。《国家中长期教育改革和发展规划纲要（2010—2020 年）》要求我国高等教育机构要积极引进国外优质教育，在经济全球化的背景下，培养未来国家需要的具备国际视野的复合型人才。国务院于 2015 年 10 月印发《统筹推进世界一流大学和一流学科建设总体方案》的通知，对大学国际化建设提出要求：在引进国外优质教育支援方面，强调与世界一流大学交流的重要性，迅速开展学科科研工作，实现共同培养高水平人才的目标，还要追求创新精神，不断提高国际创新能力，积极进行国际创新活动，并做出一定的贡献，更要付出努力提升自身的综合教学实力，不断努力开展国际化活动。高校在提高在国际上的地位和影响力方面，要积极响应国际教育规则的制定和调整，发表自己的独特见解，提出建设性意见，提升自身的话语权，争取在国际平台占有一席之地，树立良好的中国大学形象。新时期教育对外开放的工作目标是，合理创立出国留学制度，并不断调整，争取早日完善，不断提升教学水平，扩大海外市场，重视质和量，尽可能地提升在国际平台的规则制定能力，进一步完善规则系统，更快地服务大众，满足高质量的教学需求，促进社会进步。

2. 中外合作办学的发展

改革开放以来，中国高等教育双边和多边的国际交流与合作蓬勃发展，与世界各国的学历、学位互认工作不断推进，高层次的合作成效显著，引进国外优质教育资源开展合作为创新型人才成长提供了一个重要渠道。在与国外教育机构开展合作办学的过程中，始终坚持"为我所用"的原则，通过开展多层次的国际合作办学，借鉴国外的先进办学模式并引入外部资金，促进中国中外合作办学有序而稳定地发展。为了促进中国中外合作办学的发展，国家制定了相关的鼓励性政策以及支持性法规和条例，用以调动中国高等院校与国外高水平大学合作的积极性。中共中央办公厅、国务院办公厅印发的《关于做好新时期教育对外开放工作的若干意见》对中外合作办学的要求是，通过建立完整的教学制度来促使涉外办学水平的提高。严格管控准入模式，完善审批规则，系统开展评估工作，加强退出模式，追求信息透明化，加强信息交流，明确重点区域，如自然科学类和工程科学类。吸引优秀国外教学资源，提升大学综合教学水平。增强高等院校和职业院校的合作，共同为企业发展做出一定的贡献。正是因为有政府的帮助，教育的发展速度才得以提高，让境外办学能力更上一层楼。中外合作办学有三种模式：一是合作培养，二是吸引外来教学资源，三是在海外建立学校。通过这三种模式，吸引国外高水平大学与中国大学合作，本着互惠互利的原则共同开展教学和管理工作，目的是通过整合国内外优秀教师资源和教材资源，并通过整合国内外管理和教学方法，培养具有国际竞争力的国际化人才。

第三节　高等教育国际化的动因

一、不同主体参与的多元动因关系

高等教育国际化是由政府、大学、个人等不同的主体共同参与和实施的。在分析高等教育国际化的动因时，也需要考虑教育国际化的不同主体甚至同主体的多样化动因。如前所述，个人、大学、政府对教育国际化具有不同的期待，因此不同主体参与实施教育国际化的动因也不相同。2005年，简·奈特基于教育国际化的四个传统动因，对国家和大学参与国际化的动因进行了分析，形成了教育国际化主体动因分析框架，在四大动因基础上进一步完善了国际化教育的动因理论。简·奈特对政府和大学高等教育国际化动因的分析，可以说明政府、大学、个人参与教育国际化的多元动因关系。

（一）不同主体参与的主导动因不同

驱动政府、大学和个人从事国际化教育的动因虽有重叠，但是不同主体参与国际化的主导动因是不完全相同的。政府、大学、个人都注重国际化教育所带来的收入增长，但是与大学和个人相比，政府更注重教育国际化的政治动因。如20世纪50年代，应独立的发展中国家渴望结束殖民统治、发展经济的热切要求，澳大利亚希望通过提供教育援助以帮助这些发展中国家的社会和经济的发展，而其援助对象主要是南亚和东南亚国家。1951 年 7 月，澳大利亚启动《科伦坡计划》。根据《科伦坡计划》，澳大利亚向部分发展中国家的赴澳留学生提供援助奖学金，这标志着澳大利亚政府第一次正式涉入澳大利亚高等教育国外学生学习领域，这一政策一直延续到 20 世纪 70 年代初。澳大利亚政府涉入高等教育国际化领域，主要是受政治利益驱动，是对其外交政策的支持和配合。作为政府政策的核心，该时期澳大利亚大学的行为虽然受国家约束，但是驱动澳大利亚大学实施国际化行为主要还是社会和文化动因。在澳大利亚政府对外教育援助政策的鼓励下，大学通过竞争性招收留学生以扩大国际影响力并获得政府的财政拨款也成为参与国际化教育的动因，因此还具有一定的经济动因。

（二）同一主体参与的动因是变化的

同一主体实施教育国际化行为的动因并不是单一的，而是由多种动因组成的具有不同优先顺序的动因组合。教育国际化利益持有者并没有一个排他性的动因，利益持有者的动因是一个由优先权层级形成的组合。但是，同一主体参与教育国际化的不同动因的优先顺序可能随着时间而改变，并且可能因国家和地区而改变。如澳大利亚从 20 世纪 50 年代至 80 年代因社会文化动因驱动的教育援助，到现如今的因经济动因驱动的教育贸易就是随时间而改变的典型例子。

综上所述，不同主体参与国际化的动因具有如下特点：不同主体参与国际化的多元动因不同，但是同一类主体和不同类主体参与国际化的动因是有重叠的，只是他们参与国际化的多元动因位阶顺序不同。

二、高等教育国际化的动因分类

（一）政治因素

大学与社会的关系历来是高等教育争论的焦点。在过去几百年里，学院和大学已经成为社会不可分割的一部分。正如管理学大师德鲁克所言："大学现在不仅是美国教育的中心，而且是美国生活的中心，它仅次于政府成为社会的主要服务者和社会变革的主要工具。"正因如此，高等教育国际化被作为一种工具向外渗透和传播本国的政治观念。

（二）经济因素

经济是社会结构的基础，对整个社会包括教育的发展起着决定性作用。随着社会经济的高速发展，经济为教育提供的物质条件越来越雄厚，对教育的要求也越来越高，进而要求教育做出适当的变化以适应新的经济发展的要求。反过来，教育又是为社会发展培养高级专门人才的高等教育，对社会经济发展起着积极的促进作用。经济因素对高等教育国际化的影响主要表现在以下两方面。

1. 经济全球化要求

近年来，我国沿海发达地区更是掀起了中外合作办学的热潮：2014 年 3 月 31 日，教育部正式批准设立温州肯恩大学，这标志着浙江第一所中美合作大学的正式设立，秋季迎来首批 204 名新生入学；教育部正式批准武汉大学和美国杜克大学合作设立昆山杜克大学，2014 年秋季招生，首批开设全球健康、医学物理学和管理学三个颁发美国杜克大学学位的硕士研究生项目，总计划全球招生 100 人，平均一个硕士项目仅在全球招收 30 多名学生。目标生源 50% 来自中国，50% 为国际学生。2014 年 3 月 8 日，教育部正式批准香港中文大学在深圳开设分校。

经济全球化对发达国家和发展中国家的高等教育国际化产生的影响和作用有着很大的不同。对发达国家的高等教育来说，其积极作用表现在：通过大量向国外输出教育资源，既开发了国内剩余智力资源，向发展中国家传播了本土文化，又获得了文化和人才的收益。对发展中国家而言，这种影响既有积极方面又有消极方面，积极影响表现在：扩大了国际化的开放程度，弥补了国内智力资源的匮乏，促进了国际社会间的文化融合等。这也是高等教育国际化作为一种社会现象反作用于经济的表现。

2. 经济利益的推动

作为当今世界不可逆转的趋势，经济全球化推动了高等教育成为国际自由贸易的重要组成部分，并使得营利性高等教育部门的影响力不断扩大。可以说，有些国际化项目开办的重要动机之一就是营利。不仅在商业性高校中是这样，在一些想要从国际化项目中牟利来解决财政问题的传统非营利性高校中也是如此。对很多国家来说，高等教育国际化的跨国办学，无论是直接的还是间接的，均被视为高等教育输出国缓解高等教育经费压力的有力途径。很多国家的高校通过招收大量全额自费留学生参与到国际化的进程中。例如，在高等教育国际化的进程中，澳大利亚、新西兰和英国已经采取相应的创收方式，纷纷在国外建立国际机构宣传国内高等教育，授权本国高等教育机构向外推销没有本国政府资助的教育服务项目。高等教育发展中国家，如中国和马来西亚等则倾向于按照贸易条款向外国教育机构和教育提供者开放本国教育市场，从而为本国学生增加高等教育的多样选择权，缓解办学经费方面的压力。还有一些组织，通过在别国收购、建立学校或与别国公司或教育机构合作等参与到高等教育国际化进程中来。这些都在很大程度上推动了高等教育国际化的快速发展。

许多国家已经将高等教育国际化纳入政府的议事日程。如英国、澳大利亚和加拿大等国家，已调整了各自的签证政策和移民条件，以吸引更多的外国留学生。可以说，这些国家如此做的目的就在于维持其经济竞争力，因为招收大量自费国际留学生有着巨大的经济收益。

3.劳动力市场国际化要求

伴随着经济全球化，劳动力市场越来越国际化，越来越多的大学毕业生不得不与其他国家的人员竞争职位，他们也不得不在一个国际化环境中从事工作。因此，政治家和国际教育学家经常用经济全球化对国际化劳动力的需要来说明推动高等教育国际化的重要性，认为实施教育国际化，以满足劳动力国际市场需求也是基于经济增长的需要的。经济全球化需要具有国际视野和国际知识的劳动者，而国际化教育是培养具有国际视野和国际知识的人才的重要方式。然而，有学者对国际劳动力市场需求的调研结果显示，劳动市场本身对受过国际化教育的本科生的需要并不是那么清晰和迫切，甚至一些调查表明私人部门的代表，特别是跨国私人部门对此事的态度与政治家和教育家不同。

（三）外交政策

高等教育国际化的政治动因体现为将教育国际化作为外交政策的重要组成部分，从而与国家总体外交政策联系在一起，以实现外交目的。1992 年，阿拉丁就指出教育被看作外交政策的第四个维度，可以在有利光环下洒下国家的政策，提升国家形象，其将跨国教育合作视作构建国与国之间政治关系所进行的外交投资的一种方式。主张教育国际化是外交政策的组成部分，具有构建国与国外交关系功能，这一观点主要基于两个理由：第一，在教育国际化中，当东道国将奖学金提供给未来可能成为别国领导者的那些学生时，这些别国未来领导人因此就被赋予了理解、认同东道国的政治制度、文化和价值的思想意识和价值观念；第二，教育国际化有利于促进国家之间的学术、文化共识和理解。这种共识和理解在诸如两国正式外交关系破裂等某些极端的情况下，可能驱动两国经济和政治关系的维护、发展和巩固。例如，在某些极端情况下，当两国正式的外交关系破裂后，两国政府之间可以利用学术和文化上的认同与交流而保持相互沟通。这种基于学术和文化的认同与交流在两国关系重建中扮演着"垫脚石"的角色。美国一直很重视教育国际化在外交中扮演的角色，1995 年美国公共外交咨询委员会在《21世纪的公共外交》中公开宣称学术交流的影响力非常有效，是外交关系中最有价值的。英国在将收取学费作为教育国际化的主要动因之前，也主要是基于经济和外交投资的双重动因招收留学生并向留学生提供慷慨的资助。欧盟委员会面向欧洲自由贸易联盟国家开放的教育与研究项目，以及后来面向中欧与东欧开放的教育和研究项目都是为了更好地让这些国家融入欧盟而营造氛围条件，体现了较强的政治动因。

（四）国家安全

出于国家安全推进高等教育国际化这一动因与基于改善外交关系推动教育国际化的动因紧密相关。美国在很长一段时间主要基于国家安全考虑推动教育国际化，维护国家安全曾经也是美国推动高等教育国际化主要考虑的因素。在两次世界大战期间，美国教育国际化主要是私人组织或个人出于维护和平和推动相互理解的目的而开展的。然而，第二次世界大战使主导高等教育国际化的和平和相互理解的动因发生了急剧的变化。随着政府加大对教育国际化的资助和调控，教育国际化得以扩展。在政府主导下，国家安全和外交政策成为推动教育国际化扩展的真正原因。美国参议员富布赖特说，1946 年美国富布赖特计划的主要目的就是通过教育和文化交流，增进美国人民之间以及美国和其他国家人民之间的相互理解，并帮助美国和世界上其他国家发展友好的、相互理解的和平关系。虽然教育国际化的动因既包含和平和相互理解等第二次世界大战前教育国际化的动因要素，但也体现了战后形成的外交政策和国家安全的动因影响，而且对后者的追求似乎更强于对前者的强调。

出于国家安全的考虑，美国大量学者前往欧洲、亚洲和中东进行军事服务以及战后恢复工作。该经历既丰富和提升了美国学者的国际经验，也使他们深刻认识到理解他国语言和文化，对维护美国国家安全的重要性。然而，教育国际化主体具有多样性，受不同利益主体关注点差异的影响，政府实施教育国际化，实现国家安全的目标往往并不能得以完全实现，不能获得理想的外交政策和国家安全预期。

（五）技术援助

该动因在第二次世界大战以后特别明显。第二次世界大战后，对发展中国家进行技术帮助成为许多工业化国家外交政策的重要部分。其中，帮助发展中国家发展高等教育是技术帮助的重要内容。帮助发展中国家发展高等教育主要体现为工业化国家（如澳大利亚、新西兰）的政府、世界银行等国际组织，以及私人资金资助发展中国家的大学建设、向发展中国家派出专家、设立培训项目，以及为发展中国家提供奖学金项目。这一时期，工业化国家的大学也用大学自有资金发展国际合作项目。这些工业化国家对发展中国家进行教育援助一直持续到 20 世纪 80 年代。20 世纪 80 年代后，不同工业化国家实施教育国际化的主要动因开始分化，澳大利亚国家的高等教育从教育援助转变为教育贸易；加拿大基于教育贸易动因实施教育国际化，其超过教育援助成为主导动因所用的时间更长一些。随着时间的推进，各国已不再将教育援助视作高等教育国际化的主导动因要素，但是教育援助作为教育国际化曾经的主导因素还是应纳入高等教育国际化动因理论研究范畴。

（六）和平理解

促进和平和相互理解，即通过实施高等教育国际化，促进不同国家和文化的人民和平共处并相互理解。促进和平和相互理解的动因时常与国家政府的外交政策动因相一致。国际大学校长协会在世界高等教育国际化政策中提出，大力促进高等教育机构的国际化对长期追求更加和平的世界至关重要。

虽然，基于和平理解的动因倡导可以吸引更多的人从事高等教育国际化，但是由于该观点蕴含的和平和理解涉及谁的和平以及谁对世界的理解，和平和理解是否为不同国家文化的存在提供了空间。这些问题都凸显了教育国际化的复杂性。由于并不能将促进和平和理解视作教育国际化的纯粹动因，因此应谨慎对待。

（七）社会动因

教育国际化的社会动因就是学生、学者通过直面其他国家、民族的文化，甚至可能更多地直面祖国的文化而使个人获得更大的发展。这种直面，使个体克服障碍从而实现理解，纠正偏执和狭隘心态。由此可见，教育国际化的社会动因强调教育国际化对个人产生的影响。凯伦（Karen）将教育国际化对个人的社会影响称为"社会学习"，其他学者则将其称为"个人发展"。许多研究表明，海外学习在克服对其他文化的错误认识和偏见的同时也有利于克服留学生对祖国文化和价值的错误认识与偏见。

美国大学特别关注教育国际化对个人发展的影响，并将之作为实施教育国际化的重要依据。有国际教育机构对美国和日本大学的国际化动因展开了一项调查，调查研究显示，美国和日本大学的国际化教育具有不同的动因。日本普遍存在的动因强调通过国际化可以获得知识，相反，主导美国大学国际化的动因却是相互理解，美国大学强调适度的海外曝光是扩大个人意识的刺激因素。基于这样的原因，美国积极鼓励学生本科阶段到海外学习。

然而，很少有美国学者意识到在高等教育之前实施国际化教育的重要意义。欧洲和美国虽然都呼吁教育国际化，但是与美国出于对解决狭隘主义的关注通过国际化教育扩展社会关系和提升个人全球意识的目的不同，欧洲更关注通过支持师生流动和课程发展来刺激欧洲维度和欧洲公民意识的发展，并且这一动因已经成为欧洲高等教育国际化的主要动力，并体现在欧盟许多政策之中。

（八）文化因素

随着经济一体化及信息传播的全球化，不同国家、不同文化背景的人们之间的交往越来越频繁，人类要了解世界其他国家文化的需求越来越大，而文化又是依靠教育来传递、保存和发展的。高等教育的文化功能表现在两方面：一是高等教育本身就是文化的一部分；二是高等教育承担着人类优秀文化的传承、传播，以及先进文化创造的使命。在这样的背景下，各国高等教育不仅要发扬本国优秀传统文化，还应借鉴和吸收其他国家的先进文化，使本国文化既体现民族特点又迎合国际化的发展趋势。一些高校推进国际化进程的主要目的是提高学生跨文化的知识技能或促进有关国家间文化、经济、环境、政治等方面相互依存的研究。面对高等教育的国际化趋势，特别是面对师生对丰富国际化经历、开阔国际化视野和提升国际化素质的强烈需求，中国对外友好合作服务中心与各高等院校合作成立了"国际师生教育及文化交流中心"和"国际青年师生教育实训基地"，在高校内开展面向在校青年优秀师生的国际教育文化交流活动，积极鼓励和支持师生到国外调研和实习。其中，"青年师生赴美社会调研项目"是推动本土教育走向教育国际化重要的一步。该项目是由中美教师带领学生组团，以开展不同课题的社会调研为基本方式，对中国和美国的社会情况进行调查与研究，目的是培养青年师生发现问题、解决问题的综合能力。通过该项目，师生可以从中清楚地了解异国的社会文化，能够积极面对不同文化间的冲突与融合，更能站到一定高度去思考中国在经济全球化进程中所面临的各种问题，对开阔国际视野有十分重要的影响。这些举措极大地促进了高等教育的国际交流，推动了高等教育国际化的进一步发展。因此，了解别国文化，满足各国相互交流的现实需要，构成了高等教育国际化的文化动因。

（九）科技因素

世界范围内的科学技术特别是新科技革命所带动的信息产业的迅速崛起给高等教育带来了很大的冲击。因为任何一所作为科学技术的创造和孵化基地的高等院校，都不可能提供科技全才或者在所有科学领域上都保持领先地位，它必须同世界其他国家的高等院校进行交流与合作才能适应这种趋势。因此，高等院校为了适应高科技发展的需要而展开了更加广泛的竞争、交流与合作。

大型开放式网络课程（Massive Open Online Courses，MOOC）是互联网与教育的融合，是经过多年摸索出来的互联网环境下的教育发展模式。犹如一块石头坠入平静的水面，MOOC 让全球高等教育掀起阵阵涟漪。MOOC 意味着优质教育资源的共享已成为时代的必然，传统意义上的大学职能将会发生颠覆性的变化，教育会超出现有教育范畴，成为国家文化和软实力输出的重要载体。而且，MOOC 以其新颖、科学合理的课堂教育设计，正在吸引与启发学校管理者和一线教师对传统的课堂教学模式进行除旧布新，以提高学校教学质量。可以预言，MOOC 这一教学技术如能被善加利用，一定会成为移动智能时代传统课堂教学改革的"助推器"。MOOC 的出现真正体现了高等教育的国际化。伴随着经济全球化趋势的加强和科学技术的不断进步，高等教育国际化的发展将更加快速有力。

三、外部因素力量的推动和影响

（一）国际组织

在高等教育国际化的进程中，越来越多的国际组织纷纷介入高等教育中来，并扮演重要的角色，如经济合作与发展组织、东南亚教育部长组织、国际教育成就评价协会、亚太国际教育协会、国际劳工组织等也在积极促成高等教育国际化目标的实现。这些机构以论坛、国际会议等形式就各国共同的教育问题进行讨论，对不同的高等教育政策进行比较，收集并分析比较数据，提出种种有利于教育改革的建议和计划，对高等教育国际化进程起到了极大的促进作用。如 1992 年联合国环境与发展大会关于《21 世纪议程——促进教育、公众意识和培训》的行动计划；1993年9月"人口大国全民教育首脑会议"中的"行动纲领"及1995年第四届世界妇女大会的《行动纲领——妇女的教育和培训》；2003年在联合国教科文组织的支持下，国际高等教育质量保障机构网络组织制定的关于评估机构的《行为规范指导原则》，经过2006年的修订，已经成为质量保障机构尤其是外部质量保障机构合作、相互了解、提高认证能力、加强自身能力建设的指南。这些都是推动教育向国际化方向发展的重要里程碑。

（二）时代需求

两次世界大战曾给世界各国人民带来了太多的不幸和灾难，对世界文明造成了巨大的破坏，战后的"冷战"政策又严重阻碍了国内各项事业的正常发展。这些都让众多国家的政府和人民普遍意识到，人类的生存和发展有赖于和平安定的国际环境以及和谐的国际关系。各国人民都渴望世界持久和平，渴望过上稳定的生活，渴望促进共同发展和繁荣，共创人类美好的未来。而实现这种和平安定的必要前提就是各国人民之间的相互交流、合作，以及理解，而教育则是这一前提实现的主要途径和手段。高等教育国际化的发展在很大程度上可以归结为各国普遍追求和平相处、促进理解交流的结果。

然而，不仅仅是人类对世界和平的追求需要来自教育方面的共同努力，放眼世界，随着经济全球化的深入发展，世界各国在政治、经济、文化等方面相互渗透、相互依存，人类面临着贫富差距悬殊、生态环境恶化、自然资源枯竭等全球性问题。这些问题波及全球所有国家，而解决问题又非单靠某个机构或某个国家的力量所能及的，需要世界各国共同担负起责任。2011年在清华大学举行的"2011大学校长全球峰会暨环太平洋大学联盟第15届校长年会"上，加利福尼亚大学伯克利分校校长就曾指出：当今世界的一些大挑战如全球减贫、能源等问题都需要跨学科的交流与合作以找到解决之道，大学就是这样一个唯一能使全球性问题得到解决的场所。研究性大学，如清华大学在深度和广度上都实现了卓越的发展，并且在解决全球性问题上也有着自己独特的优势，必须在各自学院中建立交流和联系，并且还要和社会各个部门，乃至世界建立联系来实现问题的解决。国家之间、民族之间需要沟通、理解，国际化教育可以加强交流，促进理解，时代发展需要教育国际化。

（三）学术动因

1. 扩展学术视野

扩展教职工和学生的学术视野是驱动高等教育国际化的又一动因。这一观点虽然与将国际维度纳入教学研究的动因有重复，但是鉴于师生到海外交流学习已经是高等教育国际化的一个重要体现，因此有必要单独列出说明。正如前面所述，在美国，以师生的国际化流动为表征的教育国际化通常被看作通过多种文化经历的形式进行的社会学习。因此，师生流动的文化功能及意义得以凸显。然而，在欧洲，海外学习、教职工的流动，以及合作更多地从学术视角给予了高度重视。

2. 机构建设

教育国际化的机构建设是指大学通过加强国际合作，引进海外优质资源，弥补本地资源和专业知识等紧缺的劣势，推动大学采取措施，变革结构，强化功能。当前，电子通信技术的发展也为高等教育机构之间的国际合作提供了可能和便利。学界早已意识到招收海外研究生有利于充实大学研究队伍，优化本国大学人员结构，维持本科教育规模。在欧洲一些国家的大学，由于本国人力资源的限制，以致需要招聘、招收其他国家的教师和学生以确保该大学继续运作。在美国的一些大学，某些学院的师生主要由亚洲人组成。由此可见，通过实施教育国际化，以确保大学机构维持正常运转，也能优化大学结构和功能。

3. 声誉和地位

基于声誉和地位动因实施教育国际化，即大学、学院等高等教育机构为了提升自身的国际地位、影响力，扩展国际市场而实施教育国际化。当前，超越国界的大学、学院为了争夺国际排名而展开的竞争越演越烈；一国之内的大学、学院为了争夺国际声誉也相互竞争。为了提高国际声誉，争夺国际排名，大学、学院不断推进教育国际化，积极投身参与国际研究、教学、服务和联络，以提升国际化水平。高等教育国际化与大学国际声誉和地位的正向关系基于如下假设：大学越是国际化，大学的国际声誉就越好，国际地位也就越高。高等教育国际化与大学、学院国际声誉和地位之间的正向关系是鲁德兹（Rudzki）在描述国际化的机构、投资的机构和保守的机构三类高等教育机构情形时提出并始终秉承的观点。在描述中，鲁德兹假定其描述的国际化的机构就是国际排名靠前、在教学科研方面具有卓越声誉的高等教育机构。凯伦（Karen）还使用了"负面动因"，即"对竞争中落后的恐惧使大学和部门都向着更大国际化迈入"，进一步论证了大学国际化水平、大学声誉、国际地位之间的正向关联关系。

大学声誉和地位这一教育国际化动因看似与财政追求中的经济动因具有一定的联系。然而，这一动因仍然是学术动因的一种。例如，许多发达国家的大学面向亚洲招收博士研究生时，首先考虑的不是收取学费这一财政动机，虽然财政动机也可能是其招收博士研究生的动机之一，但最主要的还是通过招收优秀的学生推动研究和学术发展，以维持其在本领域的国际学术声誉。

4. 质量提升

人才是提升教育和研究质量的重要因素，一个具有清晰明确国际化策略的大学因为知道优质的生源和人才队伍在哪里，因而更容易招收到优质的国际生源和教职工。此外，一所国际化程度高，对外联络广泛的大学也更能吸引国际学生和国际员工。因此，为了提升教育和研究质量，就要推进高校教育国际化，面向全球招收优秀的师生。当前，教育国际化有利于确保高等教育机构的研究和教育质量的观点，已经被普遍接受和重视。高等教育国际化的质量提升动因已获得广泛的运用。美国、英国等发达国家政府减少对大学的财政资助，使得国际合作伙伴对高等教育质量的关注度越来越高。大学也开始不断调整、评估其国际化战略，以提升教育和研究的质量。因此，也有学者开始关注、讨论评估教育国际化与高等教育机构研究和质量之间相互关系的问题，艾伦·史密斯（Alan Smith）指出，教育国际化与教育质量之间的联系有两个：一是国际教育传递的质量；二是高等教育在国际维度如何提升供给质量。当高等教育国际维度本身很高时，那么其能够为提高高等教育质量做出最大贡献。在以提升高等教育质量为动因的教育国际化策略中，经济合作与发展组织还设计了国际化质量审查程序作为高等教育机构管理方案试点项目以辅助国际化教育质量审核。随着高等教育国际化与高等教育质量之间的关系能通过具体指标得到衡量评估，基于提升教育和研究的质量而实施教育国际化的动因将获得更多认同。

四、教育国际化动因的关系

（一）不同主体参与的利益期待不同

国家政府、大学和学生是高等教育国际化的主体，这三类主体为了实现自身的利益期待投身于教育国际化的潮流中，参与教育国际化活动。不同主体都期待从高等教育国际化中获取一定的益处。因此，以教育国际化对不同教育国际化主体的作用为视角，进一步分析不同主体参与教育国际化的动因，以利于更深刻地理解和掌握教育国际化动因之间的关系。

1. 国家政府的利益期待

政府是教育国际化的重要主体，一国政府通过与他国建立友好外交、签署教育国际合作协议，制定国际化战略及法律政策（如留学生政策），设立奖学金项目等，鼓励或限制本国大学、学生参与教育国际化，从而成为影响教育国际化进程的重要主体。随着经济全球化的到来，一国政府也积极投身于教育国际化。那么，通过实施教育国际化，国家政府能获得什么样的益处呢？具体来说，一国政府通过推动教育国际化，主要基于以下利益期待：首先，促进民族国家之间的相互理解，为自身赢得良好的国际环境，实现外交目的；其次，提升国家认同，增强国家文化凝聚力；最后，出口创收，为一国经济和社会体系做贡献。随着教育产业纳入世界贸易组织服务产业范畴，招收付费留学生成为一些国家教育国际化的形式，招收留学生不仅可以收取学费，实现财政直接收入，也为一国经济发展作出了巨大的贡献。

2. 大学的利益期待

大学是高等教育国际化的实施主体。大学实施教育国际化既体现了大学所承载知识的国际流动属性，又有利于提升大学声誉和国际影响力，还能解决财务压力。首先，从大学所具有的知识属性来看，通过实施国际化，特别是作为高等教育国际化重要表征的学生和教师的国际流动，可以丰富知识和文化并促进个人的成长，这是大学实施高等教育国际化的社会和学术动因。其次，国际化对提升大学的声誉具有积极影响。国际师生比例、成果国际认可度是衡量大学国际化水平的重要指标。因此，大学通过实施教育国际化，有利于提升自身的国际排名，基于这一利益期待实施国际化属于教育国际化的学术动因。除了社会文化和学术动因之外，增加财务收入实施国际化，特别是招收全额付费的国际学生也是大学国际化的又一动因。教育国际化的经济动因在 20 世纪 80 年代随着英国和澳大利亚政府对大学财政资助的减少而凸显。当前，世界上许多国家和大学都认为国际化在很大程度上是为了增加收入。然而，也有一些国家和大学并不认为增加学费收入是大学国际化的主要动因，如挪威的高等教育机构坚持认为，国际化的主要目标不是获取经济利益，而是提高学术质量。

3. 学生的利益期待

学生是高等教育国际化的重要活动主体，学生的跨国流动是高等教育国际化的重要体现。学生为什么要选择留学、选择跨国流动呢？ 2007 年，查普曼（Chapman）对大学生选择留学的原因进行了调查，发现大学生通常认为留学后会在就业市场上更具有竞争优势。同时，出国留学有助于拓宽个人的眼界、激发个人成长、提升自我形象，并对其他文化形成更积极的态度。留学的学生对全球问题有更深的理解，对其他文化有更好的理解，拥有更强大的跨文化交流能力以及更积极的自我形象。国际研究也有利于学生探索不同文化，学习新思维方式，增加自尊和自信，提升跨文化知识和技能。总之，教育国际化对学生的好处可以归纳为丰富知识、提升语言能力和国际职业竞争力。

（二）国际化不同动因之间转换

推动不同主体实施教育国际化的动因可能随着时间而改变，可能因国家和地区的不同而不同。早期欧洲中世纪大学主要是基于学术、文化等社会动因实施高等教育国际化。那时，不同国家和区域的学者在跨国流动中追求知识、异国文化，以及国际理解。随着民族国家的发展和殖民扩张，教育国际化的政治动因出现了。20世纪，特别是在第二次世界大战之后，美国崛起成为国际大国，为了保持和扩大影响力，美国开始主动加强对其他文化、语言的了解，从而使得教育国际化的政治动因呈现出一个新的维度。美国政府提供资金鼓励美国的大学开展国际区域研究、外语培训和海外留学项目，以达到对其他国家的了解、维护国际和平、实现国家安全的政治目的。尽管美国的领导者宣称他们实施教育国际化的目的是促进国际合作，增进相互理解，但是世界其他地方的人们却看到了美国教育国际化背后显著的政治动因。

"冷战"结束后，以政治动因为主导的高等教育国际化开始转向以经济动因为主导的国际化进程。在经济动因驱动下，教育国际化开始关注满足现代化、经济全球化的劳动力需求。此外，视高等教育为出口商品，关注国际高等教育营销也是经济动因的重要体现。例如，澳大利亚高等教育从发展援助到教育出口就是政治动因向经济动因转型的典型例子。在欧洲，推动高等教育领域的研究、技术和教育合作交流的动因仍蕴含着经济动因。当前，推动教育国际化的主要动因从教育、文化和政治因素转向经济因素，呈现一种世界普遍趋势。推动大学更加国际化的政治和经济动因除了来自政府、社会组织和个人等大学之外力量的驱动外，大学自身也有国际化的动力。随着政府放松对大学的管制，大学私有化和运营的市场化得以兴起，大学收入来源更加多元化，大学运作也更加企业化，为了占有更多国际学生市场，发展教育国际化成为大学的自身需求。基于大学这一发展趋势，有学者甚至预言，未来大学似乎可以最终走上过去银行、企业一样的模式，开始进入企业合资、跨境合并、共享人力资源等过程。虽然，走向企业一样的模式是基于对当前大学发展趋势做出的合乎逻辑的预判，但是至今没有大学愿意承认该趋势。

范·德·温德（Van der Wende）在对欧洲高等教育国际化的国家政策研究中，试图构建高等教育国际化动因变化模型。他将驱动高等教育国际化的四种动因（政治、经济、学术、社会文化）放在一个图中，形成了高等教育国际化动因转变图（图2-3-1）。图中每条独立的线代表着一种动因，动因所处的位置与模型中心相关联就表示该动因的重要性（在中心是最小，在边缘是最大）。这一模型既适用于国家政府，也适用于大学和学生等教育国际化主体。除此之外，还可以用于比较在某一特定时刻不同主体动因的相对重要性，以及一段时间内同一个主体内部动因的变化情况。

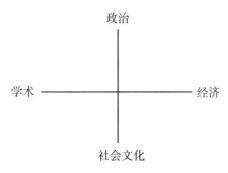

图 2-3-1　高等教育国际化动因转变图

第四节　高等教育国际化的现实含义

一、全球竞争与中国实践的时代要求

高等教育的服务本质即特定时代知识资源与思想意识的物质承载，顺应时代要求而予以吐故纳新。对于高等教育国际化建设的时代要求，还应从全球竞争与中国实践的双重角度予以解读。立足于全球竞争趋势，高等教育国际化建设已然成为各国战略思想储备的发力重点，正试图依托高等教育深化渗透本国思想。根植我国实践需求，全面深化改革的战略抉择与全面扩大开放的现实实践，均要求高等教育建设由内而外承担全新的历史使命。

（一）全球竞争的内容与趋势

当今世界的国际竞争已然超越了传统以物质经济实力为基础的"硬实力"竞争，而以文化思想为核心的"软实力"博弈日益成为国家间竞争的战略支点。作为思想文化载体与制度内容创新的关键源泉，高等教育承载着高等学术研究机构的战略定位与国家治理智力支撑的组织使命，也愈加成为国际"软实力"战场上的比拼阵地。以西方发达资本主义国家的顶级高等教育为建设标杆，其在研究领域、组织构成、运行结构、学术交流及社会影响等诸多方面，已然呈现出明显的国际化发展趋势。究其根源，高等教育本质即现代社会决策科学化、民主化、复杂化条件下的独特决策支持机构，置于经济全球化背景下的国际问题复杂性及高等教育建设的时代使命，成为高等教育建设逐步迈入国际化阶段的核心动力。随着经济全球化的突飞猛进，国家间的经贸文化交流陡然增多，国际问题碰撞的主体牵涉内容要素也随之剧增。复杂国际化议题的生成与频繁的国家参与，自然引导顶尖高等教育越发关注本国海外利益的现实问题，充分发挥其国际政策研究与国内决策咨询的独特功能；伴随网络技术的现实研究助力，高等教育推行国际化发展战略已然具备制度可能，依靠互联网知识流动，主动拓宽研究议题的海外视野，吸纳全球顶尖人才团队，推进跨国项目的联合实施，正成为顶尖高等教育不断深化国际影响的不二法门。

（二）实践的机遇与使命

高等教育的独特制度定位及特殊研究视角，决定了其对本国制度建设改革与战略政策研究的重要作用。高等教育国际化建设对全面深化改革与全面扩大对外开放进程的中国实践而言，无疑具有重大的发展意义。于现代社会治理而言，高等教育的影响力将直接辐射其"资政、启民"作用效能的发挥。当前我国正处于全面深化改革的历史转折期，对内如何深化改革的宏观战略选择与微观政府决策，对外如何避免发展失败陷阱与借鉴成熟改革发展经验，均迫切需要高等教育发挥思想引领和智力支撑作用。以史为鉴与立足现实，良好高等教育的发展循环，得以将全球经验与本土实践更为紧密融合，从而更好地指引我国改革发展道路。与此同时，深化高等教育国际化建设也符合我国参与全球治理的现实需求。在"一带一路"倡议推进及"人类命运共同体"协同构建等全球治理的中国方案推行过程中，高等教育不仅在战略方向明定、建设规划制定及政策咨询建议等刚性功能方面发挥着重要作用，更在加强国际交流、促进政策沟通及奠定民意基础等柔性沟通方面引领着制度风向。高等教育依托自身高等教育特色，将中国方案的理念核心与政策内涵，通过成熟国际交流渠道予以国际语言的阐释传播，从而进一步消除国别隔阂与凝聚制度共识，此亦为高等教育国际化建设的全新使命要求。并且，相较于政府智库及民间智库而言，高等教育因兼具隶属独立性与学术宽松性，而具备天然研究优势。在高校"双一流"建设背景下，高等教育建设越发强化了助力高校建设的时代任务。

二、高等教育国际化建设的背景

（一）国际人才物质支持难点

强有力的人才物质支持始终是高等教育国际化高效运行的前提保障，而以我国现阶段高等教育国际化硬件基础设施的建设水平，仍难以助力其达到世界顶尖高等教育的预期目标。就财力支持保障层面，现有高等教育多为原有科研中心或院所转化而来，其建设经费主要源于上级主管部门拨款及学校自身配套经费，来源渠道单一且落实情况各异。基于高等教育国际化建设的现实需求，多数实际到账经费难以满足智库国际化建设所需的日常经营维护、人才交流访问及成果研发产出等资金支持。并且，单一的行政资金来源支持，对高等教育自身研究的独立性及国际学术声誉均存在一定程度的减损，特别是国际化建设领域，则呈现出更为显著的政治放大效应。就国际人才组织建设层级而言，目前各国顶尖高等教育均将智库国际化人才队伍建设作为自身国际化发展的基础保障，不断培育本智库具有国际视野的组织领导人才与具有国际经验的创新研究团队。然而，以内部培养与外部引进的双向维度剖析，我国高等教育国际人才队伍建设距世界一流水平仍有差距。目前，我国高等教育国际人才队伍建设尚处初级阶段，多数高等教育尚未将国际化人才培养纳入整体智库人才培养计划，长期缺乏固定、完备的跨学科、跨领域国际化人才交流培训机制；并且多数高等教育普遍存在相对保守、流动性不足等制度障碍，人才培养内外进出端口狭窄，内部人员交流阻滞重重，外部人才引进软硬设施存在事实掣肘。

（二）国际发展制度建设困境

高等教育国际化建设，还应以成熟制度建设的后勤保障为可靠落实。由于我国高等教育发展历程较短且受制于发展视野，其组织制度建设长期落后于时代进程，具体尤以外事制度与财务制度为落脚体现。就外事制度而言，多数高等教育的现行外事制度均严格受制于高校总体外事制度，而高校总体外事制度并未考量到智库人员频繁出国出境的任务需求，且受制于国家外事管理制度，多数沿用传统外事管理模式，智库人员出国出境审批事项烦琐且耗时冗长。于高等教育国际化建设而言，人员频繁外派出访、参会及研习均是工作常态，不契合高等教育国际化工作特点的外事制度无疑给智库国际化设下了制度桎梏。与此同时，外国专家或者研究人员的来访审批，也可能受制于诸多因素。就财务制度而言，无论是对外出国出境抑或是对内邀请专家来访，均涉及高等教育费用核销。对于频繁出国出境的高等教育人员而言，内部烦琐的财务报销手续均是回国后需直面的"梦魇"。目前，多数高等教育财务体系均依附于相应院系，缺乏独立专项经费账目支持，智库经费与高校经费之间难以协调，财务制度长期遵循传统标准且缺乏适当的制度灵活性，以致高等教育人员时常因财务报销手续而疲于奔命，实践中严重挫伤其短期出访意愿及国际合作热情。为此，应以包容开放的研究心态、动态灵活的理念内核，构建契合高等教育国际化发展特征的高效安全的组织制度。

（三）国际传播话语权的阻碍

影响力是一种特殊的"权利"，是通过各种传播途径以潜移默化的方式影响行为决策的隐性控制。对标国际顶尖高等教育发展现状，我国高等教育国际化建设虽然在硬件设施上不断提升，但国际传播话语权却长期未能得到突破。对于多数高等教育而言，组织基础扎实而国际影响力屡弱是其普遍效能短板，究其根源国际传播渠道与国际合作网络的构建存在事实障碍。在国际传播渠道领域，自我实力与学术风向决定了我国高等教育于现有阶段难以独立自主开拓国际发声渠道。现实中，多数高等教育仅凭一己之力，几乎难以聚拢全球顶尖学术团体以及组织具有广泛国际影响力的高端外事活动；并且由于国际形势风云变幻，加之面对现有西方话语体系下的重重突围，在议题选择方面也难以捕捉全球最新研究动向，从而陷入会议学术方面的迷惘。在国际合作网络构建领域，缺乏与域外智库长期深度的实质性合作机制构建，使得我国高等教育长期丧失了重要的外部国际话语发声平台。现阶段，我国高等教育的国际合作多以学术会议、学者访问或短期研修等形式层面展开，鲜有联合课题研究、联合会议承办及联合成果发布等实质性合作。

三、高等教育国际化建设的制度实现

破除高等教育国际化建设的三重现实难题，需坚持以问题意识为导向，注重国际化建设的硬件夯实与软件内构，以财力支持与人才培养的双维推进夯实国际化物质支持基础；以严格监管与有效保护的放管融合优化国际化制度建设环境；融合域内指引与域外联通的双向交汇，打造国际化智库传播网络，多措并举，合力破题。

（一）财力支持与人才培养的双重推进

以多元丰富财力支持与内外兼修队伍建设为双重核心的国际化物质基础建设，是高等教育探索国际化的前提保障。经费支撑是智库运行的前提，是其赖以生存的根本。立足多元丰富财力支持视角，高等教育国际化建设需以固本拓新为物质基础指引。首先，需强化原有政策支持力度，夯实现有物质支持基础，按照《中国特色新型高校智库建设推进计划》的统一要求，进一步加大对高等教育建设所需的政策、经费及人员投入，特别是对智库招生、项目资助等重点创新要素投入给予重点倾斜。其次，需不断拓宽高等教育经费来源渠道，探索建立具有中国特色的高等教育基金制度，引进企业与个人的捐助等社会资源，以高等教育基金会的组织形式聚拢多元化经费支撑，并尝试赋予高等教育基金会独立经营、自主管理及自负盈亏的市场机制运作权利，从而不断丰富基金会的财力支援，更好地助力高等教育国际化建设。与此同时，所谓智库即"智者之库"，"以人为本"即其天然要义。高等教育人才国际化培养，还需着力打造一支包容开放且稳定多元的智库研究队伍。以高校"双一流"学科建设为政策依托，高等教育人才国际化培养应从战略宏观层面设置不同时期的人才培养规划，注重形成长效合理的智库人才培养机制，以学者为核心，培养一支富有创新精神和创新能力的科研团队。通过定期组织国际课程项目学习及聘请国际顶尖学者讲学等方式，拓宽智库人员国际化视野、提升国际研究前沿水平。不断尝试拓宽人才内外进出端口，建立智库国际化定期交流机制，鼓励智库人员出席国际会议及学术研讨会，在国际舞台上积极发出中国声音。并采取更加开放的用人标准，通过招聘专职或兼职研究人员的方式，吸引更多全球优秀人才加入智库研究团队，从而打造国际化人才培养的智库团队。

（二）严格监管与有效保护的相互融合

智库建设，制度先行。完备高效的智库体制机制建设，既是高校智库日常运行、扎实合规的有效监管，也是确保高等教育国际化建设平稳运行的制度保障。具体而言，打造国际化制度建设环境，应以放管结合、宽严并济的双向方针为引领，在不断强化国际化建设监督管理机制的同时，吸纳域外先进管理经验及成果，进一步探索深化符合国际化建设的全新外事制度与财务制度，从而切实提高高等教育国际化建设的运行效率。具体而言，针对高等教育国际化建设的运行规律和制度特点，可以提升外事审批的便捷性为切入点，适当简化智库人员出国的校内审批手续，并就非关键性事项可由事前审批转变为事中事后申报备案，不断强化出国事中事后监管，从而保障智库人员参与国际活动不因审批程序而遗憾缺席。除了人员"走出去"之外，还应进行人才引进。针对外国专家或者研究人员的来访审批，可在保障国家安全的前提下，适当调整域外人员的来访审批手续及财务经费限制等相关校内制度。在外事财务制度建设基础上，探索建立规范高效、监督有力且导向鲜明的财务制度。可探索就特定项目设置专项经费，并坚持适度效率优先理念，不断简化内部财务报销手续，适度放宽出国人员的差旅住宿及出访时间的标准限制，从而进一步优化出访人员的访问选择，提升整体对外交流效果。

（三）域内指引与域外联通的双向交汇

借鉴全球顶尖高等教育建设经验，高等教育国际声音的发出还应紧紧依靠国际化智库传播网络的联通打造。具体而言，即应立足域内政策指引助力与域外主体联通的双向交汇，共同做好高等教育国际化建设的"扩音筒"。所谓立足域内政策指引，即充分依托配合我国重大外事活动及主场外交活动，积极搭建自主智库交流平台及开展相关智库论坛交流活动。可以配合国家重大外事活动的舆论引导，借助官方外事活动宣传渠道扩大自身影响力；还可以依此搭建国际化交流平台，加深与其他国家智库的主场沟通交流。由此，既坚持了高等教育国际化发展的合理政治定位，也能够以主场合作优势降低外联阻力，从而增强我国高等教育国际声音的主场传播力。而所谓域外主体联通，则是注重高等教育国际合作，强调传播网络的"走出去"，继而进行国际智库间的合作研究。高等教育欲增强自身国际影响力，还应特别注重客场沟通能力的强化，不断推动与所在国当地智库的合作关系构建。与域外组织相比，当地智库无疑具有天然语言文化优势，不仅能够消除政治疑虑，而且能够更好地为所在国政府及民众所理解。为此，应积极探索与当地智库，特别是与当地高等教育建立长期的实质性合作关系，联合开展合作课题研究、联合举办高端国际会议及联合面向全球发布最新研究成果，并进一步尝试联合设立研究中心等实体机构，从而扎根于所在国当地文化土壤，传播、宣讲好全新智库理论成果。

第三章　高等教育国际化发展现状

本章的主要内容为高等教育国际化发展现状，依次介绍了全球高等教育国际化的发展趋势、我国高等教育国际化发展现状、我国高等教育国际化发展存在的问题，以及推进我国高等教育国际化发展的策略四个方面的内容。

第一节　全球高等教育国际化的发展趋势

一、高等教育国际化的发展特点

（一）国际交流的规模扩大

高等教育的国际交流在第二次世界大战后得到了空前发展，留学生人数的急剧增长是其突出表现。

（二）国际交流的范围扩展

亚洲国家派遣的留学生居多。发达国家接纳了大部分的留学生，其中美国取代了 19 世纪德国的地位，成为留学生最多的汇集地。与此同时，发达国家之间相互派遣留学生的人数也迅速增加。发展中国家也在积极吸引外国留学生。除了留学教育，互派访问学者、进行合作研究等也吸纳了越来越多的国家参与。国际化已成为覆盖全球的高等教育发展的趋势。

（三）课程的进展较快

第二次世界大战后，高等教育课程国际化的理论基础与以往不同，它不是建立在知识的世界普遍性的基础之上的，而是出于政治、经济等现实的需要。20世纪30年代以来，美国实现高等教育课程国际化的途径进一步多样化，主要措施可归纳为五项：在普通教育核心课程中增加世界文明史、世界史、外语等内容；增设或加强地区研究和国际研究方面的主修、辅修计划；在工程、工商管理、教育等领域的教学中增加国际方面的内容；开展跨文化研究；开设运用高科技进行国际学习和研究的课程。英国许多大学也试图在课程中体现国际化的发展方向，如苏塞克斯大学设立了亚非研究学群、英美研究学群、欧洲研究学群，在此基础上开设相关的课程。课程国际化是高等教育国际化最基本的要素之一，课程国际化的进展标志着高等教育国际化已经发展到了一个新阶段。

二、高等教育的国际化与民族化

在高等教育国际化的发展进程中，存在着各种各样的问题。例如，高等教育国际化的必要性的论证，高等教育国际化的模式的统一，高等教育国际化是国际化还是西方化，推进高等教育国际化是否需要专门的机构的协调和管理，课程的国际化是否就是引进国外教材，课程改革的深度的标准是什么，以及评价国际化程度的具体指标、国际化人才的培养指标等，这些方面的问题主要是一些微观层次的问题，而高等教育国际化与民族化之间的关系是高等教育在推进国际化的进程中遇到的不可回避的问题，是较为宏观的问题。此问题关系到一个国家的众多方面的考虑，如政治方面、社会文化方面、社会制度方面、社会大众的观念方面等。

高等教育对于一个国家来说，它是培养国家发展需要的高层次人才的重要内容，对于一个国家的综合国力和竞争力起着至关重要的作用。高等教育国际化需要在立足国家民族的基础上发展，国际化是一个基本的导向。在高等教育进程中如何处理好两者之间的关系无疑关系到政治、经济、社会发展的重要问题，是方向问题，只有把握住了正确的发展方向，才能在正确的道路上迅速前进，否则发展得越快，但是方向错误，导致的后果将会更严重。

高等教育是民族文化得以传承的重要载体，根植于各民族文化的土壤中，表现出民族性特点。我国在推动高等教育国际化时，必须正确处理国际化和民族化的关系。高等教育国际化已经成为现代高等教育的主要特征之一，甚至被看作高等教育的"第四职能"。但同时我们也应该认识到西方国家高等教育的一些成功经验并不一定都适合我国国情，所以只能有选择地借鉴而不能大规模地效仿；同时在借鉴他国经验时要特别努力发掘我国高等教育历史上的优秀传统。因此，我们主张高等教育国际化与民族化双向发展的良策是：扬弃、融合并走向世界，逐步建设具有中国特色的高等教育模式，使我国由高等教育大国逐步走向高等教育强国。

高等教育的现代化，内容是国际的，形式是民族的。在高等教育国际化与民族化的两大力量中，国际化是更为活跃和能动的因素，民族化则是相对稳定和被动的因素。当今我国高等教育的现代化，最为迫切的任务就是扩大并加快高等教育国际化的进程。

第二节　我国高等教育国际化发展现状

一、我国高等教育国际化发展的环境

我国高等教育国际化的发展，必须充分考虑特有的外部环境和内部环境，只有深入分析影响高等教育国际化的客观因素，才能更为全面地对高等教育国际化未来的发展做出科学的战略规划。就我国高等教育国际化而言，其所处的外部环境主要集中于经济环境和社会文化环境等方面，这些外部环境在宏观上影响着高等教育国际化的进程。先进的制度、快速发展的经济，以及深厚的社会文化都是我国高等教育国际化发展的动力所在。我国高等教育国际化的内部环境则包括：高等教育国际化政策、高等教育体制机制、高等教育国际化资源配置等，这些内部环境是高等教育国际化质量提升的基本保障和坚实后盾。我国高等教育国际化是在经济社会改革开放的过程中不断发展的，有着独特的内外部环境。

（一）外部环境

1. 经济环境

区域经济持续快速的发展，为高等教育国际化提供了坚实的经济基础。同时，我国高等教育在推动经济发展的过程中也承担起越来越多的职责。首先，国家和地方要实现建成现代化强国的战略目标，就必须加快发展科教事业，强化科教和人才优势，通过高等教育培养人才和吸收一大批高质量的国际化人才，并使其参与世界政治、经济和文化的交往与竞争，为社会经济的发展提供持续动力。其次，经济水平提高后，全世界居民家庭收入也不断提高。人们对优质教育的需求不断增加，更希望能够在本地区接受高水平、高质量的教育服务。高校开放办学不仅可以满足人们多元文化的教育需求，还能够引进吸收国外优质的教育资源，从而提升我国高等教育的影响力和竞争力。再次，东部沿海地区是在不断扩大对外开放中发展起来的，城市化进程迅速。在这样的发展背景下，国际贸易产业对高质量的人才需求不断扩大，不仅需要具备专业外贸理论知识和专业技能的高素质人才，更需要能够在复杂多变的国际市场环境中把握机遇的复合型人才。最后，雄厚的经济实力能够为我国高等教育国际化的发展奠定坚实的基础。经济发展起来后，人才缺口加大，而教育能够发挥其独有的功能，通过与市场对接，能够加快国际型人才的培养。

2. 社会文化环境

社会文化涵盖物质文明、精神文明、政治文明三个领域，包括政治、经济、文化、生态，以及市容市貌、市民素质、社会秩序、历史文化等诸多方面。在社会现代化进程中，城市的兴起和繁荣是基本的特征。城市文化建设是城市现代化进程中继生产建设、公共设施建设之后迎来的城市发展的更高阶段，是城市品牌化的过程。社会文化建设要重视文化的对外交流与合作。加强全球范围内的友好城市建设，很多国内城市与其他国家的城市建立了互助交流关系。广泛的对外交流为高等教育国际化带来了难得的机遇，通过与国际友好城市之间的密切合作，我国高等教育国际化水平迅速提高。反过来，高等教育国际化能够提升一座城市的内涵与软实力。社会文化建设需要借助高等教育国际化来不断扩大和深化国际合作交流，搭建起城市和社会对外友好交流的桥梁，实现地方社会文化与世界文化的接轨和融合。

（二）内部环境

1. 高等教育国际化政策

《国家中长期教育改革和发展规划纲要（2010—2020年）》明确提出"提高我国教育国际化水平"，这是在国家教育发展规划文本中首次明确使用"国际化"，也是从国家政策层面确立了高等教育发展的国际化目标。在此之前，实际上并不存在高等教育国际化这一政策领域，与高等教育的国际化实践最为接近的政策是"教育对外与港澳台交流与合作"，有关的政策分为四个方面：第一，针对学生和教师的出国留学政策（如公派出国留学、自费出国留学，以及教师出国任教）；第二，来华留学生政策（如来华留学生招生、教育、管理，以及奖学金政策）；第三，留学人员归国政策以及引进海外人才政策；第四，中外合作办学政策。

这些政策大大推动了我国高等教育国际化的发展，对大学国际化具体活动的开展，如学生和学者流动、中外合作办学等起到了直接引导与推动的作用。

2. 高等教育体制机制

为契合社会主义市场经济体制改革，我国高等教育正逐步探索建立与之相适应的高等教育体制机制。高等教育通过增加投入、调整结构、扩大规模、深化改革、推进素质教育等一系列措施得到了快速、健康的发展，取得了规模、质量、结构、效益的稳步提高，进入了国际公认的高等教育大众化阶段。我国高等教育实现了历史性的跨越和突破，正在由高等教育大国向高等教育强国迈进。

突破高等教育体制机制"瓶颈"，重在综合改革。高等教育涉及组织、财政、人力资源和社会保障、经济和信息化、科技、物价等多个行政管理部门，这些部门之间尚未形成合力推进高等教育综合改革的有效机制。推进高等教育综合改革，需要统筹好全局与局部、外延与内涵、当前与长远的关系。为此，需要最大限度地规范对高校的行政审批与直接干预，推动政府由行政主导向依法治教的转变，由具体管理学校事务向提供教育公共服务的转变，落实和扩大高校办学自主权。必须改变原有的单一的政府行政计划主导教育运行体制，充分发挥市场在教育资源配置、人才培养等方面的适度调节作用，并引导各院校正确定位，办出特色。

3. 高等教育国际化资源配置

教育资源就是教育活动中为教育目的服务的人力、物力、财力资源的总和。推进高等教育国际化发展的一个重要途径就是将高等教育资源充分共享。国际组织、教育机构参与发展中国家和地区的教育活动，能为当地带来先进的教育管理经验、高水平的人才资源、先进的科学技术。国外留学能够引进国外一些先进的教育管理理论、方法和技术，国内培训和项目实施能够培养、造就一批教育管理人员和教育管理研究人员。高校教学的数字化和网络化，能够为中外高校之间甚至是国家和地区之间优质的教育教学资源的交流与共享提供重要的机遇。高校教育技术人员、教师和学生要加强对我国高等教育国际化资源共享的认识，并积极参与到资源建设和使用中来。

二、我国高等教育国际化发展的形成

我国改革开放的总设计师邓小平同志早在1983年就提出了"教育要面向现代化、面向世界、而向未来"。我国高等教育在改革开放，特别是在世界高等教育国际化趋势的推动下，出于自身发展需要，开始面向世界发展，步入国际化的进程。我国的高等教育国际化既吸收了世界高等教育国际化的一些有益经验，又形成了自己的特色。目前，我国高校与国外高校在互换留学生、专家学者互访、学术研究、合作办学等领域开展了广泛而深入的交流与合作。

（一）人员交流

人员交流主要是学生、教师在国际范围内的流动，他们是高等教育国际化潮流中最活跃的因素。

出国留学是加强对外交流、吸收先进的科学技术、增进国际理解的重要途径。经过实践、探索和总结，我国政府于 1992 年提出了"支持留学，鼓励回国，来去自由"的出国留学方针，逐步建立起一整套与社会经济发展相适应的出国留学管理和运行机制，形成了国家公费、单位公费和自费出国留学的三大主渠道。据统计，目前在外留学人员绝大多数是自费留学生，他们已经成为留学生的主体，是国家宝贵的人才资源。我国政府高度重视留学回国工作，在落实各项政策措施的基础上，积极引导和支持优秀留学人员回国工作或是以多种方式为国家服务。这些优秀留学人员充分利用在国外学到的先进科学技术和优秀文化成果，为我国现代化建设做出了重要贡献。留学教育的蓬勃开展，对我国高等教育国际化产生了深远的影响。目前，越来越多的留学回国人员活跃在我国各个高等院校和其他教育部门，从事着教学、科研和管理工作，成为推动高等教育国际化的一支重要力量。

我国高等教育在不断扩大对外交流、大量派遣出国留学生的同时，也积极接收外国学生来华学习，使其了解中国，从而增进友谊，也扩大了中国的国际影响力。随着我国综合国力的增强和国际影响力的日益扩大，越来越多的外国学生来华留学，如 2021 年，我国一共接收了 170 多个国家的 44 万多名来华留学生。来华留学生可分为长期生和短期生两类，有普通进修生、高级进修生、本科生、硕士研究生、博士研究生等。来华留学生所学专业已从开始仅有的中文和历史发展到理、工、农、医、人文等各科 200 多个专业。我国与许多国家，包括英国、法国、德国、澳大利亚、新西兰等 20 多个国家签订了学历学位互认协议，这对提高留学生来华学习的积极性、扩大来华留学生的规模起到了很大的促进作用。留学生培养向高层次发展，扩大了我国高等学校的国际影响力，同时也促进了我国高等教育与世界高等教育的接轨。

（二）课程设置

课程作为教育事业的核心领域，是教育改革的核心内容。高等学校课程内容的国际化，主要表现在更新知识、吸取当今世界科学文化最新成果方面。目前，我国高校为了适应国际政治、经济、贸易，以及科学技术国际化发展的需要，正在结合实施《高等教育面向 21 世纪教学内容和课程体系改革计划》，大胆借鉴国外高校的专业结构、课程体系和教学内容，不断深化本校的专业设置和课程改革，从而加大课程国际化的力度。以华中科技大学为例，该校参照国际一流大学通行的教学理念和管理模式，建立以学科群为单位的"教学指导委员会"，研讨教育思想，指导、规范和构建符合时代要求的新型课程体系。该校重点调整课程结构，更新课程内容，推进课程和教学内容及教学手段的国际化、现代化，加强基础课和宽口径教学。基础课尽可能采用国际知名高校通行的教材，专业课增加关于本学科最新发展的内容。

（三）合作办学

中外合作办学是我国高等教育开展对外交流与合作的重要途径，是中国教育事业的组成部分。中外合作办学起始于 20 世纪 80 年代，创办于 1986 年的南京大学－约翰斯·霍普金斯大学中美文化研究中心是我国对外开放以来的第一个中外合作办学机构。

中国政府鼓励中外合作办学，并逐步将其纳入了法治化的轨道。1993 年 6 月，国家教育委员会发布《关于境外机构和个人来华合作办学问题的通知》，指出开展中外合作办学应坚持"积极慎重、以我为主、加强管理、依法办学"的原则，遵守中国的法律，贯彻中国的教育方针，经过教育主管部门批准并接受其监督和管理。1995 年国家颁布实施《中外合作办学暂行规定》，就中外合作办学的意义和必要性、应遵循的原则、合作办学的范围、审批权限和审批程序、办学机构的领导体制、发放证书及外国文凭、学位授予等问题做了明确规定，使中外合作办学走上了依法办学、依法管理的轨道。《中华人民共和国中外合作办学条例》规定，中外合作办学属于公益性事业，是中国教育事业的组成部分；对中外合作办学实行扩大开放、规范办学、依法管理、促进发展的方针；鼓励在高等教育、职业教育领域开展中外合作办学，鼓励中国高等教育机构与外国知名的高等教育机构合作办学。《国家中长期教育改革和发展规划纲要（2010—2020 年）》提出，要吸引更多世界一流专家学者来华从事教学、科研和管理工作，要有计划地引进海外高端人才和学术团队。

目前，我国对外合作办学主要采取办学机构和办学项目两种形式。中外合作办学机构是指与外国教育机构依法在中国境内合作举办以中国公民为主要招生对象的教育机构。中外合作办学项目是指与外国教育机构以不设立教育机构的方式，在学科、专业、课程等方面合作开展的以中国公民为主要招生对象的教育教学活动。

三、我国高等教育国际化的内容

（一）主要指标

1. 教师交流国际化

教师是教育活动的重要主体之一，教师交流国际化旨在提升教师的教学能力、拓宽教师的眼界和吸收先进的教学方法与技术。教师交流国际化是高校办学国际化的重要指标之一。通过教师之间的相互交流，各国教师能够更加深刻地理解多元的教育文化，在学习中不断提升自身的教学能力并适应快速发展的高等教育活动。教师交流国际化是教师"走出去"与"引进来"相结合的过程。一方面，国内教师通过留学或访学的形式到国外进修或攻读学位；另一方面，高校又从国外大学或研究机构引进高层次的教师和专家。教师交流国际化是世界各国教师资源的相互流通，在这个过程中，各国教师取长补短、彼此分享教学成果和经验。比如，宁波在高等教育国际化发展进程中，教师的交流国际化一直备受重视。自2011年起，宁波各高校每年派遣300位左右教师到国外进修或攻读学位。据统计，宁波各高校专任教师留（访）学3个月及以上平均占达到16%。在鼓励教师"走出去"的同时，还大力吸引外国文教专家任教，外国文教专家在博士硕士授权院校、本科教育院校和高职高专院校中所占比例分别为8%、4%和2%。教师交流国际化是高校办学国际化的标志之一，伴随高等教育国际化的不断深入，教师交流国际化的规模和层次也会越来越大与越来越高。

2. 学生交流国际化

伴随经济全球化的不断深入，留学生教育已经成为全球高等教育的一种重要组成部分。西方发达国家在优质高等教育资源的支撑下率先开启了留学生教育项目，每年都吸引着来自全球的优秀学子慕名求学。早在16世纪，荷兰鹿特丹的学者伊拉莫斯就在英国长期从事研究和教学工作，"伊拉莫斯"计划也因他命名。在高等教育国际化的背景下，不少高等教育发展后起国家也纷纷制定政策来推动学生交流的国际化。学生交流国际化从形式上看主要集中于两个方面：一方面是促进本国学生的对外交流，即本国学生到其他国家或地区进行短期或长期的交换学习或留学；另一方面则是吸引外国学生来本国留学，不断提升本国高等教育的国际化程度和国际影响力。

学生交流国际化是高等教育国际化的核心内容，高等教育国际化的最终目标是培养高质量、高层次，具有国际化视野的人才。这也进一步促进了国家之间的人文交流。经过多年的快速发展，我国已成为国际人员相互流动增长最为迅速的国家之一。《国家中长期教育改革和发展规划纲要（2010—2020年）》提出：要创新和完善公派出国留学机制；加强对自费生出国留学的政策扶持，加大对优秀自费留学生的资助和奖励力度；坚持"支持留学、鼓励回国、来去自由"的方针，加强对留学人员的服务和管理。

3.课程设置国际化

课程设置国际化是我国高等教育国际化的关键和重心所在，也决定着整个高等教育国际化水平的高低。高等教育中的课程设置决定了人才的培养模式，也直接关系着教师交流国际化和学生交流国际化的进程。因此，在高等教育国际化的背景下，各高校陆续开设了一些具有国际特征或国际性倾向的专业，其中包括"全外语课程""双语课程""跨国或跨文化课程""国际性问题课程"等。随着高校间国际合作和交流的不断深化，课程国际化的形式也逐渐多样化。为了进一步提高课程设置国际化水平，很多高校积极采取和实行了一些实际措施：一是拨出专项经费进行双语课程建设，通过双语课程建设，使国际化办学渗透到学校的各个教学单位。二是开设部分国际化专业，根据专业调整课程内容。如宁波诺丁汉大学完全沿用了英国诺丁汉的课程模式，不仅采用英文教学，而且学生毕业后被授予英国诺丁汉大学学位。浙江万里学院先后同英国、美国等国家的高校正式签署了合作协议，通过国际课程衔接的方式为万里学子到海外留学深造构建"直通车"。除了"引进来"以外，各高校还积极开展对外汉语专业建设，以吸引更多的对中华文化有兴趣的国外留学生来校学习，从而加快汉语国际化教育的发展与传播。课程设置的国际化旨在不断完善高校的学科专业设置，通过与国外优势学科专业的结合，寻找到本土培养国际化人才的独特路径，同时也为广大的学子开阔眼界、扩展技能、实现自我全面发展提供了更为便捷的途径。

（二）开展国际化教育培训

高等教育培训国际化是指在高等教育较为发达的国家或地区运用自身的优质教育资源为教育欠发达的国家或地区提供多方面的教育资助，其中包括人才培训、教师支援、课程援助等。高等教育培训国际化能够为发展中国家教育的发展带来新机遇，加快这些地区的教育建设。

第三节　我国高等教育国际化发展存在的问题

一、留学生完成教育归国率低

大力发展留学生教育已成为世界各国教育改革和发展的一项重要举措。然而，留学生"学而不归"导致的优秀人才外流现象一直是高等教育国际化进程中的难题之一。这使世界的人才和财富分布更加失衡。全球范围的人才移民使富裕国家与院校有可能吸引和留住其他国家或地区急需的人才。

随着世界经济一体化和高等教育国际化进程的加速，国与国之间的人才竞争日益激烈。发达国家以其高速发展的经济、适宜的居住环境、丰厚的报酬吸引了发展中国家大量的优秀人才为其服务。因此，在人才竞争中，发展中国家常常处于劣势地位。印度媒体把人才"培养阶段"由本国投入成本、"产出阶段"却去了外国贡献的情况称为"奶牛现象"：牛的嘴巴在印度，吃的是印度的草，挤奶的却是外国人。可以看出，留学生学而不归是一个广泛的世界性问题，不仅造成了经济上的损失，而且会带来教育上的人才断裂。留学生教育问题似乎是一把双刃剑。

二、MOOC背景下教育创新和资源扩张

教育国际化一个重要的表现形式是远程教育和网络教育的发展，通过国际互联网抢占世界教育市场。现代化的远程教育主要是通过国际互联网实现的，MOOC也许是互联网时代高等教育和信息科技融合最好的概念。对传统意义上的国际学生流动来说，全球教育体系的构建在一定程度上会降低学生流动的必要性和需求；对学生而言，名校、名课没有了门槛，学生可以根据自己的节奏和学习方式选择名校的课程，安排学习进度；对高校而言，教育资源的跨国、跨区域传播，使得一些名校的影响力增强。加入MOOC后，各国高校课程如何脱颖而出？摆在每一位教育者面前的考验接踵而至。

无论怎样，MOOC时代的到来都会促使高等教育国际化形式的改变，此时的

高等教育可能会超越时空，人们可以随时随地接受国际化的高等教育，不出家门、不进教室就可享受到国际化的高等教育。在未来我国高等教育国际化发展规划中应考虑这些因素的影响，尤其是在不以学历而以能力为取向的时代。

MOOC 是一种更为广泛而又便捷的渗透方式，人们可以更便捷地接受国际化的教育。高等教育国际化未来的一个发展方向可能就是 MOOC 的发展。为此，高校应该为引进合适的 MOOC 打下前期基础，应该为参与到国际化教育行列而打造更好的国际化课程做前期准备，对一些优秀课程进行进一步开发。

MOOC 是以课程的形式影响高等教育的，而许多学科仍有大量的实验、实践课程，这些课程在培养学生能力方面有时更重要，但又不能以 MOOC 的形式进行。因此，国际化合作实验室建设值得加大投入。

MOOC 多以普通本科层次的开发为主，研究生以上层次的课程较少，因此，高层次人才的培养、研究生层次的合作办学应是一个更有前途的方式，应成为未来高等教育国际化的重点。

三、高等教育国际化办学意识不强

高等教育国际化的主要目标是培养具有国际视野且能够适应国际竞争的高层次人才，这也是各国极力推动高等教育国际化发展的核心目标。在高等教育国际化中，人员交流、课程设置和中外合作办学等都是为了实现这一目标而开展的。从现阶段的发展状况来看，某些高校对国际化教育的认识还停留在表面，没能深入地理解高等教育国际化的具体内涵，这就导致了高校为了国际化而国际化的问题。学校将高等教育国际化的重点放在了种种形式上，而忽略了高等教育国际化的核心目标。当前，全日制本科高校主要通过课程国际化、人员交流和国际合作项目来推进学校的国际化发展，而高职类院校则以引进证书类培训和技能培训为主。这些高校的国际化合作以培养学生取得国际认可的学位或技能证书为主要目标，而并非真正培养学生的素质和开阔国际化视野。因此，由于片面注重学位和技能证书，我国高等教育国际化一定程度上显得越来越"功利化"，也逐渐偏离了"以人为本""以人才为核心"的教育理念。同时，由于某些理念的引导作用，会把我国高等教育国际化引向错误的方向，使得高等教育国际化的初衷发生偏离。高校在推进其自身国际化发展的过程中，必须明确国际化发展的目标，始终坚持以学生为本，确保国际化发展的正确方向，切实加强对人才培养的重视，进而让高等教育国际化成为提高我国高等教育水平的新方式。

四、高等教育国际化规划不到位

高等教育国际化与高等教育大众化、地方化有着千丝万缕的联系，高等教育国际化是大众化的重要途径和手段，同时又大大促进了地方化的进程；同时，地方化与大众化高等教育促进了我国高等教育国际化的蓬勃发展。由于地方高等教育发展起步较晚，从现阶段来看，其整体发展水平仍然偏低。在国家"985工程"或"211工程"的重点建设大学中，地方高校拥有数量较少。近年来，地方高校虽然加快了发展步伐，但在师资力量、生源招收、硬件设施与教学科研等方面依旧处于较低水平。在这种状况下，我国高等教育国际化缺乏良好的施展平台。

国际化是我国高等教育改革的必然选择和主要目标。我国高等教育希望通过国际化提升高等教育的吸引力和国际竞争力，以回应经济全球化带来的挑战和机遇。然而，由于缺乏战略规划做指导，如在促使大学理念的转变、大学管理体制的转变、具体经费的投入使用和监控等方面没有明确的规划与指导，使得地方高校国际化建设显得急功近利，从而引发了诸多问题。很多地方政府及相关行政管理部门未能颁布地区系统性、前瞻性的规划与政策，引导各高校向着我国高等教育国际化的整体方向前进。各高校在国际化的进程中都是以各自为中心来开展相关的国际交流工作的，这种分裂的模式无法实现优质资源与经验的共享。

五、区域国际化教育资源结构不合理

"引进来"和"走出去"是高等院校推进教育国际化的基本形式，也是高等教育资源在全球范围实现共享的突出表现。就"引进来"而言，主要是指引进国外先进的教学模式、优质的教师资源和优秀的留学生。而"走出去"则关注国内教育资源的输出，教师与学生的海外培训与学习等。在推进高等教育国际化过程中，"引进来"和"走出去"的协调发展，是高等教育国际化合理运行的标志之一。当前，我国高等教育国际化的发展呈现出"走出去"与"引进来"之间不协调的状况。这主要体现在三个方面。首先，在国际化课程设置和教学模式方面，"引进来"占据了主导地位。在国际化进程中，地方高校多数依靠引进国外的课程和教学模式，本土教育资源对外输出的数量和质量都远远不达标。其次，从师生的对外交流来看，这种不均衡状态表现得更加明显。高校引进国外文教专家的数量依旧较低，本校教师出国培训的机会也受到种种限制。与此同时，在国内"留学潮"持续火热的状态下，地方高校对外国留学生的吸引力仍不足。"走出去"的学生和"引进来"的学生在很多方面都存在着不对称现象。最后，在中外合作办学的运行过程中，借鉴、移植甚至复制国外先进的办学体系成为最主要的形式，"引进来"在中外合作办学中一直占据主导地位。高等教育国际化是在"引进来"和"走出去"的互动中实现资源共享的。因此，偏向于任何一方的国际化都不能是完全意义上的教育国际化。"引进来"和"走出去"关系着高等教育国际化运行的方方面面。

六、地方高校国际化办学不规范

高等教育是社会公共事业的重要组成部分，公共性是其显著的属性。高等教育走向国际化，是为了进一步提高整个国家或地区的高等教育水平，加强对国际教育科学文化的交流与合作。高等教育的国际化是以政府为主导、学校为主体开展的，这样的运行方式在很大程度上确保了高等教育在国际化进程中所应有的公共性。从现阶段的发展状况看，高等教育国际化已经在较大的范围内开展，其形式与内容也日益丰富和多样化。可是随着高等教育国际化的不断深入，高校国际化办学不规范的问题开始凸显，在有些状况下，高等教育国际化成为少数高校变相牟利的载体。高校的国际合作与交流项目种类繁多、形式多样，在一定程度上为广大学生提供了更大的学习选择权，但同时也隐藏着诸多问题。琳琅满目的国际合作项目收费标准参差不齐。其中的一部分国际合作项目已经成为学校变相牟利的手段。一些学生和家长在无法深入了解合作项目具体细节的情况下，参与到这些所谓的国际合作项目中，却无法得到相应的收获与服务。对学生和家长而言，这种损失都是巨大的。而且，高等教育国际化办学具有投入大、成本高的特点，致使部分地方高校国际化办学动力不足。在这样的条件要求下，有的高校过度宣传国际化，包装国际化，以此为契机盲目扩张。这就偏离了高等教育发展的正确方向，导致办学不规范等诸多问题出现。

七、高等教育国际化社会参与度不高

一般来说，高等教育国际化是按照"政府主导、高校主体、社会参与"的原则推进的，政府管理部门在高等教育国际化的进程中主要起宏观管理和引导的作用，政府要致力于把握整个高等教育国际化发展的方向。高校则是高等教育国际化开展的主要场所，在政府政策的指导下，具体开展国际交流与合作的相关事务。社会力量则是高等教育国际化进程中的重要参与力量。部分高校用于教育国际化发展的经费普遍不足，经费的来源完全依赖学校教育经费的划拨。近年来部分高校普遍扩建与扩招，资金的支持力度进一步被削弱，发展国际教育的经费就更加难以保证。资金的不足直接导致国际教育的教学以及生活设施不满足国际化发展的要求。在经济水平不断提高的背景下，国家和地方对社会力量参与办学提供了很多的政策支持，但收效甚微，社会力量参与的积极性并不高。另外，由于国际化是高等教育发展趋势，社会公众的认知还不够成熟，直接导致了高等教育国际化缺乏群众基础，无法实现高等教育国际化与大众化相辅相成、合作共生的长远目标。

八、高等教育国际化政策不健全

法律法规的建设应是整个高等教育国际化的首要工作，我国高等教育国际化发展需要在相关配套政策的保障下合理进行。政府和学校要持续推进高等教育国际化的进程，就必须在各方面都要有法可依、有法必依。完备的法律法规体系是保证高等教育国际化正确方向的根本依据，在此基础上，政府才可以依法对高等教育国际化发展进行评价和监督。现阶段，我国《中华人民共和国教育法》《中华人民共和国高等教育法》对高等教育国际化的方向原则性内容进行了相应的界定，但具体来看，高等教育国际化仍缺乏具体可行的标准。因此，我国高等教育国际化要实现质的飞跃，就需要加快涉外教育法律法规体系的建设，完善相关配套措施，为高等教育国际化发展营造出具有保障性的政策环境。

九、语言障碍以及发展不平衡

随着我国经济的快速发展以及庞大市场提供的广泛就业机会，来中国留学的重要性已被越来越多的留学生认识，但要到中国留学首先要克服汉语这一障碍，这让很多留学生望而却步。从来中国留学的学生所选的专业和课程来看，大多数留学生来中国就是为了学习语言和一些商业课程，大多数高校也向留学生提供课时不等的中文课程。虽然留学中国的学费比较低，中国政府为最大限度刺激外国学生到中国，也不断提高奖学金金额，但很多留学生来中国学习并不能接受全方位系统的高等教育。为解决语言障碍，中国很多高校积极开展全英文教学或举办双语教学项目，但是此类项目的教学质量也一度引发争议。此外，由于语言障碍，中国学者也很难走上国际学术平台交流学术研究成果。这些都在一定程度上阻碍了我国高等教育国际化的深入发展。

改革开放以来，我国高等教育国际化取得了长足进展，但发展的不平衡性十分突出，主要表现在：我国各个地区在高等教育国际化发展程度方面差异较为明显。从 2016 年来华留学生分布情况来看，2016 年共有 44 万留学生来华留学，其中北京市来华留学生人数为 77 234 人，占 17.6%；上海市来华留学生人数为 59 887 人，占 13.6%；江苏省来华留学生人数为 32 228 人，占 7.32%；浙江省来华留学生人数为 30 108 人，占 6.8%；天津市来华留学生人数为 26 564 人，占 6%。2017 年，北京、上海、江苏、浙江等 11 省市来华留学生共计 34.19 万人，占总数的 69.88%，而全国其他大部分省市只接收了不到一半的留学生。

第四节　推进我国高等教育国际化发展的策略

一、大类招生，提升人才质量

德国著名教育学家斯普郎格曾说过："教育的最终目的不是传授已有的东西，而是要把人的创造力量诱导出来，将生命感、价值感唤醒。"当今世界经济全球化深入发展，科技进步日新月异，世界各国之间的竞争已越来越表现为综合国力的竞争。人才改变世界，人才创造未来。提高人才培养质量，已成为世界各国高等教育的一项重要战略任务。

（一）必然要求

高等教育作为科技第一生产力和人才第一资源的重要结合点，在国家发展中具有十分重要的地位和起着不可或缺的作用。面对知识经济提出的新要求，高校必须不断探索和寻求有利于人才培养的有效途径。在诸多人才培养模式的改革尝试中，大类招生日益受到关注。

1.传统招生形式和培养模式的弊端

传统意义上的招生是按某一专业招生，与之相适应的是以该专业所在院系进行的专业教育和专门人才的培养。学生在高考前后填报高考志愿，不仅要选择心仪的大学，更要选择专业。大多数学生入学年龄在 18～20 周岁，心理上普遍不成熟，填报专业时或顺应父母，盲目性很大，对专业没有明确的认识。更有学生因当初填报的专业并不是自己感兴趣的，致使入校后专业思想不稳定，缺乏明确的学习目标，学习主动性不够。

国内外先进的高等教育实践经验早已证明，"按专业招生，按专业培养"的教学方法过于单一，专业设置过细，教学资源相对分散，培养过程中无法考虑学生个体差异，更无法做到因材施教，忽视对学生素质和能力的教育，培养出来的学生往往缺乏对学科主动探索的精神。

2. 大类招生的主要模式

（1）不分专业招生

高考录取时遵循现行高考类别，分文史类、理工类进行招生录取（特殊专业如艺术类、高收费或长学制专业除外），学生进校后，第一学年由学校集中管理（不分散到院系）、实行全面通识教育。学年末再由学生根据各学院学科与课程设置、个人兴趣爱好和未来职业发展倾向，申请就读的院系及具体专业。

（2）按学科招生

这是目前较多高校采取的做法。高考录取时以学科大类为招生单位，将一个院系的所有专业整合为一个专业大类实施招生录取。学生进校后，在院系范围内打通培养，一年或两年后再根据兴趣、专长确定专业。

（3）以实验班等特殊形式招生

如"元培计划实验班""人文科学实验班"以及"历史学基地班"等。以"历史学基地班"为例，学生在第一学年和第二学年学习基础课，需具备"三基"（基本理论、基本史料、基本技能）和"四性"（知识的系统性、科学性、思辨性、交融性）。到第三学年，学生再按照兴趣及专业要求通过双向选择，确定未来学科发展方向，分流到"历史学基地班"、世界历史实验班，以及考古学方向学习。

（二）重要作用

作为一种全新的招生和培养模式，按大类招生并不是简单地将几个专业捏合在一起，也不是仅以方便考生或简化教学为目的，它是尊重和鼓励学生个性兴趣发展、培养学生综合素质的一项重要变革。

近年来，随着高校大类招生的深入实施，总体专业志愿满足率大幅提升。无论是第一志愿满足率、前三志愿满足率还是总体志愿满足率都有不同程度的提高，同时调剂录取率逐年下降。对高校而言，按照大类招生也大大提高了录取效率。同样的招生计划总量，在按照专业招生时会分散到众多小专业，工作环节多，录取任务重，各个相近专业之间人为地制造出分数差距。而大类招生时类别相对集中，既有利于专业计划的规模投放，也有利于减少工作量，提高工作效率。

按大类培养人才是社会和科技发展的必然要求，也是提高人才培养质量的迫切需要。高校具有多学科综合优势，有条件也有能力开展这项工作。正值教育教学改革关键期，高校要更新教育观念，通过招生模式的改革，强化内涵建设，控制专业数量，牢固树立"人才培养为本，本科教育是根"的办学理念，从而提高人才培养质量。

二、推动教师队伍走向国际化

高等教育国际化研究日益成为高等教育研究的热点问题，而教师队伍国际化作为高等教育国际化的重要组成部分之一，也使得不同类型的高校都在积极探索与研究。高校在推进教育国际化进程中已把教师队伍国际化作为学校发展的重要战略之一，积极探索教师队伍国际化实施战略。

（一）必要性

1.为所在区域服务

我国的经济社会发展对高水平应用型人才提出了更高的要求，"绿色中国、人文中国、科技中国"及"世界城市"建设是我国未来发展的目标。"世界城市"建设需要教育国际化，核心是人才培养，这就需要高等教育提供更加优质和高效的人才支撑、科技支撑、社会服务和文化传承创新。因此，建设特色"世界城市"，教育责无旁贷。

各地区学校要主动适应国家"世界城市"建设的要求，每一所"双一流"院校都有义务、有责任为"世界城市"建设来贡献自己的智力。"世界城市"建设中高等教育水平是一个重要的考量指标，需要有与国际接轨的师资队伍，这样才能为我国的经济社会发展服务。因此，各地区高校要在教师队伍培养上下功夫，在国际化的课程体系、培养模式、教学方法等方面进行改革创新，从而培养具有国际视野的高素质应用型人才。

2.促进全球经济一体化发展

近年来，国家更为重视教育的国际化发展，积极发展对外合作与交流。《国家中长期教育改革和发展规划纲要（2010—2020年）》明确提出，要扩大教育开放，加强国际交流与合作，引进优质教育资源，提高交流合作水平，这为我国教育的国际化之路指明了方向与路径。《教育部关于全面提高高等教育质量的若干意见》提出要提升国际交流与合作水平，做好高校领导和骨干教师海外培训工作；支持高职院校开展跨国技术培训；支持高校境外办学；支持高校办好若干所示范性中外合作办学机构，实施一批中外合作办学项目。国家颁布的相关政策文件，都提出了明确的目标和要求，使得高校都更加重视国际交流与合作，把国际化作为学校发展的一个重要战略，有效促进了国际合作交流活动的实施与开展，以此带动了师资队伍及人才培养质量的提升。

（二）发展现状

当前的时代背景要求各个国家的高等院校都重视国际化发展，打造伴随时代进步而发展起来的高校。高校在国际化进程中，是不断发展和前进的。在 2018 年前，高校派出到国外学习的学生数量不大，2019 年后增大了派出到国外学习的学生数量，派出的学生以短期学习为主。近些年，高校积极派出教师到国外进修学习，建立了较深的校际交流合作关系。这样的交流，开阔了教师的视野，更新了教师的教育理念，提高了教师的业务水平。

为适应高等教育国际化的发展趋势，高校对师资队伍建设高度重视，在相关政策法规的指导和推动下，高校的教师队伍国际化程度也有了显著提升，高校通过各种途径派送教师去国外进修学习的数量大幅度增长。高校通过加大学科建设和师资队伍建设力度，增强广大教师的跨文化交流能力，每年选派专业学科带头人、骨干教师和管理人员等，到国外相关高校、科研机构进修学习或担任访问学者，全面学习、了解国外高校及相关学科专业的人才培养、课程体系、教学手段、教学方法和管理制度等，并选派优秀教师参加国际学术交流、国际会议等国际化学术活动，选派的教师和参加的学术活动逐年增加，这些活动有效提高了学校教师队伍的学术水平和学校国际化程度。

（三）建设举措

在高等教育国际化大背景下，师资队伍的国际化程度已成为大学综合实力的衡量指标之一，因此要想实现国内高校本科生教育国际化的目标，就要让师资力量达到国际化教育的标准，这样才能保证教师所提供的教学服务能够满足学生向国际化发展的需要。以下以北京联合大学为例进行说明。

1. 健全政策制度

高校应结合自身的办学条件和办学特色，提出中长期国际化发展目标和实施策略。同时，全面健全和完善学校相关外事管理制度与外事工作规范，注重派出实效，注重与各国合作伙伴的学术交流活动，注重出访过程的监督以及出访成果的落实，为推进教师队伍国际化进程提供相关制度保障。

2. 拓展合作渠道

为了给广大教师提供更多可供选择的交流学习院校并为学生创造更多的出国交流学习机会，北京联合大学国际交流合作处等相关职能部门努力通过国际合作搭建跨区域、跨文化的多层次、多类型的国际交流合作平台，合作形式多样，合作范围广泛。通过拓展校际交流，增加教师出国交流的机会。

北京联合大学逐步建成了以学校为平台、以学院为主体的国际交流与合作格局。该校与美洲、欧洲、大洋洲、亚洲的30多个国家和地区的121所院校建立了校际合作交流关系。例如，与英国威斯敏斯特大学、安格利亚鲁斯金大学、罗汉普敦大学等开展了合作项目；与美国恩波利亚州立大学开展了在校生交流项目及硕士学位项目，每学期选派30名优秀学生赴该校交流学习；与韩国建国大学、首尔市立大学以及中国台湾朝阳科技大学等开展了在校生交换项目；与瑞典林雪平大学合作开展了户外教育硕士项目；与泰国东方大学及诗纳卡宁威洛大学开展了"2+2"合作项目等。

同时，北京联合大学还加强了与海峡两岸高校的相互了解，促进了与海峡两岸高校的学术交流。北京联合大学与合作院校于1999年共同发起海峡两岸高等职业教育学术研讨会，至今已连续举办了22届，并取得了较好的效果与反响。与此同时，该校每学期派往台湾合作院校进修调研的教师及管理人员数目也逐步递增，为教职工将所学运用到今后工作与教学中提供了契机。

3. 创新合作方式

学校注重国际交流，与各合作院校建立了常态的学术、专业联络机制，通过参加、举办国际会议，与同行专家等进行了充分的交流和沟通。同时，北京联合大学还积极通过国际会议，搭建高层次国际合作平台。2010年，为了促进学校与各国际合作伙伴在更广的范围内进行交流和沟通，北京联合大学发起成立了大学国际化联盟，来自12个国家和地区的20所院校加盟。联盟成员共享彼此资源，在联盟平台上开展广泛的交流合作。

该校通过定期派遣教师出国学习、交流和合作，拓宽他们的国际视野，提高师资队伍的整体水平。通过参观互访、论坛、研讨会等多种形式开展学术交流活动，提高学校的国际化办学水平。近年来，北京联合大学成功举办了中美韩国际研讨会、北京国际特殊教育学者讲坛、国际职业教育论坛和地方大学国际化发展战略国际研讨会，在海内外教育界产生了较大影响。举办高层次的国际会议，不仅为学校展示优势学科特色提供了场地，也为学校教师搭建了学术交流与合作的国际平台。因此，学校鼓励教师出国参加高水平国际会议。

同时，该校着力于营造国际化的学习氛围，积极引进国外合作院校先进教育资源和国际先进教育教学经验、做法，实现教育国际化和教育本土化的有效融合，并通过聘请外国教学专家、本土优秀双语教师开展双语或全英语教学，让教师在校内即可进行先进的国际化教育观摩。

北京联合大学把改善教师英语教学和学习方法、强化交际能力、加强教师的国际学术交流能力,作为重要的工作来实施,通过与丰识国际教育组织的深化合作为该校教师、学生和管理人员开办英语培训。通过深化合作推进学术研究和交流,以及该校的国际化进程。迄今为止,丰识国际教育组织已在北京联合大学举办英语培训多年,数百名师生利用暑期时间参加培训,不仅提高了教师的专业教学技能和师生的英语交际能力,还拓宽了师生的国际视野。

4. 强化教师培训

加强现有教师的国际化培养与培训,增加在校教师的国际化经历与体验,使其开阔国际视野,从而提高处理国际事务的能力。例如,通过各种交流项目、基金或学术假期,为教师提供出国学习、进修和访问的机会,或有计划有重点地将优秀教师、专业负责人、学科带头人、青年骨干教师等派往国外名校进修,通过长短期结合的交流方式,更新教师的教育理念与教学方式,培养教师主动推动教育国际化的意识,让教师从教学内容的选择、教学方式的采用及教学理念的应用等方面把教育国际化工作落到实处,并体现在教学过程中,提升教师的授课水平和科研能力,从而提高高校教育质量。

5. 营造学术氛围

不断探索与推进构建具有自由宽松的学术氛围、鼓励学术创新、确保良性流动、保障教师归属感的较为先进、合理、科学和人性化的师资管理制度,同时鼓励教师开展实质性的国际学术交流活动以及教学方面的研究。

三、改革资产管理,优化资源共享

(一)学校仪器设备资产管理现状

1. 仪器设备总体情况

为了全面掌握各高校仪器设备的总体情况,可以结合实验室与设备管理处对高校各单位仪器设备进行全面清理和核查,清查范围为各单位占用的并且被界定为学校所有的专用和通用设备,包括部分未计入学校财务固定资产账的仪器设备。通过向全校各单位下发单位自查表,要求各单位按照仪器设备管理信息系统导出的以数据编制的明细清单,通过"以账对物、以物对账"的方式逐一盘点,初步清查仪器设备的数量、状态、责任人、使用单位以及各单位账外物资(接受捐赠且未登记建账的仪器设备)情况。在各单位自查的基础上组织人员对清查结果进行核实、认定，主要采取以下措施：一是抽查实物，对有账无物、有物无账、毁损报废的各项设备进一步核实原因；二是及时整改，针对各单位在资产清查工作中发现的问题及时提出整改意见和实施计划，协调解决相关问题；三是形成汇总，将清查工作总体情况进行汇总，作为设备管理相关规章制度制定和设备管理体制改革的参考依据。

2.大型仪器设备资产调研

为了全面掌握高校大型仪器设备管理和使用现状，创新大型仪器设备管理体制和运行机制，并为促进大型仪器设备开放共享做好基础准备工作，各高校可以通过在全校范围内开展大型仪器设备管理与使用效益考核，并对调研结果进行整理、分析，形成高校大型仪器设备管理与使用效益情况分析报告。同时，可以通过对国内一流大学开展电话调研的方式，采集大型仪器设备相关数据信息，与自身学校情况进行纵向、横向比较分析，总结本校在大型仪器设备管理方面存在的问题，并提出解决问题的建议或方案。

（1）全校大型仪器设备使用效益考核调研

各高校可以对40万元以上的仪器仪表类大型仪器设备的使用效益情况进行调研、考核。高校领导可以听取学院（系）负责人对大型仪器设备整体情况的介绍，再通过仔细查阅大型仪器使用记录本以及现场察看设备使用情况等，对设备的时机利用、管理与安全等情况进行综合掌握，通过对各单位和每台机组具体情况进行分析总结，形成全校大型仪器设备使用效益综合情况分析报告。

（2）国内高校大型仪器设备投入情况调研

为了更好地掌握国内一流大学设备管理情况，学习国内高校大型仪器设备管理先进经验，高校可以以电话调研的方式向清华大学、北京大学、浙江大学、上海交通大学、复旦大学、南京大学、中山大学、西安交通大学、中国科学技术大学、北京师范大学、南开大学、中国人民大学、同济大学、华中科技大学，以及武汉理工大学进行调查，初步掌握这15所大学近5年的设备投入情况、教学科研设备总体情况、40万元以上设备总体情况、500万元以上设备总体情况，通过设备投入、管理情况与国内其他一流大学的设备投入、管理情况进行对比分析，找出本校在大型仪器设备管理方面存在的不足，提出探讨性地解决问题的建议和措施。

（二）分析与探讨

1.仪器设备资产调研结果分析

通过对各单位提交的仪器设备自查表进行汇总、分析和统计，各高校可以将仪器设备划分为三种情况：确定账物相符的设备、有账无物的设备、有物无账（受捐赠）的设备。根据各单位上报的自查情况，各高校可以整理出导致仪器设备资产账务不符的原因，其主要包括设备遗失、因保管人员变动造成设备去向不明、已报废处置未进行账务处理、自行报废、捐赠、因合作项目设备在外难以收回、实验消耗等。

仪器设备资产清查基本反映了高校仪器设备管理现状和存在的问题，导致问题的原因主要有三方面。一是高校仪器设备实行校院两级管理，有少数单位对仪器设备的管理松懈，缺乏日常监管，致使部分仪器设备因管理人员变动而不知所踪，如保管员调离、退休等原因，他们对所保管的设备没有办理转移调拨手续而使其无从查找，还有部分单位缺乏对仪器设备管理流程的认识，将损坏或闲置的设备自行报废或捐赠，没有在学校办理相关手续。二是高校部分独立核算的单位购置仪器设备时在学校建账报销，但在实际使用、管理过程中没有遵循学校仪器设备管理办法，随意调配、处置后没有在学校账面上进行处理。三是因设备被偷盗或遗失，在实验过程中损耗、损毁，或者科研项目交由合作单位使用等客观原因造成设备无法追回。

2. 大型仪器设备使用与效益考核

由于高校对大型仪器设备管理工作的重视，通过近年来对大型仪器设备使用效益考核工作的督促、整改，大型仪器设备管理逐步规范，高校大型仪器设备资产存量被有效盘活。近年来高校陆续出台了一系列管理制度和措施，通过大型设备维修经费支持、优秀机组运行经费奖励等举措大力推进大型仪器设备开放共享，有效调动院系和机组的积极性，这使得大部分院系领导和机组人员的开放共享意识不断增强。同时，各高校对大型仪器设备管理重视程度明显提高，大型仪器设备管理规范，设备运行情况良好，设备相关记录、资料齐全完整。最可喜的是，高校涌现出对外服务的示范单位，积极承担国家级、省部级、以及企业委托的科研项目，发表了大量优秀的研究论文，屡获专利授权，培养了一批优秀的博士生、硕士生。

根据调研结果，分析高校大型仪器设备管理中存在的问题，主要包括四方面。一是存在大型仪器设备未经审批或未在设备处备案长期在外使用的情况。二是存在部分大型仪器设备长期闲置的情况，严重影响了设备效益的发挥。三是存在少数大型仪器设备专业性太强或技术保密等原因难以开放共享的情况。四是存在部分机组管理不重视、不到位的情况。

3. 国内高校大型仪器设备管理

首先，各高校可以对国内 15 所大学近 5 年来设备投入情况进行对比。其次，各高校可以统计上文 16 所高校设备总量排行。在统计设备总量的基础上，各高校可以重点对比各高校 40 万元以上教学科研设备和 500 万元以上教学科研设备情况。

（三）建议措施

通过高校仪器设备资产清查、大型仪器设备使用效益考核、大型仪器设备调研等工作的结果表明，高校仪器设备管理工作还有进一步提升的空间，为了加强仪器设备资产管理，确保国有资产保值增值，实现仪器设备服务于教学、科研工作的最大价值，各高校可以从以下三点出发。

1. 深化校院管理，下放管理权限

仪器设备实行归口、分级管理体制。由分管校领导统筹全校仪器设备管理工作。实验室与设备管理处为仪器设备归口管理部门，主要负责建立健全仪器设备管理规章制度，负责仪器设备的购置论证、验收建账、调配、清查盘点、报废处置，以及专项设备（大型仪器设备、进口免税设备、国防科技设备、行政办公设备等）的相关管理工作。作为仪器设备的使用单位——全校各学院（系、部）是仪器设备的二级管理单位，负责仪器设备的常规管理工作，建议设备管理部门向各二级管理单位下放管理权，在各单位设置专职管理人员，负责协助本单位仪器设备管理规章制度的起草、制定，负责单位仪器设备的验收建账申请、调配、清查盘点、报废处置手续办理，协调大型设备的开放共享、效益考核，加强对仪器设备的日常监督管理、操作和维护指导，这样才能保障仪器设备的安全完整和效益发挥。

2. 加强大型仪器设备管理

首先，加强顶层设计，各高校可以通过启动大型仪器设备提升计划，加大对高精尖大型设备的投入，不断创新管理体制和运行机制，整合设备平台现有资源，科学制定发展规划，积极推进校级、院级、学科级大型仪器设备共享平台建设。其次，不断完善大型仪器设备管理制度建设，将大型仪器设备效益检查考核工作常态化，将考核结果利用制度化，各高校可以将大型仪器设备使用效益作为机组人员的年度工作考核、职称晋升、平台维修经费支持、公共编制补贴、运行经费支持及近期新购同类设备可行性论证的重要依据。最后，进一步推广使用大型仪器设备信息采集系统，各高校可以通过普及安装大型仪器设备信息采集装置，更加科学、客观、高效地采集大型设备使用数据，实现实时监督，促进大型设备使用效益和开放共享力度的提高。

3. 加强仪器设备管理信息化建设

由于高校仪器设备资产信息数据庞大，加上高校管理工作规范化的要求，急需升级重建一套架构先进、功能全面、操作便捷、安全可靠的仪器设备资产管理信息系统，实现仪器设备建账验收管理、校内调配管理、报废处置管理、统计报表管理、清理清查管理、附件管理、折旧管理、维修管理、大型设备管理、免税进口科教用品管理等功能。这样，在信息中心的协调下，就能实现与高校财务管理系统、国有资产管理系统的数据对接和资产对账，减少设备资产账物不符的情况出现，进一步加强仪器设备资产的精细化、规范化管理。

四、利用地缘优势，开发留学教育市场

（一）加强东南亚和中亚留学教育服务市场

1. 东南亚国家与地区

"中国与东盟地缘接近、文化相通、经济互补。我们是友好近邻，也是重要的战略伙伴。中国的发展离不开东盟，东盟的发展也需要中国，共同的利益纽带把双方紧密地联结在一起。"1997 年发表的《中华人民共和国与东盟国家领导人会议联合声明》，说明中国与东盟关系取得全面、深入的发展；2002 年双方签署了《中国－东盟全面经济合作框架协议》，开启了中国－东盟自由贸易区进程；2006 年的"中国－东盟纪念峰会联合声明——致力于加强中国－东盟战略伙伴关系"表明了双方的战略关系；2007 年 1 月，中国与东盟 10 国签署了中国－东盟自由贸易区《服务贸易协议》，进一步提升了双边的合作水平，为双方的教育合作提供了制度性保障。目前中国与东盟国家在旅游、文化、教育、交通、能源、医疗等服务领域的合作不断加深，具有良好的发展前景。

菲律宾与中国作为邻邦，传统友谊悠久深厚。菲律宾的高等教育较为发达，拥有 1712 所高等院校，开设汉语选修课的院校屈指可数，可以说菲律宾主流社会汉语教学"尚处拓荒状态"，来华留学的人数一直比较少，有待进一步开发。马来西亚是一个拥有 3200 万人口的多民族、多元文化国家。其中马来人、华裔和印度裔为主要人口，分别占 55%、25% 和 10%。马来西亚有 664 万华人，其中约有 18% 的华人不懂汉语。其他的绝大多数华人是在以汉语为母语的教育和文化环境中生活的。这种汉语环境在马来西亚有着非常悠久的历史。因此，马来人、印度裔、非华裔的汉语使用者，以及马来西亚当地其他民族的人是马来西亚汉语教育市场

的目标群体。而对华裔汉语学习者来说，汉语学习的标准则上升为标准普通话学习。

越南、柬埔寨、老挝、缅甸、文莱等的高等教育欠发达，国家经济能力有限，无法满足国内经济发展和全球经济发展对高等教育的需求。以越南为例，越南目前人口9700多万，是世界上人口年龄最年轻的国家。据统计，2005年越南全国人口8200万，其中35岁以上的占31%，35岁以下的占69%，而25岁以下的高达52%，这也意味着潜藏着大量可以接受高等教育的人口。然而受国家财政等多种因素的制约，越南高等教育不仅规模小，难以满足经济快速发展的需要，而且以单科学校和初级师范为主体的高等教育体系结构非常不合理，培养的人才与实际需要严重脱节。

越南第一所民办大学诞生之时，由于缺乏有效的监督和保护、鼓励政策，高等教育教学质量低劣，学校管理人员滥用职权、谋取私利，影响恶劣，严重影响了其社会信誉，结果政府希望通过发展私人高等教育弥补经费不足的愿望落空。时至今日，越南高等教育的现状仍无法满足民众对高等教育的需求和经济发展对人才的需求，只能从外部寻求解决高等教育问题的途径，越南国民收入的提高、越南在经济全球化中所处的地位、越南高等教育国际化的发展，使越来越多的越南人走上留学之路。

2. 中亚国家与地区

"中亚五国"哈萨克斯坦共和国、乌兹别克斯坦共和国、吉尔吉斯斯坦共和国、土库曼斯坦共和国和塔吉克斯坦共和国拥有丰富的资源，处于重要的战略地理位置。苏联解体后，中国政府于1991年、1992年相继承认这五个国家的独立并与之建交。1996年4月26日，中国、俄罗斯、哈萨克斯坦、吉尔吉斯斯坦、塔吉克斯坦五国元首在上海举行会晤，"上海五国"诞生，其初衷旨在增强五国边境地区的军事信任，共同谋求边境和平，中哈、中吉、中塔的边界问题得以和平解决，为中国与中亚地区的合作与交流创造了良好的政治环境。

此后"上海五国"发展成为今天的"上海合作组织（Shanghai Cooperation Organization）"，并沿用了"上海五国"的会晤机制。上海合作组织的成立使中国与中亚国家的交往日益密切，高层互访不断，经济合作不断加强。双方在经济上形成互补，贸易额大幅度增加。

随着中国与中亚国家政治经济关系的不断加强，双方合作的领域必然不断扩大。2001年6月15日的《上海合作组织成立宣言》和2002年6月7日的《上海合作组织宪章》，规定了上海合作组织的宗旨和原则。其中重要的一条就是"开展经贸、环保、文化、科技、教育、能源、交通、金融等领域的合作，促进地区经济、社会、文化的全面均衡发展，不断提高成员国人民的生活水平。"从来华留学生数量和来源国可以明显地看到，来自中亚国家的学生不断增加，最近几年增长速度更快。

（二）努力开拓非洲、中美洲和南美洲市场

随着我国经济的迅速发展和崛起，以及国际政治地位的不断提高，我国国际贸易的范围和领域不断扩大，对全球的影响力不断增大。除了周边地区国家，来自非洲、南美洲等地区的留学生也在日益增多。以北京联合大学国际交流学院为例，留学生的国别从最初的印度尼西亚、韩国、日本、泰国四个国家，已发展到吉布提、埃及、赤道几内亚、刚果、肯尼亚、巴哈马、巴拿马、巴西、委内瑞拉、墨西哥等国。

改革开放后，随着我国国家综合实力的提高，政府更加重视与非洲国家的教育合作与交流，到20世纪90年代在华非洲留学生达到5569人，与20世纪80年代末在华非洲留学生2245人相比翻了一番，同时，非洲留学生的性质也发生了巨大的变化，1989年我国招收了两名自费的非洲学生。1990—1999年共接收了42个非洲国家的1580名自费生。2000年首届中非合作论坛召开，从此中国与非洲的政治经济关系更加紧密，教育合作与交流更上一个台阶，双方合作内容不断深化、细化。我国政府更是在资金、人员上加大了对非洲国家的教育支援，同时来华留学的非洲学生数量快速增加，特别是自费生越来越多。

来华的非洲留学生绝大多数为学历生，且以本科生为主，近年来硕士生和博士生人数也不断增加。非洲留学生所学专业也是来华留学生中涵盖最广的，如农业、生物学、计算机科学、化学、西医、中医、机械工程、建筑学、食品工程、水利工程、地质工程，以及汉语言文学、经济学、国际关系学、历史学等。我国在非洲的政治经济影响力伴随非洲国家经济发展和生活水平的提高而提高，可以预测非洲留学教育服务市场的前景最为广阔。2020年非洲来华留学生人数为49792人，相较往年增幅巨大。

在中美洲，哥斯达黎加与中国有正式外交关系以来，两国签订了自由贸易协定，贸易往来已达到了1.7亿美元。中国已成为哥斯达黎加的重要的贸易伙伴，如该国的一个英特尔芯片厂78%的产品都销往了中国市场。

五、探索高校国际组织人才培养路径

在经济全球化时代，国际组织在国际社会中发挥着日益重要的作用。各国越来越关注自身拥有国际组织职员的数量，纷纷有针对性地培养国际组织人才，并加大选派优秀人才赴国际组织实习的力度，以提高全球事务参与度，扩大话语权和影响力。

2017 年 1 月，习近平主席历史性地访问了联合国日内瓦办事处、世界卫生组织和国际奥委会，并发表了题为《共同构建人类命运共同体》的演讲，开启了中国与国际组织关系的新篇章。中国作为全球经济和政治大国，在全球治理体系改革和建设中扮演着重要角色，经历了从过去的被动参与到如今的主导参与的转变。尤其是随着"一带一路"倡议的深入推进，我国应把握机遇，在国际组织中开展公共外交，消除各国对"一带一路"倡议的疑虑，为"一带一路"倡议的实施营造良好的国际舆论氛围与环境，从而赢得沿线国家乃至世界范围内更多国家的参与和支持。因此，对我国高校而言，如何加强国际组织人才培养和输送，如何加强我国在国际组织中的代表性，是亟待解决和研究的问题。

（一）培养国际组织人才的必要性

国际组织作为全球治理的重要行为体，其重要性毋庸置疑，不少国家将国际组织人才培养提升到了国家战略高度。例如，韩国从 20 世纪 90 年代开始注重国际组织人才的培养，并利用潘基文当选联合国秘书长为契机，整合优化了国际组织人才选拔、培养、推送、联络和评估等工作机制，将大批韩国优秀人才输送到国际组织任职。据韩国外交通商部的统计数据，韩国籍职员在国际组织任职的数量从 2006 年到 2018 年，增长了 2.5 倍之多，其中高级官员管理干部人数增加了 20 人。韩国于 1996 年成立了国际组织人才中心，专门负责国际组织人才的培养、选送和考评。该中心定期在国内大学举办国际组织就职说明会，为面临找工作的学生提供建议和指导。在国际组织人才培养方面美国可谓是成效显著。美国高校国际关系专业的学生毕业后进入国际组织工作的比例较高，如华盛顿大学 2013 年毕业的国际关系专业硕士生有 103 人，进入国际组织工作的占 52%。其他如耶鲁大学、普林斯顿大学等高校的国际关系专业毕业生进入国际组织工作的也占较大比例，美国高校国际关系专业的课程设置和培养方案，不仅围绕全球性议题符合国际组织关注方向，也注重鼓励学生到国际组织去实习，将知识和实践充分结合。

（二）培养国际组织人才的措施

1. 增设国际组织人才课程、专业和项目

为加快培养符合国际组织标准的高层次专业人才，我国部分高校成立了专门培养国际组织人才的学院，如北京外国语大学于2017年成立了我国首个国际组织学院，实施"本、硕、博"贯通式培养，培养精通两种以上联合国工作语言并具有出色专业能力和跨文化沟通能力的复语型国际组织人才；中国人民大学于2019年成立了国际组织学院；上海财经大学与上海国际问题研究院联合创建了上海国际组织与全球治理研究院等。还有一些高校创新培养模式，开设了针对国际组织人才的专业，如浙江大学设立了"国际组织与国际发展"辅修专业，加大了与国际组织人才培养相关的课程和项目建设力度；2013年，对外经济贸易大学在全国率先推出在本科阶段独立成班培养的"国际组织人才基地"实验班；上海外国语大学卓越学院也增设了国际组织人才研究生项目，旨在培养国际政治、国际发展事务和国际金融组织事务方向的专业人才；还有一部分高校设立了短期培训项目，如四川大学的国际组织人才法语培训班、南开大学的国际组织人才培训班等。

2. 开展国际组织联合培养项目

为进一步提供优质课程、优质导师和优质的实习实践资源，我国一些高校也采取了联合培养的模式，助推有志于在国际组织任职的学生走向国际舞台。如四川外国语大学国际关系学院与英国埃塞克斯大学合作，采用"3+1+1"本硕连读形式，本科前三年完成语言和国际组织通识课程学习，语言课程采用英语和西班牙语双语教学。在国外学习的第一年采取全西班牙语学习，学生有机会前往国际性组织实习；在国外学习的第二年完成硕士课程任务，攻读硕士学位。学生的主要就业趋向为联合国、非政府间国际组织、大型跨国公司。上海财经大学开展的国际组织人才培养项目，采用"1+1+1"的培养模式，学生于本科四年级时直接进入项目，接受"复合语言、国际组织基础、专业知识"模块课程的训练，第二年赴海外合作大学学习并完成海外实习，第三年回国修学相关专业课程并完成学位论文，同时完成国内涉外实习。

3. 举办以国际组织人才为主题的活动

为丰富国际组织人才培养模式，打造国际组织人才培养共同体，我国不少高校推出了各类以国际组织人才为主题的活动，如清华大学的国际组织人才训练营，采取短期集中授课和实训相结合的模式，以培养高素质复合型全球治理人才为目

标，旨在培养和储备一批具有国际组织胜任力的青年人才；四川大学也举办了国际组织人才训练营，将"国际组织实习任职"列为四大就业引领计划之一；在由北京大学国际关系学院主办的北京大学国际组织人才培养论坛上，与会专家围绕全球治理的走向和国际组织人才培养的重大问题开展了深入研讨。越来越多的高校还邀请了国际组织职员来校举办专题讲座，介绍国际组织的运转模式和结构、国际组织职员的基本素质等。

4. 选派学生赴国际组织实习实训

对于我国高校而言，国际组织人才的输送面临着非常激烈的竞争，国际组织的工作岗位对职员的工作经验要求较高，所以除了正常教学，国际组织人才更需要的是获得实习机会。因此，很多高校已经把选送优秀学生赴国际组织实习实训提上议事日程。如武汉大学与联合国训练研究所签署合作谅解备忘录，并于2019年暑期选派了第一批学生前往瑞士日内瓦进行实训；浙江大学加强与联合国发展署、世界贸易组织、世界卫生组织等的交流，与联合国教科文组织和世界休闲组织等加强科研合作，推动与国际组织联合建立实习和培训基地；吉林大学公共外交学院与联合国教科文组织国际创意与可持续发展中心签署合作协议，计划定期选送优秀本科生、研究生到联合国教科文组织国际创意与可持续发展中心进行实习。2017年8月国家留学基金管理委员会下发了《国家留学基金资助全国普通高校学生到国际组织实习选派管理办法（试行）》，为赴国际组织实习的学生提供为期3~12个月的资助，资助内容包括资助一次往返国际旅费、资助期限内的奖学金和艰苦地区补贴等。在国家留学基金管理委员会的资助下，近年来我国高校学生赴联合国教科文组织、联合国难民事务高级专员办事处、国际电信联盟等实习的人数不断增加。

（三）国际组织人才培养的路径探索

近年来，我国高校尽管采取了不同措施加大国际组织人才的培养力度，也取得了一定成效，但仍然存在长期规划不明确、制度保障不完善、课程建设相对滞后等问题。因此，我国高校应加强谋划，探索具有中国特色的国际组织人才培养路径。

1. 强化组织领导，完善工作机制

成立校级层面的国际组织人才培养工作领导小组，制定鼓励学生赴国际组织实习实训的工作细则；建立教学、就业、学工、研工、国际交流等部门的协作联动机制，共同谋划国际组织人才培养工作的长期目标；创新建立相对灵活的教学管理制度，从学籍管理、就业升学等方面开辟绿色通道；给予国际组织人才培养示范项目政策和专项经费支持。

2.创新培养模式，加强师资队伍建设

立足现有资源，设计国际组织人才的中国培养方案，做到教学与培训并重，传统授课和情境教学结合；将国际组织人才作为外交学、国际政治学、国际法学、国际贸易学、外国语言文学等国际相关学科发展的重要切入点，将国际组织议题作为相关专业课程设置的主要参考，将国际组织就业作为相关专业实践课程的创新路径；强化外语培训，开设国际组织、国际关系、行政管理等辅修课程，打破学科壁垒，加快构建外语和其他专业相融合的人才培养模式。

加强国际组织人才师资队伍建设，聘请资深外交官、国际组织高级官员、国际问题研究专家等专业人士担任实践导师，对学生进行有针对性的培养和指导；组织教师队伍赴国际组织观摩学习，进行专业培训。

3.积极调动资源，扩展实习渠道

加强与各类国际组织的交流和合作，建立长期对口联系，力争签署合作协议，推动与国际组织联合建立实习和培训基地，形成人才输送的常态化机制；加强与在国际组织任职校友的联系，打通学生实习渠道，挖掘实习生输送平台；鼓励学生参加国际会议、论坛等，让他们通过从事服务性工作，提早了解国际组织的相关情况，为今后到国际组织实习或任职打下基础。

4.加大宣传力度，激发学生热情

将学生就业与国际组织人才输送有机结合起来，及时发布国际组织招聘信息，为学生提供精准的海外实习和就业申请机会。定点定向定期举办国际组织就业说明会，邀请有国际组织任职经验的职员为学生传授经验，让申请者熟悉选拔流程。针对有赴国际组织实习意愿的优秀人才，进行"一对一"的定向培训。搭建国际组织人才培养信息网，通过网络定期推送实习就业信息。

六、中外合作办学，课程国际化

20世纪50年代初，我国废除了所有外国宗教团体和政府资助的大学。直到20世纪80年代中期，外国大学或组织都被严格禁止在中国招收任何学生，他们也无法进行任何形式的跨国高等教育。

从20世纪80年代中期开始，我国开始推进跨国教育。到1989年，我国只有两所大学正式与外国大学开展合作。第一个是由中国和美国资助的南京大学－

约翰斯·霍普金斯大学中美文化研究中心，该中心成立于1986年9月；另一个是北京德国文化中心歌德学院，这是一所北京外国语大学和歌德学院合作的大学，为中国教师和学生开展德语培训，并介绍德国各方面的文化。

1993年和1995年，国家教育委员会（现为教育部）先后发布了《关于境外机构和个人来华合作办学问题的通知》《中外合作办学暂行规定》，这两个文件构成了我国中外合作办学政策的基本框架。1996年我国又颁布了《关于加强中外合作办学活动中学位授予管理的通知》，用于规范学位授予。这三份文件为处于摸索阶段的中外合作办学提供了一定的制度性规范，为外国大学在中国兴办教育指明了方向，推动了中外合作办学的发展。2003年的《中华人民共和国中外合作办学条例实施办法》和2004年的《中华人民共和国中外合作办学条例》使中外合作办学迈入了法制化阶段。2004年9月又颁布了《教育部关于设立和举办实施本科以上高等学历教育的中外合作办学机构和项目申请受理工作有关规定的通知》。2006年教育部发布了《教育部关于当前中外合作办学若干问题的意见》，2007年教育部又发出了《教育部关于进一步规范中外合作办学秩序的通知》。这一系列文件对中外合作办学运行管理提出了明确要求，保障了中外合作办学走上规范化道路，促进了中外合作办学的稳定健康发展。

截至2017年6月，通过教育部复核的硕士及以上层次教育的中外合作办学机构有42所，项目有223个；本科教育中外合作办学机构有69所，项目有929个。

根据教育部提出的"从2002年开始，5%~10%的本科教学应用中文和英文进行，在未来五年中可能会使用英文教科书"的规定，越来越多的高等教育机构开始在大学使用英语或双语教学。当前，随着一流大学建设的推进，一些高校加快了全英文教学的改革步伐，如东南大学就开设有7个全英文教学专业，建成了150余门全英文授课课程，建设了250门高质量双语课程。随着我国对外开放的扩大，经济体制和结构逐渐与国际接轨，我国高校的专业结构也发生了变化，设置了大量有关外国历史与文化、国际关系、国际贸易、国际金融和国际会计等的课程。同时，一些高校在原有专业课程中也增加了国际化的教学内容。

七、政府对高等教育国际化进行统筹规划

（一）政府专责机构的设立

为谋求国际化的效率与权责的相对集中，政府内部设立专注于高等教育国际化事务的跨部门机构的情形逐渐增多。这些专责机构通常被授权对外代表政府，

与外方机构协商与交流，对内则对多个政府部门涉及教育国际化的权责和资源加以归并整合。在这种情况下，政府部门间的协调机制与国际化专责机构的统筹规划功能需要放大。各部门与高等教育国际化相关的业务、资源经过整合与重新分配，形成政府层面上高等教育国际化的单一窗口，使国际化的各项运作能够权责分明且有明确和统一的指导思想与路线。在专责机构的召集下，各部门可以围绕国际化议题定期举行会议，研拟国际化目标，展开问题的检讨及绩效考核等相关议程。

（二）政策的制定

专责机构的设立实际上是为了配合高等教育国际化政策的制定与推行。政府对高等教育国际化优先选项的决定、对国际化的具体要求乃至具体的量化目标均可以透过一定的政策蓝图加以表达。高等教育国际化的政策目标需要体现出阶段性、衔接性、系统性的特征，同时在宏观视野下也需要具有一定的可操作性，以便更好地服务于国家层面的高等教育发展战略，对地方政府的高等教育国际化努力以及院校层面的高等教育国际化实践给予切实的指导。

（三）民间组织参与

民间组织或机构从旁协助推动本国高等教育国际化发展的情形逐渐增多。究其缘由，高等教育国际化政策的形成与实施往往影响了政府对国际化的组织策略。除了设立专责机构对部门间的国际化权责与资源加以整合外，促使民间组织或机构在国际化中发挥作用日益成为政府高等教育国际化组织策略的一部分。民间组织在本国高等教育国际化中正扮演着日益重要的推动者角色，其优势在于能够汇集高等教育信息，丰富的信息与资源分享机制有助于本国高等教育机构与国外机构建立合作关系。

（四）建立质量保证与文凭认证机制

在经济全球化的脉络之下，以质量为基准的大学绩效问题日趋受到关注，大学若未经历政府的质量稽核，则其高等教育国际市场竞争力会因此而减弱。故而在高等教育国际化的运作规范中，日显重要的是政府主导下的国际化质量管理与文凭认证，这主要是针对跨境教育而言的。因为无论以何种流动方式提供高等教育，最令政府、国际组织、高等教育机构、学生与家长、企业雇主、民间组织等利益关系人所关注的议题，当数该课程的质量、获得的学位文凭是否符合本国的水平要求，或者国外文凭是否符合本国的水平要求。政府通常会对原本存在的高等教育质量保证机制与资格框架体系加以调整，并加入与高等教育国际化事务相关的稽核指标或者项目，但如何使增调了新元素的质量保证与文凭认证机制足以监控跨国教育质量，尚属有待拓展的高等教育国际化新议题。

八、保障高等教育国际化发展机制

我国高等教育国际化的组织包括工作委员会、专项工作领导小组国际交流处或办公室、专兼职工作人员、工作会议等，制度包括工作责任制度和激励制度等，我国高等教育国际化的基本运行机制主要包括政策机制、资源共享机制和评价机制等。

（一）政策机制

高等教育国际化需要完善的法律法规来保驾护航，所以必须在相关政策法规的指导下，加快我国高等教育国际化的法律法规建设。在高等教育国际化的进程中，务必要对高等教育项目的公共性进行严格界定，以法律的形式设定高等教育国际化的各项标准。法律是高等教育国际化有序进行的保障，只有在法律的界定下，社会各界才能更加积极地参与到高等教育国际化进程中。高等教育国际化要在不断扩大开放和丰富内容的基础上，充分保证各类办学主体的合法权益，以期创造出一种公平、公正、公开的高等教育国际化法治环境。

（二）资源共享机制

在进行我国高等教育国际化战略规划时，要从全局出发，注重地方高校在高等教育国际化进程中的协作与共进。由于历史起点和战略定位的原因，各地区的高等教育国际化处在不同的发展阶段。地方政府管理部门要通过建立有效的资源与经验共享机制，打通各个高校间的沟通渠道，以实现我国高等教育国际化的整体推进。在我国高等教育国际化的进程中，地方政府管理部门要积极协调，将资源在各高校间共享，进而使高校主动地融入合作之中。与此同时，资源共享机制应该普遍存在于普通本科高校和高等职业院校之间，在我国高等教育国际化的进程中，高校之间要改变原有的固有观念，不能再以本校为中心独自发展，要通过政府职能部门的宏观管理与指导，打破原有的壁垒，让资源和经验的共享成为现实。地方政府要从整体角度出发，与当地的高校展开积极有效的合作，共同推动我国高等教育国际化的发展。建立我国高等教育国际化资源与经验分享机制，既要实现高校国际化经验的汇聚、总结和推广，又要使高校教育国际化均衡发展。

通过合理的制度设计，既要保证地方高校在国际化发展中的主动性和积极性，也要正确处理好高校间竞争与合作的关系。

扩大投融资是推进我国高等教育国际化的基本保证，只有在财政投入充足的基础上，高校才能在人力、物力等方面有持续推进的动力。在地方经济持续健康发展的基础上，政府要在财政预算支出上对高等教育的发展给予持续的支持。

（三）评价机制

高等教育国际化的最终目标是培养具有国际视野、有竞争力的高层次人才。地方高校在高等教育国际化发展中，要始终以培养人才为核心目标，不断丰富高等教育国际化的内容和形式。人才培养是教育发展之本，在高等教育国际化发展中，一定要避免重形式、轻内容的情况出现。首先，高校要从学生的实际出发，运用国际化的途径，以服务于国际化人才培养为中心，开创有效的发展之路。其次，高校要充分重视学生能力的培养，通过合理的课程设置、优秀的师资，塑造出一批具备国际视野和国际竞争力的高素质人才。再次，高校要以学生为本，以人才为本，不断完善现有的人才培养体系，借鉴并引进国外先进的教学理念，提升自身的人才培养能力。最后，高校在国际化办学中要保证公共性，切实为广大学子服务，避免高等教育国际化成为个别学校牟利的途径。

绩效控制在高等教育国际化中具有重要的地位。它能够为政府管理部门和学校提供决策依据，也可以全面地展示出高等教育国际化的现实发展状况。因此，建立科学的高等教育国际化监督与评估体系是高等教育国际化制度建设不可或缺的组成部分。政府和高校要在加快高等教育国际化内容建设的同时，重视对其绩效的控制。绩效控制是对高等教育发展的每个阶段进行详细的监测和评估，并形成一整套监测反馈体系。这就要求高等教育国际化的管理部门和具体实施部门对每个国际化项目进行科学的评测，并不断优化评估与监测的过程。对高等教育国际化的战略绩效控制要逐步囊括到政府与学校工作的评估中去，高等教育国际化的发展计划、实施情况、政府部门之间的协调情况，甚至是签证时间的长短都要涉及其中。战略绩效的控制是一个系统性的工作，它需要参与高等教育国际化工作的各个部门共同努力，旨在绩效控制中找到存在的问题并及时反馈，只有这样才能对教育国际化战略规划进行适时的修正。

目前国内很多高校的本科生的国际交流活动形式多样，然而高校中管理国际事务的机构相对比较分散，各部门工作各自为政，缺乏系统的管理体系。原因主要是相当一部分高校把教育国际化当成相对边缘的活动，或者比较重视以国际项目的推进来提高学校的办学层次，却没有把工作重点切实放在本科生国际化素质培养目标上来。因此现阶段要推动本科生国际化教育可从三方面加以改进。第一，制定一套完整的"教学计划—教学组织—教学实施—教学管理"的本科生教育国际化培养管理体制。第二，考虑适当聘请在管理上有一定经验的外国专家参与教学管理工作，引进国外先进的管理理念和制度。第三，为保证本科生教育国际化的质量，建立良好的校内外质量评估机制。高校在内部评估过程中，可通过调动师生参与评估的积极性，采用学术报告、成果展示、经验分享等形式让教师切实了解学生出国交流的效果；或者以与合作高校共建"国际交流评价管理系统"或问卷调查的方式，通过对学生的评价结果来有效调整和改善相关教育研究活动，从而使国际交流的形式和内容更加符合学生的实际需要。另外，可以尝试将学校内部评估与校外评估机构的评估结合起来，建成集专业性、系统性、科学性于一体的评价体系等。

在"双一流"建设背景下，国际化是世界一流大学的重要特征。作为衡量一个国家教育水平重要指标的本科生教育更应积极响应国家政策，理应把对本科生教育国际化发展的提升作为本科生教育发展的重要战略。我国的高校要在国际化发展道路上不断总结经验、创新思维方式和工作方法，从切实提高对本科生教育国际化的认识、加强师资队伍国际化建设、促进本科生教学模式国际化及健全本科生国际交流体制机制建设等方面入手，不断摸索出一条走向世界的道路。

第四章 "双一流"背景下的国际学生流动

本章的主要内容为"双一流"背景下的国际学生流动，依次介绍了全球国际学生的流动以及市场竞争、国际学生全球流动及国家策略对比、国际学生向中国高校流动的因素、国际学生向中国高水平大学流动的特征以及机遇和发展空间以及"双一流"背景下国际学生流动概况五个方面的内容。

第一节 全球国际学生的流动以及市场竞争

一、学生国际流动现状

根据联合国教科文组织的统计数据，国际学生的来源国和目标国较为集中。接收国际学生排名前十位的国家分别为美国、英国、澳大利亚、法国、德国、日本、俄罗斯、加拿大、中国和意大利，而来源国排名前三位的国家分别为中国、韩国和印度。当前，学生国际流动的主要趋势是从欠发达国家和新兴的发展中国家向发达国家流动。学生国际流动的方向反映了一个国家的国际地位，从当前来看，美国等发达国家始终处在世界中心的位置，东欧和亚洲国家则逐渐向国际中心位置靠拢，而非洲国家则始终处于边缘位置。

学生国际流动的模式也在逐渐改变，早期国家对学生的国际流动采取直接资助的方式，现在学生的来源国与目的国分别转变为管理者和推动者，在学生国际流动的供给关系中，市场发挥了越来越重要的作用。由于本国人口数量的有限性，招收国际学生的政治利益和经济利益使得欧美等发达国家的大学成为学生国际流动的积极倡导者和执行机构，而发展中国家的教育资源相对于本国人口数量的稀缺性，使得本国蕴藏着巨大的教育需求市场。在供求关系不对等的国际教育市场中，教育的扩散程度取决于市场推广的策略和手段。

通过对学生国际流动较为活跃区域的分析可知，学生国际流动存在如下几个趋势：一是学生国际流动总体规模稳步扩大，增长趋势明显；二是学生国际流动的流入流出相对集中，同时也不断进入新的竞争者；三是学生的国际流动受地缘政治影响较大。

二、学生流动与市场竞争

在高等教育国际化的全新观念下，如今已不再是发展中国家一味地派人前往发达国家学习、深造或请国外大学学者来本国任教的情形，越来越多的发展中国家开始根据本国的政治、经济发展战略，结合自身的发展特色，向外推广本国教育和文化，通过留学生教育服务，促进本国高等教育国际化。随着我国政治、经济地位的提高，我国在全球的影响力日趋加大，提高国家的软实力成为国家长期发展的战略之一，孔子学院遍布世界各地，渴望了解中国、学习汉语的人越来越多，如何抓住机遇，利用我国高等教育比较优势，加强汉语国际教育，促进我国高等教育国际化是值得高校研究的重要课题。

比较优势理论认为，国际贸易的基础是生产技术的相对差别（而非绝对差别），以及由此产生的相对成本的差别。每个国家都应根据"两弊相衡取其轻，两利相权取其重"的原则，集中生产并出口具有"比较优势"的产品，进口具有"比较劣势"的产品。在国际留学教育服务这个庞大的市场，我国占有的份额很少，尽管在 2004 年我国高等教育的规模超过美国，跃居世界第一位，但在留学生教育的国际市场上发挥的作用仍有限。经济全球化的发展趋势和多元化的世界促使越来越多的人留学海外，留学教育为美国、英国、德国、法国、澳大利亚、新西兰等国赚取了可观的收入，成为其重要产业。

（一）中国留学费用较低

在北京留学本科生一年学费一般在 2 万～3 万元，以北京大学为例，文科类本科生学费为 26 000 元/学年、理科生为 30 000 元/学年。根据北京的物价全年基本生活费在 3 万～5 万元，以此计算全年总费用一般在 5 万～8 万元。如果选择在中国二线、三线城市学习，总费用至少可以降低三分之一，如广西师范大学文科类本科生每年学费为 14 000 元/人、理科生为 16 000 元/人，全年总费用估计在 3 万～5 万元。而在欧美等发达国家留学一年的总费用一般在 20 万～30 万元，这对于发展中国家的学生来说，费用很高，相比之下，在中国留学的费用就低了很多。

（二）中国具有学科专业优势

从整体上看，我国高等教育在本科生教育方面基础较好，质量高、成本低。人文领域的历史学、考古学、中国语言文学专业具有世界一流的水准，有自身的学科优势，有丰富的学术积累和学术资源，而且这些学科对资金和设备的要求不高。有些大学在一些工程和技术学科领域也具有比较好的基础。此外，我国高等教育还应该充分发挥"985""211"大学的优势，增强对发展中国家留学生的吸引力。

我国是发展中国家中的第一大国，改革开放40多年，我国高等教育得到了前所未有的大发展，截至2004年在规模上已超过美国。尽管我国高等教育的教学质量、学术研究水平、管理水平总体上不能与欧美国家相媲美，特别是与世界一流大学相距甚远，但是我国高等教育取得的成就有目共睹，大批优秀人才前往美国、英国、德国、日本等发达国家学习，其中相当一部分人学成回国后进入高等院校和研究所工作，之后把他们所学的知识技术、研究方法、高等教育方面的管理经验等带回国，这必然促进了我国高等教育的发展和国际化程度的提高。我国正在积极努力打造世界一流大学，"985工程""211工程"的实施，从资金、人才方面极大地促进了高等教育的发展，增强了我国高等教育的优势，可以说我国的高等教育在各方面远远超出了其他发展中国家，为我国高等教育国际化开拓市场提供了有力保证。

虽然世界的发展早已步入工业化，发达国家的高等教育早已大众化，然而今天大多数发展中国家的工业化才刚刚起步，发展中国家的高等教育也需要从少数精英转向大众化，这是经济发展的需要。世界银行指出：发展中国家如果不能提供更多更好的高等教育，它们将发现要从知识经济中获益会变得越来越困难，高等教育不再是奢侈品，而是一个国家社会和经济发展的必要条件。经济合作与发展组织在1998年就指出：高等教育是人生必经之路，必备之经历。现实中，对于大多数发展中国家来说，高等教育基础薄弱、经费短缺是制约高等教育大众化的最大瓶颈，短期时间内完全依靠自身力量难以解决，最有效的办法就是鼓励出国留学，弥补自身不足，这也是国际通行做法。

三、学生国际流动的风险

从投资的角度而言，学生的国际流动被当作人力资本的投资行为，人们追求的是未来的投资回报。但是，不同于其他的投资行为，在学生的国际流动行为中，投资的客体是国际学生，而投资的回报是预期的工资水平。由于预期工资水平是依附于受教育者个体本身而存在的，与其所有者不可分割，受教育者不可能通过市场转让或分离所有权的形式来减少或者规避教育投资的风险，也不可能通过传承的形式来传递人力资本的价值和功能，更不可能在市场实现变换、买卖或抵押。因而，学生在国际流动过程中遭到生命健康的威胁，是无法通过市场中的变换、买卖或抵押来规避的，一旦风险形成，对于学生而言，就是沉默成本。换言之，学生的国际流动这一行为本身就存在风险。

从学生的国际流动特点来看，学生的国际流动属于远期投资，是对未来收益的预期，而在这个预期过程中存在各种各样不确定的因素，如政治环境、经济形势、招生和就业政策、劳动力市场等，这些因素始终是处于动态变化过程中的，往往使得实际结果和预期结果存在较大偏差。另外，学生的国际流动存在较大的主观能动性，学生学业完成的状况不仅取决于学校的教学质量，更大程度上取决于学生的自制力，是否能够顺利完成学业、完成规划目标以及实现预期的回报，这些都是不确定的。另一个特点是学生的国际流动自带流动属性，流动过程中不仅是学生这个载体的移动，还涉及资金、信息、技术及文化等的流动和转移，期间会存在各种各样的风险，有个人风险和国家风险、有自然风险也有人为风险……而风险是复杂多样的。

从留学教育质量上看，留学生数量的大幅度增加，给接收国教育资源的供给数量和质量提出了一个全新的挑战，这可能会导致低质量的教育服务；而接收国为了竞争有限的国际学生生源，可能会降低入学门槛和结业标准，使得国际学生接受的教育和证书无法得到用人单位的认可。这也就意味着国际学生的合理利益得不到保护，出国接受教育付出的高成本是否能够得到价值相等的回报是不确定的。

从个体出国动机上看，学生选择到别国接受教育，其中一个重要原因是寻求学业和事业发展得更好的环境。而从现状看，在出国留学的学生群体中，相当一部分学生完成学业后选择留在国外工作，造成了来源国智力和教育资源的双重流失，也就是所谓的人才流失。在发展中国家人才流失的问题尤其严重，因而发达国家的人才政策倾向于吸引来自其他国家的高端科技人才，而发展中国家则致力于吸引出国接受教育的学生回国，当然同时也在努力吸引他国的优秀科技人才。

第二节 国际学生全球流动及国家策略对比

一、俄罗斯高等教育国际化分析

（一）俄罗斯高等教育简介

俄罗斯高等教育主要经费来源是联邦和地区预算资金。非国立教育机构只有在获取国家批准后方可有权取得预算资金。原则上国立教育机构和非国立教育机构都可以按招生数量得到相应的经费，每名学生的经费数额按高考分数划分确定。此外，教育基金、银行贷款、企业资助和投资、有偿收费等也是俄罗斯高等教育经费的有效来源。从办学形式上区分，俄罗斯高等学校可分为国立、私立、社会办学、合作办学、教会学校；从教育形式上分为面授学习、面授函授（夜间）学习、函授学习、远程教育。

俄罗斯高等教育分为大学教育和大学后教育两个层次。其中，大学教育分为学士（学制不少于 4 年）和硕士（学制不少于 2 年）两个阶段；大学后教育分为副博士和博士两个阶段。俄罗斯的副博士学位等同于西方国家的博士学位。另外，俄罗斯还有 6 年制高等教育，即"4+2"，学士 4 年加硕士 2 年，毕业后发给硕士学位文凭。这是与世界接轨的新体制，目前仅限于人文、社会、理科等专业。外国留学生一般都接受这种新体制，如果在本国高校已经是本科毕业，并获得学士学位，那么只需在俄罗斯读 2 年，即可获得硕士学位。

俄罗斯政府对高等教育以及高等教育国际化的重视，促使了俄罗斯各大高校也都积极努力地加快自身的发展进程，特别是在国际化方面。各高校分别从自身特点着手，加大国际化进程。逐步实施学校改革，实现教育体制与国际接轨；为加大对国外留学生的吸引，在某些重点专业、优势专业开展英文授课；利用自身学科优势，加强与国外学者、高等院校及科研机构的合作。

（二）俄罗斯高等教育国际化现状

依照俄罗斯教育法规，各级各类学校可以自主开展国际交流。学校可以参加俄罗斯国家和外国的双边和多边学生学者交流项目，与外国机构开展联合研究，举办各种学术会议，招收外国留学生。此外，高校可参加非政府组织，与国外组织机构签订合约，兴办各种机构，开展外贸业务。

截至 2020 学年，外国留学生数量不到 31.5 万人，约占俄罗斯大学生总数的 8%。俄罗斯在这一项目下的收入每年仅为 1.5 亿～2 亿美元，只控制了 0.5% 的国际教育服务市场。到俄罗斯留学的学生主要来自中国、印度、韩国、独联体国家和波罗的海国家，以及散居在欧洲的俄罗斯人。外国留学生人数的下降，不仅使俄罗斯丧失了经济收益，还会危害国家安全。如果从人口下降和适龄大学生人数缩减来看，则降低了俄罗斯对世界的"软影响力"。

（三）俄罗斯高等教育国际化的优势

1. 高等教育历史悠久、实力雄厚

俄罗斯高等教育的历史可以追溯到 1755 年莫斯科罗蒙诺索夫国立大学的创立。经过 19 世纪的高等教育立法、苏联前三个五年计划时期的高等教育改革、第二次世界大战后高等教育的大发展，确立了俄罗斯高等教育的强国地位。莫斯科罗蒙诺索夫国立大学、圣彼得堡国立大学等是世界著名的综合类大学，是世界知名的众多学派的所在地，也是进步的社会运动的重大中心。特别是莫斯科罗蒙诺索夫国立大学，它是一所历史悠久且拥有优良传统的大学，以雄厚师资、完善设备、高教学质量和高学术水平而享誉世界。莫斯科罗蒙诺索夫国立大学不仅是全俄罗斯最大的大学和学术中心，也是全世界最大和最著名的高等学府之一。该校的教授及毕业生不乏诺贝尔奖获得者和世界著名科学家。

2. 高等教育学科齐全、优势明显

俄罗斯高等教育水平和质量堪称世界一流，既有像莫斯科罗蒙诺索夫国立大学、圣彼得堡国立大学、俄罗斯人民友谊大学等这样的世界高等学府，又有像圣彼得堡国立技术大学、莫斯科国立文化艺术大学、圣彼得堡国立文化艺术大学、圣彼得堡国立经济大学等享誉世界的专业技术名校。在基础理论学科方面，许多领域与美国和西欧并驾齐驱；在科技方面，如航空航天、军事等尖端技术领域属世界一流；在艺术、体育等方面也有自己的传统和风格。

俄罗斯高等教育在高端专业领域的教学、科研都具有较高水平，如火箭、航空、航天、地质、矿业、核能、船舶制造、生物医学、分子物理、计算机软件、光学和电子仪器加工等领域，有些专业领域领先于欧美国家，而且赴俄罗斯留学的学费与欧美国家相比较低廉。总的来说，俄罗斯的高等教育体系庞大，院校众多，结构合理，设备优良，可为外国留学生提供广泛的选择空间以及学习、生活环境。

3. 高等教育制度完备、教学严谨

俄罗斯高等教育十分重视人才的综合素质与能力培养，学生不仅要学习专业课程，还要学习国民经济其他领域的一些相关课程。俄罗斯高等教育注重应用研究，学术氛围浓厚，治学态度严谨，学位论文质量要求严格，在基础理论教学和对学生知识、技能及创造力的培养提高方面积累了丰富的经验。

（四）俄罗斯高等教育国际化存在的问题

1. 区域性决定了高校国际化的局限性

俄语是俄罗斯的官方语言，全球以俄语为母语的使用人数超过了 1.4 亿人，当作第二语言使用的则有近 4500 万人。自 20 世纪 50 年代以后，俄语在国际上的使用范围有明显的扩大。以俄语授课的学生在俄罗斯占 97%，在白俄罗斯占 75%，在哈萨克斯坦占 41%，在乌克兰占 25%，在吉尔吉斯斯坦占 21%，在摩尔多瓦占 7%，在阿塞拜疆占 7%，在格鲁吉亚占 5%，在亚美尼亚及塔吉克斯坦占 2%。

苏联解体后，俄罗斯经济增长乏力，国际影响力减退，致使原来推广使用俄语的国家，开始强调本国语言的重要性，俄语的教育、推广、使用进一步被弱化，俄语的受众范围进一步缩小，区域性语言的特点进一步呈现，从而决定了俄罗斯高等教育国际化采用俄语和英语双语教学。近年来，俄罗斯高校的国际排名退步，这与学术成果不注重译成英文在国际学术刊物上发表有一定关系。俄罗斯已经意识到这些因素影响着俄罗斯高等教育国际化的发展。2012 年，俄罗斯提出 2020 年至少有 5 所俄罗斯大学进入世界大学排名前 100 名，并采取系列措进行了支持，以增强俄罗斯高等教育的国际影响力和竞争力。

2. 学位制度与欧美国家存在差异

2007 年 5 月，俄罗斯通过的《关于引入高等教育体制的法律草案》规定，由苏联延续的 5～6 年的文凭专家体制，改为学士、硕士两级，其中，学士学制 3～4 年，硕士学制 2～3 年（2 年为主）。但是原有的文凭专家体制仍在少数重点大学的重点专业保留，如医学、工程等专业，毕业生的学历等同于硕士。俄罗斯的博士和副博士培养属于大学后教育。这些都与欧美国家存在差异，影响了国际生源对俄罗斯高等教育的认知。俄罗斯的副博士研究生和博士研究生均属高级学位，其培养目标是为国家和地区培养高水平的科研与科学教育人才。

3. 经费受限设施滞后于欧美发达国家

近年来，虽然俄罗斯对教育拨款能够达到法律规定，即国内生产总值的 3%，

但仍然无法满足实际需求。经费不足致使高校教师待遇偏低，中青年教师队伍流失严重，特别是高等学校配置设备老化、建筑物老旧，它们被损坏的速度超过维修和新建的速度。相对于美国和欧盟国家，俄罗斯高等教育滞后的硬件设施降低了对欧美发达国家，甚至是发展中国家生源的吸引力，在一定程度上制约了俄罗斯高等教育国际化的发展。

二、美国高等教育国际化分析

自 20 世纪初期首度提出"国际教育"概念以来，经历第二次世界大战与"冷战"期间的低潮，至今美国已发展成为世界上最大的高等教育输出国，国际学生招生规模长期居于世界第一。2020 年，在美国高校就读的国际学生人数接近 60 万人，远远高于其他高等教育输出国。

美国高等教育国际化领先者地位的取得，最初得益于高度发达的高等教育系统本身对外国学生的吸引与母语英语作为高等教育工作语言的客观优势。但是，随着国际高等教育市场的不断扩大，美国所面临的其他国家的市场竞争压力不断增大，美国在国际留学生指标上的全球占有率已出现了下滑趋势。阿特巴赫与皮特森对当时美国高等教育国际化的现状与存在的问题进行了探讨，指出美国高等教育国际化最显著的局限之处在于相关财力资源不足与具有针对性的政策的缺位，这两者的匮乏均反映出国家对高等教育国际化并未给予真正的关怀，造成美国的教师与大学生以及社会各个阶层欠缺推进和强化高等教育国际化的意识与持久投入。故虽然近年来大量国际学生进入美国高校，但这一庞大的国际学生群体总体上难以真正融入美国的社会生活。此外，美国本土的大学生在海外进修比重极小的问题也引起了美国教育界与社会各界的关注，要求美国联邦政府与各大学增进大学课程国际化及本土学生国际学习经验的呼声日增。进入 21 世纪，针对高等教育国际化的主要问题，美国联邦政府开始有意识地加强对相关政策的制定与举措的实施，追求为高等教育国际化提供一个政策的基本框架，描绘可行的方向与路径。与此同时，联邦政府对高等教育国际化事务的专注也获得了美国高等教育民间组织的积极响应与协助。

（一）联邦政府的高等教育国际化行动

美国的高等教育国际化是其经济全球化战略在高等教育领域的反映，以 1958 年的《国防教育法》、1966 年的《国际教育法》，以及 2000 年的《教育目标法》等国家立法的形式将针对高等教育国际化的要求加以固化，使之成为国家的意志，由此也确立了美国高等教育国际化基本的制度框架。在国际化制度保障的前提下，自2000年，联邦政府开始对高等教育国际化事务实施明确的介入，为各州高等教育国际化及院校的国际化提供政策依据与行动标尺，切实地推进高等教育国际化事业。

关于21世纪初美国联邦政府的高等教育国际化行动，已有研究者对之加以归纳，得出以下要点。

第一，发起"国际教育周"活动，以在全国范围各个层面上构建全员参与的高等教育国际化环境。2000年，联邦教育部启动"国际教育周"的教育活动，旨在促进美国大学生了解其他国家文化、语言及政治。该活动广泛涉及美国高等教育界及社会各个方面，各州高校、美国驻外使馆、国际组织、商业社团、协会及地方社区皆被纳入活动的承办范畴。"国际教育周"活动以高等教育的国际交流为主，以公共演讲、研讨会、文化展览、社区活动等多样化的形式展开。联邦政府认为，通过"国际教育周"活动，美国教育界与国外教育界可以有更多的渠道搭建更广泛的国际合作与交流平台，增强美国社会、大学校园及课堂的国际化氛围。强化后的国际教育交流能够促进国际教育界乃至不同民族、不同国家之间的相互理解与尊重。

第二，构建10年百万美国人海外求学的蓝图，鼓励并支持美国学生海外研修。2004年美国国会成立了"林肯海外留学奖助计划委员会"，负责签订美国学生海外留学的国家策略。2005年11月该委员会发布了《全球竞争力和国家需要：100万名美国学生海外进修》计划书。这份计划书强调海外进修不仅能拓宽美国学生个人视野，培育其全球公民的品质，更有助于他们维持美国民主价值和国家利益。至2017年，赴海外进修的美国学生人数已达到每年100万人，即超过半数的美国大学毕业生将由此途径而具备海外进修的经历。为落实如此宏大的美国学生海外进修计划，美国众议院于2007年通过了《保罗·西蒙留学基金法案》，并成立了保罗·西蒙基金会，要求联邦政府在10年之内每年向基金会注资8000万美元，由基金会操作资助共10万名美国大学生赴海外研习，受资助的高校须尽力解决阻碍学生海外研习的校内问题，设立海外研习办公室，研习办公室负责推动本校学生海外研习进程。

第三，调整签证及移民政策，放宽入境限制，促进外籍人士赴美学习、研修。鉴于"9·11"事件之后美国高等教育国际化停滞的问题及其对美国高等教育发展的负面影响，联邦政府开始放宽外国人签证与入境的限制，试图在国家安全与吸引国际师生、学者赴美留学与研究之间求取平衡。与之相衔接，美国国会

通过了《移民综合改革法》，给予国际学生临时工作的签证由每年 6500 个增加到
11 500 个，另外决定给所有在美国大学接受科学、技术、工程与数学教育的国际
学生免除临时工作签证与绿卡配额的限制。

第四，加大 2020 年现行的国际教育计划的执行力度。富布莱特计划是美国
主要的国际教育方案，它依据 1946 年通过的法案设立，是由美国国务院与外国
政府共同推动的国际双边的学术与文化交流计划，其目的在于通过人员、知识和
技术的国际交流，促进美国人民与其他国家人民的相互了解。此计划自 2000 年
开始启动，每年被资助的人员的名额不断增大，至 2009 年，已年均提供 7500 个
奖助学金名额给予美国本土师生及国际师生、学者和专业人员，使外国受资助者
可以在美国境内、美国本土受资助者可以至他国从事科学研究或教学、实习或攻
读高级学位。

美国加利福尼亚州顶尖大学在其制度使命和价值观上都凸显了教育国际化的
输出方向。例如，加利福尼亚大学洛杉矶分校跨越校园边界在地方乃至全球建
立了伙伴关系。宾夕法尼亚大学教育国际化的目标是让更多人能够享受到宾夕
法尼亚大学独特的智力资源。通过全赠款等一系列援助方案，满足大学生的全面
经济需求，加强对研究生的经济援助；通过实施包括"教师多样性和卓越行动
计划"在内的优先发展规划，增强各个层面的多样性和卓越性；推进开放式学
习及其他高品质在线教育项目的开展，推进宾夕法尼亚大学教学和教育研究的
创新性。

（二）民间组织的高等教育国际化参与

自 21 世纪初始，联邦政府对高等教育国际化的行动介入不仅加速了美国高
等院校的国际化节奏，还进一步促进了民间组织对高等教育国际化的参与。在此，
选取美国国际教育者协会和美国教育协会两个大型民间教育组织，就其参与美国
高等教育国际化的情形加以介绍。

美国国际教育者协会于 1948 年成立，原名为"全美外国学生咨询服务协会"，
其成员为美国各高校负责外国学生相关事务的人员。该协会的目的在于促进美国
高校外事人员的专业发展，以解决前来美国就学的外国留学生提出的各类需求与
实际问题。随着协会规模的扩大以及高等教育国际形势的变化，加之"全球竞争
能力"对当代大学师生素质提升的重要性的增大，美国国际教育者协会的服务方
向已不止于国际学生事务，而是扩增至对高等教育双向交流的指导与服务，包含
了美国本土学生与教师、研究者的海外进修、语言学习等。该协会每年都会开展

对美国高校"校园国际化"的全国性评比,目的之一是记录国际化如何影响美国高等教育。至今,美国国际教育者协会已发展成为北美地区最重要的民间高等教育国际性组织,每年的年会更吸引了数千名来自世界各国的国际教育人员参与,开展国际教育的培训与合作交流;年会的常规项目包含工作坊、展览、演讲与活动。同时,来自各国的高等教育机构或民间高等教育组织也借助该协会年会的国际交流平台,在年会期间开展学校宣传与校际合作项目洽谈等国际教育活动。

成立于1918年的美国教育协会是当前美国规模最大的民间高等教育组织。该协会虽不似美国国际教育者协会完全聚焦于高等教育国际化事务,但促进美国高等教育的国际化发展是其现阶段事业的发展重点。美国教育协会在20世纪90年代即成立了"国际化促进中心",提供会员学校国际化的项目策划与服务,包含增进美国大学校园的国际化、举办高等教育国际化议题相关研讨会等。"国际化促进中心"也频频向美国高校领导者建言,建议他们利用各自掌握的资源,广泛宣传美国高等教育,积极开发与发展中国家的高等教育机构的合作关系。"国际化促进中心"后改名为"国际化与全球参与中心",着重关注对全国性的高等教育国际化发展项目的组织筹划,以应对越发重要的院校国际化发展需求。自21世纪初,在"国际化与全球参与中心"的领导下,美国教育协会已组织有广泛影响力的全国性高等教育国际化长期项目或举措多项,包括"高等教育国际化实验室"、"高等教育国际化合作"、院校领导者网络、国际化行动等。

综上所述,类似美国国际教育者协会与美国教育协会的高等教育民间组织在美国高等教育国际化发展中起到了重要的推动作用。归纳起来,这些教育民间组织对美国高等教育国际化的重要贡献在于汇集国际高等教育的信息资源,并建立适宜的校际分享与合作平台。这个分享与合作平台不仅可供美国高校展开资源共享、共同成长,也可为美国院校与国外机构提供校际合作的信息参考。

1. 明确的国际化战略规划

国际化战略规划指的是学校决策者明确提出该校关于国际化的战略使命与实施路线,并制定正式的评估机制来加强战略规划的实施。该规划包括四方面内容:一是制定战略规划,将国际化置于学校战略使命和全校战略规划的优先发展地位,并制订明确的国际化发展实施计划;二是成立国际化发展委员会,由来自整个高校的代表组成的指导委员会来负责监督国际化项目的实施;三是通过主要团体座谈、调查和开放性的讨论来宣传国际化的优先发展地位,获得学生、教师、员工和其他利益相关者的认同与支持;四是根据战略规划中的国际化目标,对国际化进展情况和成果进行正式评估。

美国教育理事会自 2001 年开始，每 5 年对美国大学及教育机构进行调查，询问是否将国际化列入其使命说明，是否在战略计划中将国际化教育纳入优先事项，以及是否制订专门针对全校国际化的单独计划，还调查这些大学及机构是否有全校性的委员会或专门工作组推进全校国际化工作。美国教育理事会调研显示，通过大学使命或战略规划表达对国际化承诺的大学及教育机构的比例呈上升趋势，并且支持大学国际化行为的财政力度也在增大。

美国教育理事会调研显示，49% 的被调查机构在其大学使命陈述中涉及国际化或与国际化相类似的国际或全球活动；47% 的机构将国际化或与国际化相关的活动纳入大学战略计划的五大优先事项。

2. 组织机构策略

（1）机构、人员

美国教育理事会调查数据表明，在许多机构中，国际化已经成为其国际化办公室协调下的一项集中性工作。学校高级领导仍然是国际化的重要推动力量，但是学校其他层次的管理人员在国际化中的作用也越来越重要。大学校长仍被视为大学国际化的最大推动力。然而，大学负责教育国际化工作的高级行政人员对教育国际化进程的作用开始凸显，国际化对校园的影响也日益突出。

2016 年，受访机构中有 58% 的机构举办了专门的国际化办公室领导国际化活动。该比例比 2011 年提升了 22%。其中，具有博士学位的机构增长了 31%，然而拥有硕士学位的机构极有可能全部采取集权组织结构领导国际化。超过一半（占比 53%）的高等院校拥有一名全职管理员，负责监督或协调多项国际化活动或项目，这一比例比 2011 年提升了 13%。增幅最大的是联营机构和特别重点机构，而具有博士学位的机构在该项目上的百分比则下降了 2%。在拥有全职管理人员的机构中，12% 的全职管理人员表示他们直接向校长负责并报告工作；另有 47% 的全职管理人员表示向首席学术官员报告工作，这一比例与 2011 年几乎完全相同。虽然向首席学术官员报告工作在所有类别的机构是最常见的现象，但是在联营机构和特别重点机构中，负责国际化工作的高级管理人员比其他类型机构的国际化高级管理人员更有可能直接向校长负责并报告工作。

以上体现了不同机构的国际化事务管理权限流程。最近，一项对美国大学校长的研究的调查显示，不到一半（占比 45%）的高等院校校长拥有国际经验，其中 21% 的校长拥有海外专业经历；16% 的校长在美国以外的地方学习过；12% 的校长获得了国际补助金；8% 的校长出生在美国境外；7% 的校长受雇于美国以外的高等教育机构；6%的校长获得了美国以外的学位。美国国际教育者协会进行的调查显示，高级国际官员最主要的三项职能分别是管理国际联系和国际伙伴关系、代表机构处理国际事务、规划国际战略。24%的高级国际官员拥有副校长或助理校长、校长、教务长的头衔；18%的是副校长、校长、教务长；65%的受访高级国际官员向副校长、校长、学术事务负责人报告工作，而最后一种隶属关系是调查中最明显的。

（2）财政支持

财政支持是推进教育国际化的重要前提。尽管近年来预算经费有限，但许多高校还是投入大量资源用于国际化工作，其中包括相当大比例的大学积极寻求外来资金推进国际化。据美国教育理事会调查结果：超过70%的机构报告称，校内支持国际化的资金在过去三年要么增加要么保持不变，其中，具有博士和硕士学位的机构支持国际化的资金有了明显增加；约21%的机构制定了正式战略或启动了专门的筹款活动，以筹集资金支持国际化活动。整体而言，大学筹款活动规模在扩大，虽然筹款活动在2006—2011年美国经济衰退期间有所下降。与前两次调查时发现的大部分的高等院校都是从校友、基金会和公司处获得国际化支持相比，2016年调查显示，从校友和个人捐赠者处获得国际化教育资金的高等院校在增多。此外与硕士学位、学士学位等层次的机构相比，博士学位机构从校友和个人捐赠者以及基金会处获得的国际化资金比例更高。

（3）在全校范围建立全面的国际化支持环境

为激发教职工和学生参与教育国际化，美国高校在全校范围内打造了国际化支持环境，使教育国际化的推进和对教育国际化的重视不因领导者的改变而改变。为此美国国际教育者协会建议：将教师参与国际化教学、科研活动明确列入高校聘用、晋升和终身教职的规范中；对师生参与全面国际化活动提出明确要求；在描述专业领域及所修课程时，强调学生获得国际化、全球性及比较观点，并在每一门课程中明确详细地列出获得国际化、全球性及比较观点的路径；界定评估强调学生获得国际化、全球性及比较观点的学习项目，如明确规定学生需要通过学分的积累，还是通过项目参与来展示自己在国际化方面的进步。

美国实施全面国际化对整个校园生活和学习产生了巨大影响，并从根本上重塑了大学的外部支持框架结构及伙伴关系。全面国际化不仅实现了将国际的、全球的以及比较的维度注入课堂教学及实践实习中，还将这种维度和视野引入教师的研究范式、研究生的研究项目，以及其他拓展项目中。

（三）院校的全面国际化取向

在由联邦政府主导、民间组织从旁协助而构筑起来的高等教育国际化支持框架下，美国高校普遍从各自的国际化进程中获益。这些收益集中体现在国际学生比例的稳定或提高、本校师生对外输出数量的持续增长与国际化课程体系的建设或改造、院校组织为适应国际化需求自发的结构性变化以及校园国际化文化的形成等方面。这些收益表象的背后，是在世纪之交经济全球化脉络之下，使美国高校国际化在理念与范式上深刻变化，即由单向度的、非系统性国际化向双向度的、多元的、全面国际化的转变。

美国教育协会敏锐地观察到了进入21世纪后美国高等教育国际化这一进步趋势，将其描述为全面国际化，并指出全面国际化作为一种教育理念，对高校的总体理念、政策的制定以及校内人员的行为均会产生深层次的影响；同时全面国际化也是一种广泛的、深层的和整合性的国际化实践，能够让大学校园走向完全国际化。在美国教育协会"国际化与全球参与中心"的积极推动下，全面国际化作为高等教育国际化领域的一个新术语，其内涵已经得到当今美国高教界与学术界的普遍认同与采纳。美国国际教育者协会的定义则着重强调了全面国际化作为一种国际化行动对学校办学的渗透式影响，即全面国际化可以渗透到高等教育的各个方面，如教师发展、课程设计和应用、教学设计、对外培训及教育、发展援助、学生支持服务和学术支持服务、资源开发、财务管理、风险管理、高校竞争力以及定位、公民参与等。换言之，在院校的层面上，全面国际化实质上是一种渗透式的国际化模式，所引发的是学校全方位的、由表及里的组织变革。总体而言，自21世纪初，美国高等教育已经进入一个全面国际化的阶段。联邦政府的政策导引与民间组织的国际化参与皆是以全面国际化为要旨的。在联邦政府的政策导引与以美国国际教育者协会、美国教育协会为核心的民间教育组织力量的协助下，从顶尖的研究型大学到普通的文理学校乃至基层的社区学院，美国高校普遍在全面国际化的思维指引下探寻着适合自身的国际化路径，学校的内涵与外延也在全面国际化的进程中发生了变化。

1.课程国际化

课程国际化是高等教育国际化的重要因素。通过国际化课程学习，学生可以获得更广阔的国际视野，具备更强的全球竞争力。为开阔学生的国际视野和适应全球竞争的能力，大学应该在课程内容、课程考核评估、教学技术和手段等方面与国际接轨。具体来说，外语、区域研究、全球性问题的课程应包含在本科通识教育中；专业课程要包含本专业领域中涉及国际视角和全球性问题的内容；课程考核要注重以国际化为核心的能力情况；学生课外活动要涉及解决全球性问题，加强课程中的国际元素；等等。

第二次世界大战后，美国大学广泛开展的国际教育丰富了课程国际化内容。各种区域问题研究中心为美国高校提供了大量的外语、国际与区域研究课程。20世纪70年代起，美国大学四年制的普通教育课程中，西方文化、第三世界研究、国际教育等具有国际内容的课程逐步受到学生欢迎。一些美国大学也要求学生至少选修1或2门包含国际内容的课程。1989年，77%的四年制大学和46%的两年制大学在普通教育中至少开设了一门含国际内容的课程。随着全球贸易竞争的加剧以及对国际人才需求的增加，大学为适应国际市场的需求，也在不断推出新的专业与课程。如哈佛大学、耶鲁大学、哥伦比亚大学、芝加哥大学开设的国际内容课程均超过了1000门。

除了课程内容和考核评估的国际化外，美国大学还在课程教育方式上实现了国际化。美国大学一直寻求课程与信息技术的结合以实现教育环境的智能化，通过将云端教学、在线学习、智慧教育融入课堂教学、虚拟社区，开放教育资源和开展协作式学习，从根本上打造校园学习环境，将学习的决定权从教师转移给学生，实现课堂的翻转。

2.加强学生交流

美国大学国际化的另一个有效策略是招收国际学生，国际学生留学创造的经济也日益成为美国许多大学收入的重要来源。此外，美国高等教育自身提供的优质教育资源、良好的学术声誉，以及政府提供的丰厚奖学金也吸引着世界各地的优秀学生来美国留学。根据美国国际教育者协会与美国国务院教育和文化事务局联合发布的《门户开放报告》，美国是国际学生出国学习的首选地，因为对国际学生来说，留学美国不仅可以学习文化知识，获得梦寐以求的学位，还能通过新的学习生活使自身变得更加成熟和独立，熟练掌握英语。国际留学生的到来除给美国创造经济效益外，还带来了充裕的人力资源，通过培养国际学生，增多了美国在世界各地的朋友和盟友，增进了国际沟通与理解。此外，国际学生也为美国学生提供了与其他文化接触的机会，也给校园带去了独特的文化氛围，这些益处都激励着美国政府与大学积极招收国际学生。

美国大学国际学生数量在20世纪迅猛增加，1994—2003年，留学生数量从45.2万人增长到58.6万人，然而"9·11"事件后，大学国际学生的注册模式发生了显著变化，此外来自英国、澳大利亚等国日益激烈的国际学生招生竞争，致使美国国际学生人数开始下降，2004 年美国国际学生人数下降到历史最低点。随后，联邦政府和高等教育部门又采取了一些积极措施，使得美国国际学生人数又有了急剧增长。根据国际教育学院统计数据，2013—2014 年，在美国学习的留学生达 88.6 万人，比前一年提升 8%；2013—2014 年，国际学生占美国高等教育学生总数的 4.2%，其中，耶鲁大学 2014 年国际学生的比例甚至达到了 20.55%、杜克大学达到了 15.91%、加利福尼亚大学伯克利分校达到了 9.3%。

美国国际留学生主要来自亚洲国家和发展中国家。中国是最大的生源国，其次是印度。2017 年，美国皮尤研究中心调研显示：2016 年美国又新招收了 36.4 万名留学生，与 2004 年的 13.8 万人相比增长了 164%；与 2008 年经济大萧条时的 17.9 万人相比，增长了 100%。将近一半（占比 49%）新招收的外国学生攻读研究生学位，其中攻读了硕士学位的占 41%、攻读了博士学位的占 8%，其他新招收的外国学生则攻读了学士学位（占比 38%）和副学士学位（占比 13%）。这些留学生中，大约有 10.8 万名新生来自中国（占留学生总数的 30%），大约有 6.6 万人来自印度（占留学生总数的 18%），约有 2.1 万名外国学生（占留学生总数的 6%）来自韩国。美国加利福尼亚州和纽约州两个州新招收的外国学生占留学生总数的 28%，加利福尼亚州 6 万名学生、纽约州 4.1 万名学生。怀俄明州和阿拉斯加州两个州的外国学生不到 500 人，分别是 375 人和 117 人。

美国大学重视海外学习经历，认为海外学习经历有利于培养学生跨文化理解力、创造力和想象力，改善人际交往和沟通技巧。因此，伴随高等教育国际化，美国各高校都制订了美国学生可以参加海外留学的留学方案。2015—2016 年，32.5 万名美国学生在国外学习学分，比上一年提升 3.8%。

从美国学生留学目的地来看，接收美国留学生前十的国家依次是：英国、意大利、西班牙、法国、德国、中国、澳大利亚、爱尔兰、哥斯达黎加、日本，分别接收美国留学生总数的 12%、10.7%、9.2%、5.3%、3.7%、3.6%、3.4%、2.9%、2.8%、2.2%。

3. 建立国际合作伙伴联盟

高等教育国际化意味着不同国家和地区的大学行业协会、教育服务第三方提供商、商业 IT 和媒体之间在合作的基础上向不同国家的学生提供教育服务。不同国家的学生参加同一课程，一个大学在另一个国家建立分校等都涉及大量的合作安排，涉及协作式教学和学习伙伴关系，共享数字学术工作存储库，共同拥有研究设备和实验室。对于教育国际化中的合作问题，美国高校非常积极地与国外学术组织、科研机构以及国际企业合作进行项目研究与开发。国际合作不仅增进了大学研究人员的国际经验，还可以使研究成果应用于实践，提高了大学的知名度。美国宾夕法尼亚大学发起的六国教育研究项目，参与国美国、中国、日本、新加坡、瑞士和德国均负责不同主题的研究项目，通过其他国家的研究人员的参与，促进了高等教育的国际合作。例如，加利福尼亚大学伯克利分校与世界许多国家进行合作，该分校就与中国台湾最大的研究机构工业技术研究协会合作建立了研究中心，台湾方面每年出资 50 万美元支持 15 位研究生和博士后进行为期 5 年的技术与化工研究，研究人员由加利福尼亚大学伯克利分校派出。总之，国际合作是美国高等教育国际化的一项重要内容，美国大学也通过合作和伙伴关系来扩大自身的全球影响力，包括学生与教职人员的交流、学位联合授予、分校建立和其他海外项目。

4. 境外办学

境外办学是指高等教育的输出国在该国以外的合作机构设立课堂或者校园，向其他国家的学生提供课程和教育项目，学生学习结束后，由高等教育输出国的大学向考核合格的学生颁发证书。海外校区也可以为输出国大学的学生提供海外学习体验课程和海外学习环境。世界贸易组织通过的《服务贸易总协定》，将教育纳入服务贸易范畴，确立了高等教育国际化的国际服务贸易性质，随着教育服务贸易观念的广泛普及，教育服务贸易形式也越加多样化，诸如"离岸教育服务""跨国教育服务""网上教育服务"等各种境外教育服务形式层出不穷。境外办学主要包括：建海外分校，招收海外学生；与国外学校合作办学，本国出师资、高校场地和教学设施等形式。境外办学对于国际学生来说，成本低，不出国门就可以享受国际优质教育资源，因此受到广大国际学生的欢迎。美国高校在世界留学生市场竞争激烈的情况下，也开始发展境外办学。目前，美国许多大学如芝加哥大学、宾夕法尼亚大学等知名大学都在海外建立了分支机构以及合作办学项目。全世界 40 多个国家成为美国高校和教育服务公司的境外办学地，其中亚洲各国是美国课程的主要输出目的地。

5. 师资国际交流

作为教学和科研的主要推动力，教师在大学国际化中发挥着关键作用。美国大学从政策和支持机制上确保了教师有机会提升他们的国际竞争力，并能最大限度地发挥国际对学生学习的影响力。有学者认为，两国间短期教师交流项目是有益的。教师以顾问和项目主管的身份带领学生出国学习，这将有利于促进学生和教师的国际化发展。

美国国际教育者协会资助了许多美国教师以及研究人员去东欧、欧亚大学和东南欧国家从事研究，也聘请这些地区的教师和研究人员来美国。美国"教育合作伙伴项目"就是为美国和欧亚教师、管理人员设立的教育培训和交流项目。此外，各国学者也通过美国大学以及民间组织提供的赞助项目来到美国，走进美国高校参加教学和研究工作。

三、英国高等教育国际化分析

（一）英国高等教育国际化的特点

1. 教育理念的国际化

树立开放式的办学理念，加快与国际教育市场的融合是英国高等教育国际化的一个显著特征。近年来，英国一直大力扩展与英联邦国家、英语区国家、发达国家和发展中国家的合作。其合作办学模式大致分为两类：一类是英国的大学和其他国家的大学共同创建一所大学，合作开展教学和科研工作；另一类是英国的大学在境外与其他国家大学联合培养学生。近年来，英国诺丁汉大学在中国宁波和马来西亚吉隆坡分别建立了校园。牛津大学同普林斯顿大学、澳大利亚国立大学、北京大学、新加坡国立大学、加利福尼亚大学伯克利分校、耶鲁大学以及东京大学都建立了国际化合作关系。

英国政府和大学还积极开展境外教育，拓展境外教育市场。境外办学主要包括合作办学和设立分校。英国大学与国外教育机构合作在境外办学的模式大致分为两类：一类是英国大学和国外大学共同新建一所大学，合作开展教学和科研工作，如诺丁汉大学在世界各国（包括中国）建立了分校；另一类是英国大学在境外与国外大学联合培养大学生，其授课方式又可分为"N+0"模式和"N+M"模式。"N+0"模式是在境外实施教学全过程，即由英国大学派出师资授课，所招学生在当地大学读完所有课程。"N+M"模式是学生在当地读完两年或大部分课程，最后一年或最后一阶段转入英国大学继续就读如"2+2"模式、"1+2+1"模式和"3+2"模式，学生读完规定的课程并取得合格的成绩后，便可获得英国大学颁发的学位和毕业证书或英国大学和当地大学共同颁发的学位和毕业证书，合作办学模式结合了不同国家的教育优势，使学生不出国门就可以享受英国的教育，也为学生节约了一定的经费，受到学生的广泛青睐。

英国大学也积极在海外建立分校。英国的大学通过在国外建立分校直接在当地招收留学生，按照英国的教育模式对其进行培养，扩大了招生数量，降低了培养成本，也获得了更多的利润。如诺丁汉大学在中国宁波和马来西亚吉隆坡均设有校园，诺丁汉大学声称自己是"英国的全球大学"，它也被视作英国最国际化的大学。

2. 培养目标的国际化

高等教育的国际化应该反映学习结果的变化，在大多数领域培养那些具有国际合作能力与竞争力的杰出毕业生应该是将来国际化的核心。也就是说，应该培养学生的国际意识，使其能够在国际文化背景下充分沟通交流，并且具有国际市场竞争力，以掌握将来在国际社会中工作所必备的知识和技能。曼彻斯特大学就提出过要培养"国际公民""国际学生"。

3. 课程内容的国际化

课程内容的国际化是高等教育国际化中最为基本的因素。20 世纪 90 年代以来，英国高校课程的国际化建设就颇具规模。不仅在现有的课程中加入了国际化的内容，还开设了很多注重国际主题的新课程，如世界经济、国际金融、国际关系、国际政治、国际贸易等。进入 21 世纪后，英国高校课程的国际化课程数量明显增加。为了使学生了解英国与世界各国合作的意义，在高等教育课程中引入了专门的国际教育课程，同时还开设了注重地区性或国别研究的课程。如曼彻斯特大学商学院近年来开设了很多国际教育课程，其中希腊学位课程（总共 1370种）的 42% 是与英国大学合作开设的。

4. 教师的国际化

高校通过邀请国外学者来访问、讲学或派出本国学者出国留学、访问等加强教师的国际化交流合作。如牛津大学的教职工在生物化学、植物科学、医学等领域与新加坡、韩国、泰国、越南的学者进行交流与合作。

5. 学生的国际化

学生的国际化主要指大学生在国际范围内的流动。英国一方面对世界各国申请留学英国的学生实行诸多优惠政策，吸引外国留学生；另一方面积极推进各个大学进行跨国高等教育活动，支持这些高校通过海外大学进行项目合作，以及在海外设立分校。

受政府鼓励开拓国外留学生市场的驱动，英国大学想方设法扩大留学生（特别是研究生）的招生规模。国际学生的学费给英国带来了持续的收入增长。2014—2015 年，英国国际（非欧盟）学生的学费收入为 42 亿英镑，占总收入的12.7%。2016—2017 年，英国留学生达到 450 660 人，其中欧盟学生 138 000 人，非欧盟学生 312 660 人，研究生层次的国际学生占学生总数的 42%。从英国国际学生的来源国来看，中国学生人数远远超过任何其他国家，近 33.3% 的非欧盟学生来自中国，比 2012—2013 年增长了 14%，也是唯一一个学生数量显著增加的国家。国际学生除了能带来经济效益外，还会带来其他"意外之喜"。正是基于多种原因和政府政策的鼓励，英国大学积极招收国际学生。在一些大学，国际学生的比例甚至高达 40%，如表 4-2-1 所示。

表 4-2-1　2016—2017 年英国国际学生（非欧盟）规模前十位大学

序号	大学名称	国际学生数 / 人
1	伦敦大学	15 735
2	曼彻斯特大学	13 505
3	爱丁堡大学	11 490
4	考文垂大学	10 705
5	伦敦国王学院	9990
6	伦敦帝国学院医学院	8900
7	伦敦艺术大学	8550
8	华威大学	8455
9	牛津大学	8255
10	格拉斯哥大学	8235

6. 参与国际交流与合作

为整合英国高等教育力量，英国大学之间形成了相互合作的网络关系以及互认教育项目。此外，英国的高等教育国际化也非常重视与国外机构的协作，如"英国－印度研究计划"就是英国与印度在教育领域合作的典型例子。根据该项目，英印双方在项目框架内联合培养研究生，建立了一系列合作的研究课题，通过双方的配合，推动英印之间的教育发展。英国也重视与欧盟合作，增强英国高等教育影响力。英国政府曾积极推动"博洛尼亚进程"。"博洛尼亚进程"的目标是整合欧盟的高等教育资源。签约国中的任何一个国家的大学毕业生的毕业证书和成绩，都将获得其他签约国家的承认，大学毕业生可以毫无阻碍地在其他欧洲国家申请学习硕士阶段的课程或者寻找就业机会，实现欧洲高等教育和科技一体化建设，建成欧洲高等教育协作区，为欧洲一体化进程做出贡献。

（1）欧盟内部的交流与合作

英国高等教育国际化一个最重要的特点就是植根于欧盟，与欧盟各个国家开展国际化交流与合作。1999 年，欧洲 29 国的教育部长正式签署《关于构建和谐的欧洲高等教育体系的联合宣言》，开启了"博洛尼亚进程"，此进程旨在 2010 年前建立一个欧洲高等教育区，在该教育区内的学生可以在一个公开、广阔的范围内自由选择高质量的课程，也可以享受到流畅的学历认证程序。英国作为"博洛尼亚进程"的主要参与者，积极参与了与欧盟各国的交流与合作。

（2）欧盟外的交流与合作

作为"博洛尼亚进程"重要组成部分的"伊拉斯谟"项目，为欧洲走向世界打开了大门，通过与第三世界国家的高等教育合作进一步扩大了国际化范围。"伊拉斯谟"项目最早是由英国教育委员会提出并适用于整个欧盟国家的，其在高等教育国际化上不仅局限于欧盟，还将更多的合作交流扩展到了第三世界国家。作为主要的倡导者和参与者，英国许多高校都参与了"伊拉斯谟"项目，特别是牛津大学、剑桥大学等研究型大学。

（二）英国高等教育国际化的策略

1. 方向策略

英国大学高度重视教育国际化，凭借着以国家质量体系为基础的高质量标准、长期积淀的高等教育学术声誉，吸引着来自世界各地的学生。目前，英国已是世界上排名靠前的留学目的国，也是国际学生优先考虑的出国留学地。英国始终将高等教育"出口"视为教育国际化的重要方向。基于教育"出口"方向，英国大学积极开展教育国际化活动，将教育国际化作为大学的办学特色之一，并围绕教育"出口"实施各项国际化策略。英国大学的教育输出方向主要体现为招收留学生、"出口"本土教育和利用本国优质教育资源，致力于为全球发展培养高素质人才。英国一些大学的人才培养目标明确表明了教育"出口"方向。如曼彻斯特大学要求学生不仅要向本国（内）看，而且要向国外（外）看，提出要培养"国际公民""国际学生"。诺森比亚大学提出要在国际化的背景下摆正自己的位置，加强对学校师生进行高等教育国际化有关知识的培训和教育。

为了更好地做好教育输出，越来越多的英国大学设立了从事国际化合作的机构或组织，在海外开展留学生教育咨询服务、举办教育展览。中国作为高等教育最大的市场，对英国高校产生了巨大的吸引力，这些高校采取各种手段争取中国留学生，如许多大学都设立了专门负责交流与合作事宜的中国部。近几年，英国高校联合在北京、上海、杭州等地举办教育展，大大提高了在中国的知名度。

英国大学在实施教育国际化的过程中也重视向国外输出学生，加强学生对异国文化的体验，但是这一教育输出方向策略效果不太明显。根据一项对英国大学的抽样调查结果：绝大部分的抽样大学正试图促使本国学生到海外学习，但又觉得这很困难，主要是因为英国人不愿意在非英语国家学习。而根据苏塞克斯移民研究中心和应用人口研究中心的总结报告，英国学生缺乏语言能力是导致他们不愿出国或出国留学率偏低的主要原因之一。可见，优质的高等教育质量以及英语的世界性运用是英国大学实施教育输出的有利条件，然而，英国高等教育质量和英语运用也在一定程度上妨碍了本国学生的跨文化实地体验。

2. 组织策略

根据库桑多尼对 131 所英国大学的抽样调查发现，英国有一半的高校有国际化战略。调查显示，招收国际学生是这些大学国际化战略的重点，很少有学校考虑改革大学制度，使之适应来自不同教育背景和教育经验的新招收的国际学生。英国大学国际化战略内容及其比例如表 4-2-2 所示。

表 4-2-2 英国大学国际化战略内容及其比例

项目内容	比例
拥有国际化战略	48%
大学计划中未提及国际化	14%
仅涉及国际学生招收	24%
涉及国际员工招聘	6%
提到员工发展	4%
涉及学生国际体验问题	4%

大学国际化战略的成功实施需要有强有力的组织领导，在那些被认为具有更成功的国际化战略的大学里，高级学术与管理人员对国际化战略具有明显一致的承诺。这在一定程度上验证了个人和小团队是国际化的主要驱动力的观点。依据该观点可以推断，如果某个拥有一定权力和影响力的组织在两三年内持续不断地推动国际化议程，那么国际化战略实施的可能性就更大。然而，英国很多大学都有国际化战略，但通常情况下，国际化战略的内容都没有成功地传达给组织中那些高级管理人员，或被组织中的高级管理人员理解，而这些高级管理人员可能就是将战略付诸行动的人，也导致了国际化战略不规则的执行模式。2009—2010 年对英国 7 所研究型大学国际化行为的调查显示，这些高校试图采用自上而下和集

中驱动的方式实施国际化战略，因为没有注意到强制执行国际化战略在大学这样的专业服务机构中建立承诺的重要性，致使大学学术人员对国际化战略做出了严重抗议，最终的结果是大多数英国大学倾向于避免自上而下实施国际化，而是依靠模块和项目层面的自下而上的举措实施国际化。

英国大学国际化的领导力在整个大学中也呈现出一种有趣的模式。对于1992年以前的大学来说，国际化工作是由院长或专业型副校长等高级学术人员负责的，而对于1992年以后的大学，国际化责任经常由高级非学院院长承担。对于许多大学来说，副校长的角色对变革至关重要。大多数大学都是按功能组织的，这些大学中有分管研究、教学的校长（或副校长），也有首席运营官、首席财务官和人力资源总监，学术机构由院长领导。因此，高级管理团队中每个职员都有特定的任务和职责。而国际化是一项跨越若干职能的事业，它既涉及人力资源方面的事务，如教师聘用、政策引导和奖励方式，也涉及财务政策，如资源分配方式，还与教学、研究、课程开发等运营有关，甚至与基础设施保障等事务紧密相连。因此，在高校教育国际化进程中，除非由大学高级决策层副校长级别以上职位的人员分管国际化工作，否则国际化就会被边缘化，甚至被完全忽略。1992年以后的大学和以前的大学都有充裕的预算支持学生的国际流动，但是，除组织的中心层面外，没有什么东西可以和学生的国际流动相呼应。事实证明，凡是被认为国际化进程取得进展的大学，至少有一名专业副校长层次的高级学术人员在持续、明显和积极地领导国际化活动。这项研究表明，如果领导积极活跃于国际化活动中，国际化战略成功实施的可能性就大。

为了促进教育国际化，一些英国大学已经任命具有外国国籍的人员担任校长或副校长。这些高校认为，外国国籍的校长或副校长是大学国际化的好帮手，有利于吸引优秀的国际研究人员和学生。然而，许多大学表示，最重要的是任命合适的人，不论其国籍，只要他熟悉英国的学术文化。1992年之前的一个抽样调查显示，副校长的角色在这个层面上意义更重大。

为推进教育国际化进程，招收更多的留学生，大多数英国高校都设有国际事务办公室或类似的组织，以应对大学之间在科学研究以及招收学生和工作人员方面的世界性竞争。英国的大学设立国际办公室的历史不长。在所有抽样的1992年以前的大学中，最早的国际办公室始建于1985年，原来只有一个人在办公室工作，但现在员工人数已经增加到数百人。其他1992年以前的被调研大学的国际办公室的历史为10～20年。这些办公室的职能和职责通常涵盖国际学生事宜、学生交流项目、机构联系、研究合作和课程国际化。很多1992年以前的大学回应说，该校国际办公室的责任随着国际化的兴起而扩大。1992 年以后的大学则没有明显的变化趋势，但是从事国际化工作的组织机构情况则比较复杂。

2007 年对英国大学的一项调查研究显示，除了一所大学以外，所有大学都有国际工作组。除了国际事务办公室外，在每所大学中，高级管理成员如校长、副校长等组成工作组，工作组成员由不同学院或单位的负责人组成，以实施国际化政策。

此外，英国大学还积极在海外设立或派驻海外分支机构或海外代表，以推进国际化特别是国际学生的招收工作。海外分支机构或海外代表的数量也成为衡量大学是否积极参与国际化的指标之一。有四所 1992 年前的大学表示，它们在国外没有任何分支机构，并且也没有计划在未来建立分支机构。尽管如此，它们在国外都有教育代理人，主要负责招收国际学生。这项研究发现，从招收国际学生和营销策略的角度来看，与代理机构合作，对英国大学来说正变得越来越重要。一所 1992 年以前的大学声称，它们的教育代理人在中国和印度非常活跃，另一所大学在中国、印度、韩国、日本、泰国和马来西亚都没有代理机构。还有一所大学表示，它们在世界上有超过 80 个代理机构，并经常访问和检查代理机构的工作。这所大学表示有接近 40% 的国际学生使用它们在其他国家提供的代理服务，尽管不同国家的学生使用国外代理机构的情况差异很大。这所大学还表示，代理机构不参与学生的录取或选拔过程，但每个代理机构都与大学国际办公室的工作人员保持密切合作。代理机构的奖励来自他们的业绩，并支付佣金（商定学费的百分比）。应该指出的是，英国文化教育协会在代理机构和英国大学之间的关系中也扮演着重要的角色。该协会指出代理机构是营运合作伙伴，因此提供可观的服务来提高代理机构的工作质量。

对国际化的支持条件和设施的调研显示：1992 年后的大学和以前的大学都有充裕的预算支持学生招收工作以及员工和学生的流动。但是除校级层面之外没有什么东西可以与国际化的努力遥相呼应的。大量大学在基础设施、餐饮、教学和学习方法的计划中没有考虑到学生组成和需求的变化。

四、澳大利亚高等教育国际化分析

20 世纪末至 21 世纪初，澳大利亚高等教育国际化的表现非常突出。1997—2006 年十年间，澳大利亚年均招收国际学生的增长率高于美国、英国、加拿大等其他主要英语系国家，且连续呈两位数增长。根据 2013 年澳大利亚国际教育处的统计数据，当年在澳大利亚高等教育机构注册的国际学生总数近 25 万人，生源覆盖全球 190 多个国家和地区。单从学生的国际流动角度看，澳大利亚高等教育国际化的成效无疑是卓越的，至少在数量上的持续增长令人为之侧目，此种现象背后的动因与有关策略值得进一步探究。

（一）价值取向转变

澳大利亚高等教育国际化发端于 20 世纪 50 年代初该国面向东亚与东南亚学生留澳的高等教育援助计划。该计划以国际学生学费支付为核心机制，从最初所有国际学生完全免费到 1980 年部分国际学生完全免费，再至 1990 年对所有国际学生征收全额学费，旨在通过高等教育的援助与半援助方式，建立和维持澳大利亚与亚洲诸国的睦邻友好关系，所以从 20 世纪 50 年代至 80 年代末这数十年是澳大利亚高等教育国际化以国家外交利益为基本价值取向的阶段。20 世纪 80 年代因长期教育援助导致的国家财政困境促使澳大利亚开始要求部分国际学生付费，至 1990 年，国际学生全员付费的制度在澳大利亚大学全面铺开。

在 20 世纪 90 年代初期，自费国际学生所交纳的学费已经成为除政府拨款补助以外澳大利亚大学经费的重要来源。以莫纳什大学（Monash University）与皇家墨尔本理工大学为例，在 1992 年这两所大学的经费结构之中，国际学生的学费已分别占到学校全部经济收入的 8% 与 6%。澳大利亚产业与技能委员会发表调查报告《教育服务出口状况》，明确指出高等教育属于澳大利亚的出口产业，澳大利亚大学是积极的教育"出口者"。澳大利亚通过向世界各地输出其高等教育产品，发展高等教育服务贸易，借此换回巨额的经济收益。高等教育服务贸易额占澳大利亚服务贸易总额比例从 20 世纪 70 年代的 0.6% 提高到 80 年代末期的 6.6%，再至 21 世纪初的 11.8%。显然，就高等教育国际化的价值取向而言，自 20 世纪 80 年代以来，澳大利亚就逐步放弃教育援助的政策立场，进入贸易取向的高等教育国际化发展轨道，经济利益上升为高等教育国际化的基本驱动力。

澳大利亚高等教育国际化策略始终秉承教育输出的方向，输出自身教育资源。澳大利亚高等教育国际化能坚持教育输出方向是由多种原因引起的。

首先，澳大利亚与欧美相连的历史经历和毗邻亚洲的地理位置为教育输出提供了先天资源。澳大利亚历史上是英国殖民地，属于英联邦成员，在政治体制、意识形态上与英美发达国家具有一定的同质性，客观上减少了澳大利亚大学与西方发达国家大学之间交往的阻力。澳大利亚大学大都借鉴和模仿英国牛津大学、剑桥大学的模式设立和运行，与欧美大学有着天然的联系。在大学发展过程中，澳大利亚大学始终密切关注欧美大学的改革与发展，积极保持与欧美大学的学术交流，通过与欧美大学保持密切的联系，保障了其高等教育的国际领先地位。此外，从澳大利亚所处的地理位置看，澳大利亚与教育水平相对落后但教育需求量最大的亚洲相邻，交通便利，这种天然的地理位置优势使得澳大利亚大学在对亚洲国家进行教育输出时获益匪浅。

其次，澳大利亚大学教育质量总体水平较高。优质的高等教育质量是实施教育输出的前提。总体上来看，澳大利亚大学都具有较高的学术声誉。2018 年《泰晤士高等教育》世界大学排名显示，在排名前 100 的高校中，澳大利亚就有 6 所大学。澳大利亚大学十分关注对外交流在学校发展中的战略地位，积极加强与国外教育机构的合作，以提高自身教学、科研和社会服务能力，扩大国际知名度。同时，澳大利亚大学高质量的办学水平也引起其他国家大学的重视和合作兴趣，并吸引了大量的海外学生到澳深造。

最后，政府和高校高度重视教育输出。澳大利亚政府一般不干预大学办学自主权，但由于教育产业对国家的重要作用，政府对高等教育国际化活动表现出异常热情。面对国际化浪潮，澳大利亚政府和高校主要通过建立机构与制定政策来提高大学国际化水平，成立了"大学校长委员会""澳大利亚国际教育基金会""澳大利亚大学质量署"等机构加大对外的交流合作，保障高等教育质量，推动教育国际化。澳大利亚政府还颁布了一系列法律法规，规范教育国际化行为，保障教育输出的长期性。

随着澳大利亚高等教育国际化的发展，澳大利亚已认识到要确保其高等教育质量，就需要不断提升学生对国际问题的理解和解决能力，将国际要素或国际经历引入学生培养计划尤为重要。为此，澳大利亚政府推出了两个关键的政府倡导出境学生流动项目，分别是：亚洲及太平洋地区的大学流动项目和印度洋地区的大学流动项目。前一个项目成立于 1993 年，后一个项目于 2000 年实施。亚洲及太平洋地区的大学流动项目成员包括来自北美洲、南美洲、亚洲，以及太平洋群岛的太平洋沿岸的国家。这两个项目旨在通过加强大学之间的合作，特别是通过提高大学生和员工的流动性来增强国际理解。澳大利亚政府通过亚洲及太平洋地区的大学流动项目为出境交换学生提供资金支持。目前，根据亚洲及太平洋地区的大学流动项目计划，每所大学中符合参与交换项目条件的学生可以获得每年5000 美元的补贴。在 2008—2009 财政年度，亚洲及太平洋地区的大学流动项目为教育和就业提供了约 290 万美元的资助。此外，在 2004 年，留学高等教育贷款计划的贷款已提供给全日制本科学生，以帮助他们到国外从事一个或两个学期的学习。每名学生可以获得高达 1 万美元的贷款，但是要求他们在结束国外的交流学习时回到国内大学从事至少半年的学习。2013 年澳大利亚联邦政府在联邦大选前宣布了《新科伦坡计划》。《新科伦坡计划》旨在扭转 1951 年发布的《科伦坡计划》规定的学生流动方向。《新科伦坡计划》发布的目的是让澳大利亚学生前往亚洲和南太平洋国家学习，通过支持澳大利亚本科生在这些地区学习与实习来提升对这些国家的了解和认识。

虽然政府鼓励学生出国交流，但事实上很少有澳大利亚学生参加学生交流项目。只有约 2% 的澳大利亚学生在本科阶段参加了学生交流项目。此外，尽管澳大利亚政府增加了对公立大学的亚洲及太平洋地区的大学流动项目资金支持，但与欧盟大学相比，澳大利亚参与交换项目的学生相对较少，由此可见政府资助出国计划和项目，都没有改变澳大利亚教育输出的方向。事实上，澳大利亚出国留学学生比率低的主要原因是大学并没有将推动学生出国交流纳入其教育国际化战略并从组织管理角度予以保障。而大学是否具有学生出国交流的战略计划会直接影响学生出国交流的情况，具有与学生交流有关的战略目标的大学，学生出国交流的比例会更高。此外，交流项目的成功也受大学领导和组织文化等因素的影响。而澳大利亚大学之所以没有将推动学生出国交流作为其教育国际化的重要战略，一方面是政府缺乏对大学生出国交流比率的绩效考核要求；另一方面是政府对该项活动没有提供额外的财政支持，所以推动学生出国交流不如招收国际学生那么具有吸引力。

从教育方向来看，即便政府提供了那么多奖学金支持学生到国外学习或实习，这种学习或实习也是为了更好地增加学生对国际社会的理解而不是期望引入目的国的优质教育资源，因此，澳大利亚教育国际化的方向仍然是教育输出方向。

（二）政府角度的国际市场拓展

自 20 世纪 90 年代澳大利亚高等教育国际化主要受贸易利益的驱动之后，其所占据的高等教育国际市场大为扩张。2014 年，澳大利亚国际学生数占高等教育全体学生人数的比例已经高达 20%。这一数据，不仅可以作为澳大利亚高等教育国际化的贸易取向发展之佐证，也足以说明该国在当前高等教育国际市场高度领先的竞争力水平。经济合作与发展组织也曾预测澳大利亚在占有亚太区域高等教育市场上的持续优势，即从 2000 年到 2025 年，澳大利亚在中国、马来西亚、印度与印度尼西亚四国的高等教育国际市场占有率将提升 8 倍。如今澳大利亚占据高等教育国际市场的优势地位，得益于澳大利亚联邦政府对高等教育国际化挑战所采取的有针对性的国际化组织策略。

1. 政府专责部门的建立与运作

在中央层面上，面向日益复杂的高等教育国际化任务，澳大利亚联邦政府于1993年特别设立隶属于联邦教育、科学暨训练部的澳大利亚国际教育处，负责提供国际化的政策性意见。澳大利亚国际教育处在日本、韩国、中国、马来西亚、越南、泰国、印度等国家均设立了办事机构，向当地推介澳大利亚高等教育，并提供有关澳大利亚大学机构的详尽资讯，以国家资源的优势对外行销澳大利亚高等教育。澳大利亚国际教育处对各国高等教育市场情况展开调查分析，对联邦政府层面的教育国际化相关事务加以整合，下辖"教育国际政策及认证""教育国际市场发展""教育国际合作""教育国际质量""海外办事机构国际网络"以及"管理辅助"各个分部门，在统筹前提下对澳大利亚高等教育国际化事务加以分类处理。

在以澳大利亚国际教育处作为政府官方机构负责高等教育国际化事务之外，澳大利亚联邦政府于20世纪90年代中期资助建立了专事高等教育国际化的民间机构——澳大利亚国际开发署，并长期予以经费支持。在与联邦政府签订合约的前提下，澳大利亚国际开发署的业务以协助澳大利亚大学招收国际学生为主。澳大利亚国际开发署已在全球29个国家设置了75个以上的办事机构，建立起了澳大利亚高等教育宣传与招生的庞大网络，为世界各地学生提供有关澳大利亚及澳大利亚大学的资讯与咨询服务，除此以外，也协助国际学生办理澳大利亚大学入学申请与签证业务。

2. 质量保证系统的建立

20世纪90年代，随着高等教育国际市场竞争的不断加剧，澳大利亚联邦政府开始考虑通过建立国家高等教育质量保证系统，提高与巩固澳大利亚在高等教育国际市场中的优势地位。从高等教育国际化的角度看，澳大利亚国家高等教育质量保证系统具备三项功能：国际高等教育学历认证功能、本土与海外高等教育质量保证功能、国际学生权益维护功能。

为符合国际高等教育学历认证的要求，联邦政府对内建立了"澳大利亚学历资格审核体制"，对外设立了"国家海外技术认定局"。澳大利亚学历资格审核体制旨在统一认定本土职业技术教育机构与高等教育机构所授予的学位与文凭资格，以便本国教育机构所授学历文凭之间的衔接与认可。澳大利亚教育机构所提供的学历资格经过认证，即意味着该机构的教育质量已获得了澳大利亚联邦政府的肯定。而国际学生则可以通过此学历资格审核系统，灵活地规划在澳的学业，还可以对其在澳就读的学校的学历文凭加以衔接或认可。国家海外技术认定局隶属于澳大利亚国际教育处，其基本职能在于推动澳大利亚大学与外国大学之间学历文凭的相互认定。具体而言，该机构为国际学生提供对其来澳前原先持有的学历文凭的认证与相关咨询服务，也负责依据澳大利亚对外签订的高等教育双边或多边协议，推进国际社会对澳大利亚学历文凭的认可。

关于本土与海外高等教育的质量保证，联邦政府于 2000 年促成了澳大利亚大学质量监督局的成立。该机构受到联邦政府及州政府的常规性经费支持，但属于独立的、非营利性的民间高等教育质量监管机构。以五年为一周期，澳大利亚大学质量监督局对澳大利亚大学机构的教学、学习、研究、管理等各方面的质量进行外部评价，同时要求大学完成自我评价，并公布评价报告供学生参考。澳大利亚大学所经营的海外高等教育，如海外分校或者与外国教育机构的跨境合作项目也被列入澳大利亚大学质量监督局的评价范围，对其专业设置、管理过程、相关支援等加以审核，以确保海外分校或跨境合作学术项目能维持至少与澳大利亚大学本土机构大致对等的水平。

（三）大学角度的国际市场拓展

除了澳大利亚联邦政府在高等教育国际化拓展方面的有效策略之外，造就澳大利亚在高等教育国际市场的优势地位的另一个重要因素是澳大利亚大学对国际化挑战所采取的有针对性的国际化行动策略。

在澳大利亚高等教育国际化进程中，联邦政府、以澳大利亚国际开发署与澳大利亚大学质量监督局为代表的民间组织机构，以及 40 所大学机构是主要的国际化参与者。联邦政府负责高等教育国际化的顶层设计，包括宏观战略与相关基本法律、政策体系的规划与订立；民间组织机构则协助联邦政府营造澳大利亚高等教育国际化的适宜环境和加强澳大利亚高等教育国际竞争力，包括澳大利亚高等教育品牌的经营与海外推广、高等教育质量的稽核等；大学机构则最直接地响应澳大利亚关于高等教育国际化的价值诉求，通过各个具体化的院校策略与相关行动，落实自身国际化的目标。

莫纳什大学将"国际大学"作为学校愿景的核心部分，长期专注于国际化导向下的院校发展，取得了显著的成效，成为澳大利亚大学之中国际化水平较高的学校，更借此优势擢升为世界百强大学。在国际学生规模指标上，莫纳什大学长期排在澳大利亚大学前列，其国际化展现出很强的贸易取向与高水平的市场竞争力，具有高度代表性。以莫纳什大学为例，可以在院校层面总结一下澳大利亚高等教育国际市场的拓展策略。

1. 院校的组织资源与行政支持

在"国际大学"的愿景之下，莫纳什大学于领导管理层长期设立专职分管学校国际教育事务的副校长职位，其下有"国际发展办公室"向其负责，专责为学校研拟全面国际化政策与措施，开展高等教育国际化相关的研究，监督学校与海外高等教育机构的合作项目进程，对外推广莫纳什大学教育品牌，建立与维护莫纳什大学国际学生招收代理机构的全球网络。针对校内已注册的国际学生，莫纳什大学为他们的学习与生活提供必要的咨询与协助，以及参与学校国际合作计划或至其他国家进行学习或教育计划的监督、安排或协助。在提供国际学生的咨询服务与协助方面，学校特别建立了"国际学生支持系统"，在莫纳什大学本土各校区与海外校区，均设立国际学生事务办公室，安排专职行政人员协助处理有关国际学生事务。大学各个学院也均设立了国际办公室，处理学院层面上与国际化相关的更为具体的事务。

（1）国际化战略

20世纪80年代以来，澳大利亚大学在教育输出方向策略的引领下，积极开展教育国际化活动。澳大利亚大学国际化组织策略的调研表明，几乎所有的澳大利亚大学都将国际化纳入了大学战略发展规划，在国际化水平比较高、开展国际化教育行为较早的合伙大学和全球大学均具有明确的国际化教育战略目标和使命。国际化教育战略目标和使命也被明确、详细地体现在大学校长的工作愿景和计划中。大学的工作人员大都也能清晰地描述大学的国际化目标和大学的教育国际化使命。大学也会通过提供有品质的住宿、额外的薪水以及更高的职位等方式对参与国际化教育活动的教职员工予以正面激励。大学校园内也充满浓郁的、支持以市场为导向的教育国际化文化氛围，大学院系、跨学科委员会经常性召开会议总结国际化经验以确定教育国际化的下一步目标。来自院校与大学部门的具有丰富国际经验和商业头脑的领导会对国际教育市场项目进行管理，从而确保国际教育项目质量的提升。

（2）零散向系统的转化

受市场驱动，大学各基层组织和人员积极活跃于国际化进程中。有学者称："澳大利亚大学的院系、部门是最积极和踊跃的国际化活动实施者。随着组织的国际化活动越来越多，为更好地控制国际化教育行为的开展，避免资源的浪费和重复，大学上层开始不断关注大学国际化行为实施，并组建伞状的组织结构来监督大学的教育国际化活动，但是这些专门建立的大学层面的国际化办公室仍然没有改变因市场驱动而分散在院系和部门的国际化教育行动的根本局面。"由此可见，澳大利亚大学国际化教育活动主要走的是自下而上驱动下的"分散－中心"策略路线。在大学国际化教育实施过程中，为了保障国际化教育活动的有效开展，澳大利亚大学从全校层面进行了组织管理，以保障教育国际化活动的顺利开展，如在学校层面成立了专门国际化办公室对国际教育项目进行管理和监控，并配备专业的、经验丰富的人员担任国际化办公室负责人，对国际教育项目谈判、合作以及运行进行管理；建立高效的留学生咨询和服务体系让学生更好地适应本国教育体系，提升学习效率；建立师生参与国际化行动的正向激励机制，营造国际化教育氛围。如澳大利亚皇家墨尔本理工大学为推进国际化教育进程，在以增加留学生数量为目的的市场导向策略下，建立了高效的国际学生咨询和支持体系。伴随高校层次对教育国际化活动的监督和管理，澳大利亚教育、国际化管理逐步趋向集权管理模式。

2. 海外高等教育的全球布局

莫纳什大学在其20年愿景规划报告《引领方向：莫纳什2020》中明确了"国际化"与"立足全球"（Becoming Global）将是学校发展的基本方向与路径选择。"国际化"是对莫纳什大学的办学思维与实践势必突破国界与传统的限制的概论；"立足全球"则具体指向了莫纳什大学实现国际化的重要形式——跨境（海外）高等教育的行动，即在全球范围内以实体或虚拟的方式设立海外分校或者实施跨境合作。澳大利亚的学者曾对莫纳什大学国际化策略展开具体调查，指出莫纳什大学往往将合作学校学术发展重点、学校教育理念、学校可提供的人力资源、澳大利亚联邦政府的态度、合作国政府的态度、合作国的法律、合作国的教育环境、合作国的安全性、合作国的地理位置等多项要求纳入其关于跨境高等教育的决策中。

（1）招收留学生

高校出于增加财务收入的需要，在所有的国际化教育活动中，招收国际学生始终占主导地位，甚至可以说招收国际学生是澳大利亚教育国际化的代名词。堪培拉大学一中层学术带头人认为："对该大学而言，高等教育国际化主要关注招收学生。"为招收国际学生，澳大利亚大学都建立了庞大的机构以提供支持性服务，将国际学生招收规划纳入大学发展规划，如《墨尔本大学国际化战略（2017—2020年）》明确提出："为保持高质量和多样化的国际学生，需要制订一项有针对性的国际学生招聘计划，加强与市场上的国际机构合作伙伴和行业合作伙伴的合作，以巩固新的学生输入路径。"

此外，鉴于奖学金和经济援助是学生选择海外学习时需考虑的重要因素，为了招收更多国际学生，澳大利亚政府还提供奖学金、助学金、贷款和许可学生做兼职等，以便国际学生更容易负担学习费用。如澳大利亚政府根据"奋进计划"，提供了多项奖学金。这些奖学金建立在国际竞争、择优录取的基础上，以吸引和招募优秀的国际学生、研究人员和发展中的领导者至澳大利亚进行学习、研究和专业发展。

在多种营销策略的驱动下，国际学生的数量也获得快速的增长。2004 年，澳大利亚校园的国际学生人数近 14 万人，这个数字是 1989 年 2.6 万多国际学生人数的 5.38 倍。2018 年，澳大利亚注册的国际学生人数已达 32.39 万人，该数据比 2017 年的 28.40 万人提升了 14%，比 2016 年的 24.81 万人提升了 30%，比 2015 年的 22.12 万人提升了 46%。澳大利亚大学招生的目标范围已拓展至亚洲、欧洲和北美。

（2）积极发展离岸教育

离岸教育就是指必须跨越国界的教育安排。例如，向开发课程所在国以外的国家的学习者提供课程。在参与离岸教育项目的所有国家中，澳大利亚可能是最具创新性、创业性和积极性的。根据澳大利亚校长委员会的报告，2014 年，澳大利亚大学的离岸项目数量为 821 个，这些离岸项目大都在中国（包括中国香港）（占比 22%）、马来西亚（占比 24%）和新加坡（占比 20%），其余的小型项目遍布世界各地，从印度和印度尼西亚到加拿大、南非。

在以市场为导向实施高等教育改革后，曾经是高等教育学院并在 1988 年之后才获得大学地位的院校一直是澳大利亚离岸教育实践中的积极行动者，如皇家墨尔本理工大学、南昆士兰大学和南澳大利亚大学都认为，离岸教育对其发展和自身形象至关重要。随着澳大利亚政府对大学财政支持的减少，加之澳大利亚政府本身已成为离岸教育的积极支持者，海外教育在促进亚太地区的经济、政治利益方面具有一些传统的精英大学，如莫纳什大学、新南威尔士大学、悉尼大学、墨尔本大学、南昆士兰大学和澳大利亚国立大学已从最初的排斥离岸教育发展到后来的支持和积极践行离岸教育。

澳大利亚离岸教育的类型，从早期的配对项目发展到包括远程学习、联合授予项目以及设立海外分校，其主要涉及与当地组织建立伙伴关系并遵守当地涉及提供教育服务的立法要求。许多教育的合作伙伴大都是私人组织，其中一些是公认的大学或学院，另一些是在教育业务中谋求利润的私人机构。建立合作伙伴关系涉及制定商业合同，明确每个合作伙伴的角色、责任以及利润的分配，因此，澳大利亚的大学已经与其他国家的大学、教育机构和大公司等各种机构形成了相互关联的复杂关系。离岸教育也催生了澳大利亚大学的企业家精神，大学对离岸教育带来的货币收益的兴趣已超过了对跨国课程和教育学问题的关注，这也给澳大利亚大学如何在经济动因和文化动因之间寻求平衡制造了一个疑问。至今，这些大学还没有找到一种调和它们的教育和文化目标及新的商业利益的方式。

（3）成立国际问题研究中心

澳大利亚大学将建立国际问题研究中心作为大学国际化战略的重要部分。国际问题研究中心是吸引海外优秀人才来校攻读硕士、博士学位的重要平台；而国际问题研究中心的研究成果还可以纳入各级教育教学内容，使课程内容更具国际化维度；通过国际问题研究中心的研究，可以加深对生源国或地区的了解和认识，为更好地招收海外学生，提供适应该地区学生需求的学习设施。此外，国际问题研究中心还可以为建立更加广泛的专业合作伙伴关系提供平台，并为进一步的国际合作和研究提供机会。目前，作为国际化程度比较高的墨尔本大学在其2017—2020年国际化战略中就提出了建立国际问题研究中心，并将国际问题研究中心作为吸纳更高学位候选人和博士后研究人员、提升大学国际形象、促进与海外大学合作的基础设施。

（4）课程国际化

澳大利亚大学重视课程国际化建设。通过建设国际化课程，所有学生将能够通过课程和直接接触国际环境获得国际经验。因此，国际化课程为澳大利亚的学生提供了在国内培养全球视角和技能的平台，同时也使教学、学习过程与校园内的国际学生更具相关性，丰富了毕业生在经济全球化的环境中进行有效工作的知识，培养了技能和态度。为了应对学生多样性问题，澳大利亚大学制定了包容性课程，使教学具有多样性，同时制定了国际课程，拓展所有学生的国际视野。

正是基于对课程国际化背景和环境的准确理解，澳大利亚大学的国际化课程在适用范围、内容、方法和手段上呈现出独有的特点。澳大利亚的国际化课程不是专门为国际学生设计的课程，或者提供离岸项目，它也不仅限于对世界特定地区的跨学科研究如亚洲研究。澳大利亚课程国际化不仅关注内容，还适应课堂人口的多样性，旨在解决教育学和跨文化理解的问题，以利用个人的文化差异。因此，伴随课程国际化的不仅是内容的国际化，还是教学方法和教学手段的多样化。正如《墨尔本大学国际化战略（2017—2020年）》指出的：创新教学理念包括通过语言教育和积累双语教育经验，培养学生的全球化能力。

（5）发展国际学生支持服务

为了使国际学生在一个具有陌生的学术、语言和文化的国家开启新的学习历程，澳大利亚大学为国际学生提供了一系列帮助和支持。澳大利亚法律要求所有向国际学生提供教育的大学或机构都要提供相应的支持服务，帮助国际学生学习和适应新环境。许多大学也都设立有一个国际学生支持部门，解答国际学生的问题并指导国际学生获得他们所需的服务。此外，大学还有许多国际学生团体，为国际学生提供与其他国际学生以及澳大利亚学生会面的机会。这些学生团体定期举办社交聚会，组织活动（如旅行和观光），帮助国际学生结交朋友，融入新环境，并在此过程中享受乐趣。一些大学还将新的国际学生介绍给高年级导师，因此这些国际学生有机会在适应学习时及时获得建议和支持。大多数大学都安排有合格且经验丰富的辅导员为国际学生提供个人、社会和学术方面的免费咨询服务，帮助他们排除因学习而产生的压力和焦虑。此外，所有大学都提供学术和英语语言技能援助服务，以及学业完成后个人发展与规划方面的一些信息和建议服务，一些大学还为国际学生的家庭成员提供英语课程、社交聚会、旅行等方面的支持服务。

（6）发展国际合作伙伴

澳大利亚大学为保持其教育和研究的领先地位，积极加强与欧美发达国家高等教育机构的联系和合作，互派师资交流、访问并参与世界性问题的解决。随着亚洲大学的崛起，澳大利亚大学也积极与亚洲大学建立合作。如《墨尔本大学国际化战略（2017—2020年）》提出："继续关注和深化与现有合作机构、业务合作伙伴的关系，特别是在欧洲、北美，积极努力与中国、印度和印度尼西亚国家的顶级院校建立一系列的大学层面合作关系，确保大学在持续合作、国内存在以及吸引优秀人才和学生方面做好准备，同时在新兴市场和地区建立并加强学术分工合作伙伴关系以巩固长期合作。"澳大利亚大学与国外大学的合作也得到澳大利亚政府的支持。事实上澳大利亚政府在与其他国家政府达成国际协议以进一步促进高等教育国际化方面发挥了积极作用，澳大利亚政府官员访问了许多发展中国家，如印度、印度尼西亚、中国、巴基斯坦和马来西亚，与这些国家讨论高等教育合作，澳大利亚政府还促进了政府之间在教育事务上的对话。

3.师生国际流动的推动

增进教师、学者以及学生的国际流动被视为高等教育国际化策略的重点内容之一。莫纳什大学在《引领方向：莫纳什2020》等官方文件中更是将促进教师、学者与学生的国际流动列为实现其成长为"国际大学"目标的主要方式之一。莫纳什大学将大学所提供的人员流动计划统整于"莫纳什大学人员流动计划框架"之下，对不同的领域增加经费，提供奖学金及补助，鼓励校内学生以及教师、研究员的国际流动。莫纳什大学人员流动计划框架分为三个主要的计划：学生国际流动计划、国际校区之间的流动计划、专业成长计划。

学生国际流动计划的目的在于帮助在莫纳什大学注册的学生到国外教育机构或相关教学地点学习、研究或实习，以增加其国际经验并培养其文化理解能力。国际校区之间的流动计划的目的在于鼓励并促进学生以及教职员工在莫纳什大学的国际分部与教育中心间的交融互通，建立起莫纳什大学的整体文化。该计划内容包含两项子计划：一是帮助学生实施国际校区内学术的流动计划；二是国际校区教职员工流动计划。专业成长计划的目的在于强化并补充原有的专业成长相关计划，并给莫纳什大学的教职员工提供更多的申请机会。专业成长计划也包含两项子计划：校外学习计划与教职员工流动计划。前者的执行及审核在各学院内展开，由各学院自行推动其所属教职员工的国际专业进修事宜；后者则协助莫纳什大学中普通教职员工建立个人跨国的专业关系网络，并为申请者提供参与国际研讨会以及其他工作相关的旅行补助，此子计划自 2007 年开始实施。

五、日本高等教育国际化分析

明治维新运动无疑是日本近现代发展的开端，以"求知识于世界"为目的开展的教育改革成为 19 世纪以来日本教育发展的重点。分析第二次世界大战后日本高等教育国际化的政策变化以及具体实践内容能更清晰地勾勒出日本高等教育国际化的图谱。

（一）高等教育国际化的政策变化

1. 学制和课程国际化

（1）改革学制

日本传统上的入学时间是每年的 4 月和 10 月，这区别于国际上大多数国家的入学时间。为适应国家提出的推进教育国际化要求，与国际上的入学体制实现接轨，东京大学提出了在 2015 年之前导入四学期制度，为今后实现与其他国家的学制融合打好基础。而日本接收留学生人数最多的早稻田大学，也决定从 2014年导入四学期制度，以更好地和国际上其他大学学期制度接轨，更多地吸收国外留学生。

（2）开设英语授课课程

一直以来，日本把日语当作表现日本语言和其他文化独特性的标志。自 19世纪后期以来，日本虽然大量师法西方，但都是把外文翻译成日语，以至于日本学校学生从小学到大学从来不用外语作为授课语言，以此彰显了日本民族的独立性和自主性。在高等教育经济全球化的潮流之下，该传统一方面阻碍了大量外国留学生到日本留学，另一方面又无法吸引越来越多向往接收西方英语教育的日本学生。1983年日本实施《十万留学生计划》之后，日本政府开始鼓励日本大学开设更多的以英语讲授的非学历课程，以吸引更多的国外留学生，同时提供资金帮助各个大学或学院开设语言培训课程。至2007年，日本756所大学及学院（国立87所、公立89所、私立580所）中，已有30所国立大学、1所公立大学、35所私立大学开设了本科英语授课课程，42所大学开设了81门英语授课的研究生课程。2009年日本实施了"全球30"计划，该计划通过在日本大学设置更多的全英文授课的学位项目，增加国际学生数量。13所大学被选定为招收和教育国际学生的重点大学，设置了约150个全英文授课的学位项目（主要是研究生课程），并为国际学生提供日语培训和奖学金支持。

（3）推进专业设置和课程内容的国际化

日本大学为推进课程内容的国际化，除了开设英语教学课程外，一些大学如早稻田大学、应庆义塾大学等私立大学和东京大学、九州大学、驻波大学、名古屋大学等国立大学，还允许用英语撰写学士论文。此外，大学还创设国际关系、国际经济、对外贸易等科系，或增设信息科学、比较教育、比较文学研究、欧洲史、亚洲史、西洋文学、西洋人等涉及国际内容的课程；开展国际区域研究，如欧洲研究、亚洲研究。

2. 推动学生流动

学生流动是教育国际化的重要表现。第二次世界大战后很长一段时间，在索取式教育输入的国际化方向策略下，日本不太重视引入国际学生。随着教育国际化方向的转变，20世纪80年代开始，日本政府颁布促进国际学生流入的政策。日本为实现在2000年招收10万国际学生的目标，政府和大学都积极采取措施促进高等教育国际化，如为国际学生提供奖学金，减免他们的学费。国际学生从1983年的10 428人增长至2000年的64 011人。2008年的《三十万外国学生计划》提出，2020年日本国际学生增长到了30万人。2009年，日本实施了"全球30"计划（2009—2013年），该计划的目标是通过在日本大学设置更多全英文授课的学位项目，增加国际学生数量。政府和大学的通力协作取得了显著成效。2010年，日本国际学生总数达到141 774人，创历史最高纪录。2011年3月日本东部发生地震，为回避核灾难问题，日本一些国际学生回国，同时有留学日本意愿的国际学生人数也开始下降，一定程度上影响了日本招收国际学生。但在政府政策鼓励下，不久后国际学生人数又开始复苏。2013年5月，日本国际学生人数为

135 519 人，与 2012 年 5 月比较，增加了 6297 人，从学生来源来看，有 81 884 人来自中国，有 15 304 人来自韩国；关于学生来源，亚洲地区学生占 91.9%，欧洲和北美地区学生占 5.3%；来自亚洲地区的短期学生占 60.6%，来自欧洲和北美洲地区的短期学生占 35.1%。这表明，日本大多数国际学生来自亚洲，国际学生主要参加短期项目。

2015 年，有学者对日本留学生生源国进行调查后指出：尽管日本留学生主要来自中国和韩国，但数据显示来自这两个国家的学生人数呈下降趋势，而处于上升趋势的国家或地区主要有越南、尼泊尔、中国台湾。从地区来看，来自亚洲地区的学生占留学生总数的 91.9%（上一年为 92.3%），欧洲和北美洲地区的学生占留学生总数的 5.3%（上一年为 5.0%）。其中，来自亚洲地区的短期国际学生占 60.6%（上一年为 61.7%），来自欧洲和北美洲地区的短期国际学生占 35.1%（上一年为 34.0%）。这些事实表明，亚洲仍然是日本的最大生源地区，但亚洲各国派遣到日本的学生呈现出多样化的趋势，大量的国际学生是为了短期课程而来的。入选"全球 30"计划的 13 所大学的国际学生所占比例均呈现大幅度的增长趋势，2013 年，东京大学国际学生为 10.36%、筑波大学国际学生为 10.62%，而各校研究生阶段的国际学生所占比例更高，如东京大学为 18.59%、筑波大学为 18.2%。

与国际学生的流入增长趋势相反的是日本国际学生向外流动数量明显减少。第二次世界大战后至 20 世纪末，在日本政府的鼓励和支持下，日本派出的留学生数量持续增长。2004 年，日本学生出国留学人数达到 82 945 人，从此以后人数一直下降，2005 年下降到 80 023 人，2008 年下降到 66 833 人，2011 年进一步下降到 57 501 人。日本留学生数量下降主要源于三个方面的原因：一是与学生的求职安排冲突，学生担心出国留学可能会推迟毕业；二是出国留学通常比在日本的私立大学就读昂贵，许多学生也无法担负出国留学的费用；三是日本大学为海外留学提供的支持不足，具体来说，完成国外学习后的信用审批，缺乏教师能够提供有关学习的建议，以及缺乏对目的国的大学的有关信息。此外，日本作为世界上经济发达的国家之一，其教育体系在全球范围名列前茅，年轻的日本人通常只想到在日本大学上学，只有当他们不能入学时，才开始考虑在外国大学攻读课程。这不仅关乎爱国主义，也关系到日本大学的声望与未来找工作和开创事业的前景。这也导致了日本学生不愿出国留学。

3. 设置海外事务所

为进一步增强国际影响力，加大国际化宣传力度，日本大学纷纷将设置海外事务所作为大学国际化战略的重要一环，将事务所作为大学国际化的前沿阵地。

这些海外事务所主要集中在中国、英国、美国和东南亚各国。日本大学在海外设置事务所的主要目的包括：加大学校宣传，加深海外对自己学校的认识和了解；促使海外学生留学日本；促进学校和海外大学间的教育研究合作；加强特定研究领域的合作等。为加大海外资源共享，文部科学省还从入选"全球30"计划的大学所设置的事务所中，指定了9所事务所作为大学共同利用设施。这些海外事务所除了设置大学可以使用外，还可以供所有的大学使用，以减少不必要的开支，合理利用资源。日本鸟取大学及其在墨西哥的基地和九州大学及其在加利福尼亚州的办事处与当地的大学积极联系，在推进国际联合研究、开发国际联合课程以及建立教师发展项目等方面都取得了显著成果。全球日益激烈的市场竞争环境促使越来越多的大学考虑建立海外基地。以往发达国家的大学通常在发展中国家建立海外基地以招收高潜力学生或开展国际合作项目，现在发达国家的大学也在其他发达国家设立海外基地来进行科学研究合作。

4. 国际合作多样化

日本大学参与并利用国际大学合作伙伴关系和联盟与海外大学签订合作交流协议的趋势日益明显，尽管这不是唯一的标准，但这些交换协议的数量确实是衡量每所大学规划和参与国际合作方面的主动程度的重要标准。

大学联盟也在国际先进技术领域开展了更广泛的国际合作。2013年，千叶大学、冈山大学、熊本大学等国立大学，与东盟大学联盟的13所大学召开联合会议，缔结了联盟友好关系，加强两联盟之间在生命科学领域的师生交流。2011年提出的"重新发明日本计划"也旨在积极支持日本大学与美国、亚洲和欧洲等地区的大学在教育领域的合作。

此外，日本大学自20世纪70年代起模仿美国实行校际学分互换制度，1993年共有206所日本大学（其中私立大学133所）与其他高校进行学分互换；1996年实行学分互换制度的日本大学达342所，其中私立大学232所、国立大学90所、公立大学20所，同年共有3861人在国外取得的学分被日本大学认可。

第二次世界大战后，在美国的影响下，日本开始进行民主化改革。《美国教育使节团报告书》以及《教育基本法》和《学校教育法》的出台为现代日本教育奠定了基础。日本中央教育审议会先后于1956年和1966年出台了两个重要的有关高等教育国际化的咨询报告，其中，1956年的《促进教育、学术、文化的国际交流》提出：为了提高学术水平，进一步增进国际了解和友善，大力促进留学生和研究人员的国际交流是当务之急。

20世纪90年代末以来，日本开展了被称为"震荡式"的第三次教育改革。

从经济全球化出发，日本将在教育的所有领域推进国际交流作为《教育振兴基本计划》的主要内容之一。除此之外，日本对高等教育进行了大刀阔斧的改革，文部科学省于 2001 年提出了"大学构造改革方针"，该计划包括有关重点建设具有世界水平的教育研究基地的计划，即"21 世纪 COE"计划。

2010 年 6 月，日本制定了新国家发展战略《新增长战略——"活力日本"复兴方案》，其中第三项"亚洲经济战略"包括完善国内体制、扩大接收外国留学生等内容。此战略旨在促进与亚洲及世界的大学、科技、文化、体育等的交流与合作，培养活跃的国际型人才。教育国际化进一步被纳入日本国家的总体发展战略。由此可见，进入 21 世纪以来，日本高等教育国际化已逐渐步入有序的发展进程中，这一阶段不再是探讨国际化的重要性，而是从实践入手制定相关政策保障高等教育国际化的快速发展。

第二次世界大战后很长一段时间，日本大学秉承教育国际化的理念，引进他国优质教育资源，即通过派遣留学生到美国、欧洲等发达国家和地区的高水平大学接受训练，"进口"国外知识，推进日本经济腾飞和现代化建设。在教育输入方向策略下，日本通过将其他国家的先进知识技术融合到日本文化知识体系中，成为自我知识体系的有机组成部分，实现知识的超越发展，有学者称这是"嫁接文化"。日本在教育国际化的输入过程中，始终秉承高度的文化自觉，坚持"嫁接为用、自主为体"的原则，积极创新，达到在很短的时间内建成数所世界一流大学，培养了将近 20 名自然科学领域的诺贝尔奖获得者。

随着经济全球化时代的到来，日本认识到纯粹索取式的高等教育国际化理念不能满足时代的需求，应转变教育方向，走出国界，以伙伴国的身份积极参与经济全球化活动，实施教育输入与教育输出的双向国际化策略。从 20 世纪 80 年代开始，日本既派出留学生学习别国的知识和技术，也吸纳大量外国留学生来日本留学，输出日本文化知识；既学习外国的科学技术，也学会去理解世界上不同民族的历史文化，学会以国际观点与别国人民进行业务和工作上的合作，参与到促进人类和平进步的事业中来。1983 年，日本政府发布《十万留学生计划》，该计划明确提出，学生国际交流将有助于接收国和派遣国提高教育科研水平，并促进双方的国际理解与合作。为顺利完成该计划，日本政府从日本大学教育计划的改革、留学生生活设施的安排、奖学金政策的制定到留学生回国服务等方面进行改革。2005 年，为了更好地推动大学海外交流合作深度，促进课程、师资国际化，提升大学在国际留学生市场的份额，促进日本高等教育走出去，日本还成立了日本大学国际战略总部。在教育"出口"方向策略指引下，日本的教育国际化通常向外界传递出向其他国家"出口"教育的强烈信号。例如，有学者在评价日本《三十万外国学生计划》时称：该计划旨在为国际学生提供学习日语和文化的机会。这种国际化战略的目标是向他人出售自己的服务、产品和价值，而不是理解外国人的需求。因此，有学者得出结论：日本的国际化战略嵌入了强大的民族主义议程。

（二）高等教育国际化的实践发展

从以上的有关高等教育国际化的政策变化可以看出日本高等教育国际化的发展脉络，而从日本在高等教育国际化方面所做的实践努力，更能全面地理解其高等教育国际化的发展历程。

1.高等教育国际化的主体实践

高等教育国际化在实践的过程中，除了政府制定指导性的政策外，最重要的参与主体无疑是高校自身以及高校中的学生、教师。鉴于此，下面从学生和教师两个主题出发，分析日本高等教育国际化的实践。

至 2003 年 5 月，在日本留学的学生人数达到了 109 508 人。为了进一步解决国内高等教育的生源危机和增强日本的国际影响力，日本于 2008 年又提出了"招收 30 万留学生计划"。与前一次计划相比，此次计划的内容涵盖面更广，主要体现在三个方面：采取灵活的准入政策，扩大赴日本留学的渠道；提高日本大学的竞争力与吸引力；以人为本，改善留学生的生活与学习环境。无论是"招收 10 万留学生计划"还是"招收 30 万留学生计划"都不只是扩大留学生招生数量，还是以扩大留学生规模为中心，减少国家间的阻碍、吸引更多的留学生赴日本留学。

在教师方面，主要体现在教师的外派与招聘外籍教师上。早在 1968 年文部科学省就制定了将教育和科研人员分批分期派往国外进修的相关措施。在日本国际化发展的前期，向外派遣教师主要是进行学习或研究，而自 20 世纪 80 年代始，外派教师也参与到对发展中国家的教育援助之中。在招聘外籍教师方面，于 1987 年开始实施由文部科学省与外务省合作的"语学指导等外国青年招聘事业"，由地方公共团体招聘外国青年充实本地外语教育，把他们作为特殊职位地方公务员配置。这项事业由起初的 4 个国家、848 人发展到 2007 年的 41 个国家、5119 人。在诸如宫崎国际大学、国际教养大学、神田外语大学等学校，外语教师的比例都非常高。为了使外籍教师能更好地适应日本的生活并有效率地工作，政府与学校都十分注重对其进行来日前的教育和来日后的研修。

2. 高等教育国际化的教育过程实践

高等教育国际化的教育过程实践，主要包括课程、教学以及科研在内的学校教育系统的实践。在课程方面，1991 年 7 月，文部科学省教育部门提出大学设置基准中有关课程改革的部分，包括调整旧有课程、增设新的综合化的课程，以及与国际社会有关的课程，诸如国际关系、国际问题研究、国际政治和国际经济、文化研究和国际农业发展研究等课程。此外，还鼓励采用网络远程课程的方式。通过以上形式来适应经济全球化时代的变化。为了与"培养能够活跃于国际舞台的大学生"和"能够在国际社会发挥知识主导作用的专家"的目标相契合，在教学方面，强调外语教学，强调教师要以国际视野和现代化的教学手段进行教学，同时，根据听、说、读、写、译等不同教学目的进行分班，按学生的能力水平分班，实行小班教学，增加托业、英语水平鉴定考试课程，以及短期语言培训课程等。

在科学研究方面，为了进一步提高日本大学对海外留学生的吸引力和自身的竞争力，日本于 21 世纪初提出了为提高高校科学研究水平的"21 世纪 COE 计划"，该计划详细地规定了有关获得国家建设资助金的组织管理、申请、建设，以及审批等制度，提高了一些大学的科研水平和国际竞争力。

（1）国际化战略

2009 年，一项对日本 234 所大学（包括 20 所试点大学）实施教育国际化情况的调查显示，在所有接受调查的大学中，有 58% 的大学回应有与其国际化相关的愿景、使命和目标；另有 58% 的大学有数字目标和实现目标的行动计划。与此同时，100% 的试点大学都有国际化的愿景、使命和目标；90% 的试点大学已经实施了具体的数字目标和行动计划；许多试点大学确定了国际化的使命和愿景，并在所有教职工中分享，以便在全校范围内推进国际化，或使用了强大统一力量向教职工灌输国际化愿景和使命，并正在考虑将国际化纳入大学章程原则，在其中期和长期计划中嵌入具体的国际化目标。

调查时发现，优先考虑各项国际化战略项目是有效的，通过设定每个项目的愿景、目标，随后细化战略目标，再制订实现它们的行动计划。为确保彻底执行这些行动计划，大学还给予财务拨款以支持这些国际化行动计划。一些试点大学，特别是广岛大学和名古屋大学，已经在国际战略中明确阐述了国际化使命、愿景和目标。此外，这两所大学已经制订了详细的行动计划来执行这些目标，并将学校使命、愿景和国际化目标与其院系和办事处的一系列行动计划联系起来，从而使大学理解和共享的国际化战略得以逐步实施。

（2）组织及人员

纵观日本大学国际化战略演变历程可以看到，日本大学国际化战略是在国家主导下制定和发展的，典型地体现了国家主导的特性。日本政府不同时期发展科学技术的理念、政策成为影响和制约日本大学国际化战略的重要外部力量。特别是在建设自我国际学术中心的理念下以政府为主导推出的系列典型政策。

大学内部国际化行为受日本大学分散管理体制的影响和制约。日本《学校教育法》规定，所有大学都需设立教师委员会。在大多数情况下，每个院系都会组建教师委员会，管控各个院系的研究、教育和管理等事项。大学除了国际交流处外，还设有国际交流委员会，院系的教师委员会在院系教育、研究国际化事务方面具有自主权，国际交流委员会只负责咨询，国际化事务的表决权在教师委员会。这种自下而上的机制不仅使学校的各种国际事务在实施和具体操作上严重滞缓，而且院系分隔和相互沟通上的欠缺容易造成学校缺乏统一的国际化战略。

鉴于强有力的领导集权是促进大学国际化的关键因素，一系列国家资助项目持续地迫使大学建立集中管理体系。在这些政府举措的影响下，一些大学开始向集权国际化转向，并取得了成功。然而，许多大学由于预期的集权化方式不适应分散化的教师委员会传统，又回归或保留了分散化管理体制。自 20 世纪 90 年代以来，有关大学管理体制的激烈争议似乎对许多大学的国际化进程并没有产生影响。2009 年《日本经济合作与发展组织报告》评论：大多数高等教育机构没有一个清晰连贯的国际化战略，可以观察到的国际化活动主要是自下而上的过程。该报告表明，日本的许多大学仍然在努力建立有效的管理体系，这种管理体系在集中化和分权化之间波动。

对日本 234 所大学在全校范围内进行的国际化活动进行的调查显示：57% 的大学设立了国际战略总部或类似的机构组织国际化活动，这表明系统的国际化努力正在全国范围内进行。然而，在关于谁担任国际战略总部或类似机构的负责人时的调查显示：只有一半以上大学由大学校长或副校长领导这样的全校性领导组织，而在 20 所试点大学中，90% 的总部负责人是大学校长或副校长。可以推测，日本的大学特别是试点大学，通过国际战略总部或类似的组织实现了对大学国际化的推动。有学者认为，通过校长来领导国际化总部或类似的全校性领导组织，大学可以进行快速、灵活的国际化改革。例如，在过去实施一项国际计划需要获得各相关部门的认可和一系列长时间的会议。增加国际战略部可以加快决策过程，加速人员配备和资金分配，以更高效地执行计划。试点大学，特别是大阪大学和庆应义塾大学已经设立一个由校长领导的国际化总部，该总部可以更好地促进召开国际学术会议和结束国际合作协议，同时增添其国际交流计划的灵活性。试点大学，特别是国立自然科学研究院和庆应义塾大学，也基于国际研究人员交流、国际大学合作协议和计划，启动了信息系统化和持续管理。2014 年，有学者以入选"全球 30"计划的 13 所大学为例，剖析日本大学国际化战略的特征和举措。调查显示，大学的一元化国际战略部门建设正不断得到加强，从而为大学国际化战略的制定和实施提供了保障机制。

六、中国高等教育国际化分析

（一）高等教育国际化的政策

中国从古代的隋唐时期就开始注重与外国进行文化与教育的交流，在古代的国际交往中我国处于文化输出国状态，近代中国的高等教育国际交流更多的是在西方列强的坚船利炮下被动地展开的。虽然如此，经过近代的发展，中国新式大学的建立和许多留学归国精英为我国现代意义上的高等教育国际化打下了坚实基础。而现代意义上的中国高等教育国际化则真正开始于改革开放之后。

进入 21 世纪，中国加入世界贸易组织，这一历史性事件促进了高等教育国际化的迅速发展。2004 年，国务院颁布的《2003—2007 年教育振兴行动计划》将国际合作与交流作为发展国家教育战略的关键，并提出要推进教育国际合作与交流走向全方位、多领域、高层次的发展。2010 年，中共中央、国务院颁布的《国家中长期教育改革和发展规划纲要（2010—2020 年）》明确提出，要坚持以开放促改革、促发展。开展多层次、宽领域的教育交流与合作，提高我国教育国际化水平。这是"国际化"一词首次在我国国家性教育发展规划文本中出现，从国家政策层面确立了高等教育发展的国际化目标。

1991 年 4 月，"211 工程"项目首次在会议上被提出并得到广泛认可，主张中国要集中精力坚定不移地进行一批重点大学和重点学科点的建设，力争使其在科学技术创新领域的综合实力得到显著提升。1993 年，《中国教育改革和发展纲要》提出，中央和地方应集中精力推进重点大学和重点专业学科发展，以促使其在 21 世纪初进入世界较高水平的行列。与此同时，中国正式启动"211 工程"项目建设，该项目建设全面展开。

"211 工程"政策的推行，初衷是为了迎接当前时代背景下新技术革命的挑战。"211 工程"是自中华人民共和国成立以来在高等教育领域开展的规模最大的建设项目，"211 工程"政策的推行同时也为中国高等教育建设在之后进行的"985

工程""2011 计划"打下了坚实的基础。"211 工程"的建设共涵盖 112 所高校，分三期推进。在该政策推行一段时间后，中国政府召开专门会议对近年来产生的一系列积极影响进行了梳理，会议重点指出中国重点建设的一批高校已经取得整体性进步，综合实力得到显著提升，缩小了与世界高水平大学之间的差距，部分学科的综合实力接近或者已经达到了世界先进水平。教育部于 2011 年提出不会再设立新的高校加入"211 工程"的建设。

1998 年五四青年节，江泽民同志在北京大学校庆上提出，中国要想推进现代化建设，首先需要发展一批具有国际先进水平的一流大学。因此，中国教育部决定优先发展清华大学等高校冲击世界一流大学的建设。从此，"985 工程"建设正式拉开序幕。"985 工程"政策的基本思想是，要树立发展一批重点优势大学进军世界一流大学的发展目标，为尽快推动此目标的实现，必须集中精力培育出能够适应当前时代背景的高校内部管理机制，尤其要抓住 21 世纪前 20 年的重要建设机遇。

北京大学和清华大学率先获得国家财政拨款，随后拓展为九校联盟，开始实施第一批第一期的建设项目，而后又有 16 所学校加入第一期的建设中。2004 年，根据《2003—2007 年教育振兴行动计划》，"985 工程"启动了第二期建设项目。截至 2011 年，先后有 39 所高校被列入"985 工程"项目的建设。

1. "2011 计划"学科建设政策

随着"211 工程"和"985 工程"政策的推行，中国高等教育事业的水平得到显著提高，但同时也显露出一些不容忽视的问题。为了弥补先前两大政策推行的不足之处，"2011 计划"出台，该计划的实施旨在淡化"211 工程"和"985 工程"两项工程政策实施以来的固化模式，也是自"211 工程"和"985 工程"推行后，中国在高等教育领域实施的第三项重大国家工程。"2011 计划"迎合了当下高等教育事业改革的发展背景，同时也推动了中国高校综合竞争力的进一步提升。

"2011 计划"的核心目标是提高综合创新能力，以促使各高校在"科学前沿、文化传承创新、行业产业、区域发展"四个方面协同发展。"2011 计划"旨在通过汇集国家、社会等方面的资源，激发高校发展的内部活力，有助于革除"211 工程""985 工程"政策实施所带来的身份固化等弊端。

马克思哲学唯物辩证法提出，任何事物及事物内部都存在矛盾运动，矛盾双方既对立又统一，因此看待事物要用"一分为二"的观点。一流学科建设策略切实推动了高校学科水平的提升，使得办学质量不断提升，但高校也应该认识到在面对路径正反馈机制带来的利益时，也不能忽视其存在的负面效应。"双一流"

战略是在我国经济发展新常态下做出的一次战略调整，社会主要矛盾的变化和经济发展转型升级对我国高等教育发展提出了新的要求。因此，高校需要打破既有的思维局限，在分析高校一流学科建设存在的问题和原因的基础上，调整不恰当的发展路径，在实践中不断探索、大胆创新，走出一条适合自己的发展道路，跳出"路径依赖"的陷阱。

我国为推进一流学科建设，于2010年开始实施优势学科及重点学科建设政策。该政策设立的初衷是加快世界一流大学和一流学科的建设，提升一部分未在"211工程"建设名单内的高校办学的整体实力，包括师资队伍建设、学科梯队建设、创新人才能力培养等方面，尤其是进一步提高本科、硕士、博士等各类人才的培养质量。根据国家区域的发展情况，结合优势学科及重点学科建设需要，进一步丰富和改善教学与科研的基础条件，在科研基地、科研设备等方面加大资金投入力度，推动高校在人才培养和科技创新等方面的提升。

2. "双一流"建设政策

2014年青年节，国家主席习近平在北京大学讲话，要想推动中国高校冲击世界一流大学，首先就要做到有"中国特色"。为提升我国高等教育在全球范围内的综合竞争力，必须加快推进世界一流大学和一流学科建设，推动我国高等教育强国梦的实现。2017年全国教育工作会议决定全面启动"双一流"建设项目。随后教育部提出，为更好地推动中国一流大学建设进程，要成立专门的委员会，确定科学合理的一流建设高校和一流建设学科的遴选机制，以保证遴选过程的公平公正，同时建立相关的信息公开平台，保障"双一流"建设的顺利开展。

2017年9月，"双一流"建设高校名单向社会公布，共计42所，这42所高校是中国高水平大学的代表，是中国高校冲击世界一流大学的主力军。为回应国家这一重大战略举措，一流大学建设高校纷纷制订相应的"双一流"建设方案，以此来推动自身一流大学和一流学科的建设，这充分显示了中国高校对冲击世界一流大学建设的决心，体现出各高校对"双一流"建设的高度重视，并希望通过"双一流"建设来提高自身的综合竞争力。

通过对我国"双一流"政策历程的梳理可以发现，我国在不同的时代背景下，正结合国家高等教育事业的水平以及高校的发展特色，不断调整相关的政策方案。各高校对建设世界一流大学的重视程度也与日俱增，纷纷制订各自的政策方案，加快推进世界一流大学的建设。

（二）高等教育国际化的实践发展

1. 高等教育国际化的主体实践

国际化学生主要有出国留学生和来华留学生两类。1978年，邓小平提出大规模增加留学生派出人数后，我国派出留学生人数在1985年达到5000人，虽然在1985年后出国留学人数呈缓慢下降趋势，但自1991年开始在基数变大的情况下平稳上升。从国家制定的多项有关自费及公费出国的留学政策来看，我国的出国留学政策正走向逐步完善的阶段。

而对于来华留学生来说，我国自1973年起恢复招收外国留学生，但来华留学生人数在改革开放后十年内仍然增长缓慢，在这期间，我国主要是制定对外国留学生的管理政策，以及鼓励高校承接海外留学生。此后，随着国家政策的完善和准入制度的放宽，来华留学人数快速增长。尤其是21世纪关于建设世界一流大学的政策的推进，使得招收海外留学生从被动走向主动。1999年以来，来华留学的短期留学生、学历留学生，以及研究生的数量都在逐渐增多。

2. 高等教育国际化的教育过程实践

高校课程国际化，主要包括这几个方面：从国际化视野出发，将学校所设专业与国际主题相挂钩，加深对国际社会的理解；在课程编写和传授上注重联系国际前沿动态，而且使用国际通用教材也是目前高校课程改革的一个重要方向；在教学上，注重双语教学，在确保提升教师队伍的教学水平上，积极开展双语教学，教学方式由传统的以教师为中心、以教材为中心、以课堂为中心，转变为师生互动、学生积极参与、形式多样的教学方式，以增强学生的学习动机和创新思维。在科学研究上，随着"211工程"与"985工程"的实施以及各项人才培养计划的开展，大学的科研力量构成逐渐增强。

近年来，国家对大学科研经费的投入逐步增多，2005年全国大学科研总经费达到460.9亿元，比1994年增长10倍多，年增长率达到24.5%。从科研经费来源来看，10年间政府出资比例从46.3%提升至54.2%，企业经费由51.4%下降到37.1%，其他社会经费则由2.3%上升至9%，可见科研经费来源呈现多元化的发展趋势。进入21世纪以来，我国学术论文及专著的发表情况也十分可观。此外，政府还鼓励大学教师将科学研究应用于实践，以更好地实现教育的科学研究功能，促进世界一流大学的构建。

3. 高校"双一流"政策优化策略

（1）合理分配政策领域注意力

目前高校将发展重点过多地放在学校管理这一领域，其比例高达34.8%，而对文化传承创新和社会服务的政策供给并不充足，两者总和仅占13.8%。随着时代的发展，大学职能逐步拓展，其已不再局限于传播知识、培养人才、科学研究等层面，而是从社会发展的需要出发，呈现出具有多样化功能的特点。人才培养和科学研究作为最基础的大学职能，象征着一所高校整体的综合实力水平，而社会服务和文化传承创新所起的作用也不容小觑，二者对大学在经济社会发展中的影响发挥着越来越重要的支撑作用。大学作为人才培养和科技创新的中坚力量，同时也肩负着传承、发展、创造先进文化的历史重任，通过传递大学价值理念等形式，对文化要素进行凝练、塑造、创新及提升，使大学成为培育创新人才和推动科学技术进步的沃土。因此，各高校在今后的政策体系构建中，应在重视人才培养与科学研究的前提下，逐步加大对社会服务和文化传承创新的政策供给，保证大学基本职能的充分发挥。

（2）加强各高校间的交流合作

通过对政策领域的数据分析可知，在交流合作这一政策领域中，国际交流与合作占到了总数的63.9%，社会参与占36.1%，可以看出各高校均注重同国际知名大学的交流，通过采取国际合作办学、共建海外实习基地、打造国际科研平台等措施，提升海外合作层次和影响力，同时推动全社会扩大投资参与办学。通过开展国内高校系统内部的师生交换、学术交流，以及科研合作等活动进行经验交流、资源共享，有助于实现国内高校的合作共赢，共同推动世界一流大学的建设。对此可以从健全管理机制、建立专项资金、加强宣传引导三个维度进行完善。

各高校应建立规范的组织结构，成立专门的管理机构统一协调相关工作，明晰职责以提高服务水平，并逐步形成规范的管理机制，根据自身特色建立完善的制度以保障校际交流成果的实现，在师生选派、课程认定、学生管理等方面制定详细的制度与流程。充足的专项资金是各高校长期开展交流合作项目的保障，对此可以采取多方筹集资金的方式，确保校际交流合作的经费充足。还要注意加强宣传与引导，各高校应鼓励师生积极参与校际交流活动，通过举办座谈会等方式进行正确的引导，帮助师生充分了解信息后做出正确的选择。

第三节　国际学生向中国高校流动的因素

一、经济因素

经济因素对学生来华接受学历教育的影响显著。我国与生源国人均国内生产总值（GDP）比值、双边贸易总额对来华留学生规模的影响在 1% 的置信水平显著为正，也表明回归结果具有稳健性。中国经济发展水平越高、中国与各国之间的经济贸易联系程度越高，越能促进学生来华接受学历教育。中国与生源国人均国内生产总值比值每提升 1%，国际学生来华接受学历教育的规模将提升 0.16%；中国与生源国双边贸易总额每增长 1%，国际学生来华接受学历教育的规模将提升 0.26%。中国经济的稳健增长、对外贸易开放水平的提升，在扩大来华留学生规模方面都起到了积极的促进作用。

近年来，我国改革开放不断深入，经济实力不断增强，民主化和法治化程度不断提升，国际地位和声望也在不断提高。中国成为一个充满光明前景的国家，成为许多国外公司投资的热土，蕴藏着无限商机。要想进入中国这个巨大的市场，就必须先了解这个国家，前提就是学习中国语言和熟知中国的经济、科技发展乃至社会生活和文化风俗。很多留学生正是认识到这一点，才选择来华留学的。政治稳定、经济发展前景光明成为吸引来华留学生的重要因素。随着我国经济实力的增强，来华留学生的生活和学习条件不断得到改善，这也成为吸引大量留学生来华学习的重要因素。

中国留学生教育的发展还受国际社会留学教育产业热潮的影响。如今的高等教育国际化已突破传统的文化交流的单一目标而具有多重性，经济因素特别是追求商业利润在影响和推动高等教育国际化发展的过程中起到举足轻重的作用。经济的不断发展，使得国际经济的合作与交流更加频繁，成为推动留学教育双向发展的重要动力。

二、教育因素

整体来看，中国高校在世界大学学术排名前 500 名中的排名占比、获得中国政府奖学金的机会、生源国孔子学院数量占总体数量的比重对来华留学生的规模均具有显著的正向影响。中国高校在世界大学学术前 500 名中的排名占比对来华留学生规模的影响通过了 1% 水平的显著性检验，且显著为正，这表明分析结果具有稳健性。中国高校在世界大学学术排名前 500 名中的排名占比每提升 1%，来华留学生规模将提升 0.21%。这说明中国高等教育质量、学术声誉在全球范围内认同度的提高对学生来华接受学历教育具有正向的促进作用。中国政府奖学金对来华留学生规模的影响通过了 1% 水平的显著性检验，国际学生获得中国政府奖学金的比例每提升 1%，国际学生来华接受学历教育的规模将提升 0.08%。随着来华留学生规模的扩大，高校开始利用中国政府奖学金的支持政策，逐步增强对来华留学生的支持力度，国际学生来华接受学历教育的规模保持了较高程度的增长。此外，孔子学院对来华留学生规模的影响在 1% 的置信水平显著为正。孔子学院的数量每增长 1%，国际学生来华接受学历教育的规模将提升 0.16%。这表明，中国对外提供语言、文化等教育服务的能力越强，学生来华接受学历教育的规模就越大。这也是中国高等教育积极适应国家经济发展战略，主动学习欧美等国家的教育的发展经验，借助孔子学院、孔子课堂，积极对外宣传，吸引更多国际学生来华接受学历教育。

来华留学人员，主要以自费短期在华学习汉语的学生为主，或者是欧美国家的在读学位生（特别是硕士生和博士生）来华进行调查和短期研究，再回国进行论文答辩和获取学位。

美国以其庞大的高等教育体系、众多的一流大学、充足的研究经费、完善的教学和科研设备吸引了全世界各地的留学生。美国的留学生数量之大、来源之广，留学生服务和管理措施之全、机构之灵活，留学生教育影响之深，均为其他国家所不及。

田玲指出：从两国留学生流出量的比值上看，中国到美国的留学生数量多，而美国到中国的留学生数量少，从学生学历层次上看，赴美的中国学生都是攻读学位的硕士生和博士生，而来华的美国留学生多是短期进修生。专业分布上，赴美的中国留学生学习的专业分布较广，但以理工科学生居多。来华的美国留学生以进修汉语为主，只有少量学生学习中国历史和社会科学。

三、文化历史因素

地理距离对学生来华接受学历教育具有显著的负向影响，且均在 1% 的置信水平通过了显著性检验，这表明回归结果具有稳健性，模型设定较为合理。这符合引力模型的估计假设，地理距离每延长 1%，来华留学生规模将降低 0.03%。一般来说，两国之间距离越远，相应的流动成本也就越高。从目前国际学生来华接受学历教育的现状来看，距离中国较近的东北亚、东南亚国家，受中国文化的影响较大，与中国之间的文化差异较小，这些国家的学生来华接受学历教育的规模较大。

文化因素和环境质量对学生来华接受学历教育有显著的正向影响。文化产品传递了一个国家或地区的民众的思想，反映了他们的思维方式、文化传统、价值观念等文化特征。文化产品出口的数量越多，越能够让更广泛的人群接触，进而激发学生来华留学的兴趣。由于来华攻读学历学位的时间跨度较大，环境质量直接影响学生来华接受学历教育的生活质量和体验，环境质量的改善能够提升高层次人才来华留学的意愿。

中国文化曾长期居于世界先进文化之列，并通过多种方式传播到朝鲜、日本、越南、中亚、欧洲等国家和地区，不同程度地影响了当地的文化发展和人们的社会生活。在过去东亚的汉文化圈中，中国是汉文化的中心，因此也成了吸纳留学生的中心以及汉文化教育的输出地。韩国学生来华留学的历史源远流长。早在三国时期，朝鲜半岛的留学生就来华留学，唐朝时达到鼎盛。新罗统一朝鲜半岛之后，继续大量派遣贵族子弟赴唐留学，以期广为造就精通汉文化的国际性人才，并取得当时为新罗所急需的汉文化真经，大批留学生带回了灿烂的唐朝文化，推进了朝鲜半岛的文化发展。

四、政策因素

留学生的招生方式与国内学生的招生方式不同，它是一种跨越国界的教育推广行为，受到输入国和输出国的政治、经济、教育等各方面发展状况及相关政策的影响。来华留学生教育在中国发展的不同时期有着不同的招生方式，梳理研究其政策的演进，能够从一个侧面反映出来华留学生教育的发展历程。

（一）开放自主招收来华留学生政策

随着改革开放的不断深入，来华留学生教育进入了快速发展的轨道，来华留学生的国别和人数都迅速增加。面对来华留学环境的向好发展，加之我国高等教育改革和发展的稳步推进，以及取得的一系列阶段性成果，我国高等院校已经具备了自主招收留学生的条件和能力。一系列国家教育发展政策，也体现了招收来华留学生的开放性和对高等学校招收来华留学生的鼓励性。

2001 年，教育部签发《全国教育事业第十个五年规划》，提出转变政府职能，政府主要运用立法、拨款、规划、评估、信息服务、政策指导等行政手段对教育进行宏观管理。2004 年，《2003—2007 年教育振兴行动计划》，提出了"扩大规模、提高层次、保证质量、规范管理"的来华留学生工作基本原则。基于此，教育部办公厅印发《关于启用全国来华留学生管理信息系统的通知》，旨在加强来华留学管理工作的制度化、规范化、信息化，涵盖来华留学生招生、教学、生活服务和管理，以及毕业工作等环节，对做好来华留学管理工作，加强宏观管理起到了重要作用。

2007 年，《国家教育事业发展"十一五"规划纲要》提出改进教育行政管理，明确各级教育行政部门的管理和服务职责，要求坚持依法行政，减少审批项目，规范行政审批。改进管理方式，更加注重运用法律、规划、拨款、标准、信息服务等手段对教育进行宏观管理。2012 年，《国家教育事业发展第十二个五年规划》提出，完善教育行政管理制度，明确各级政府教育管理责任。以转变政府职能和简政放权为重点，深化教育管理体制改革，基本形成政事分开、权责明确、统筹协调、规范有序的教育管理体制。

21 世纪初期出台的一系列中长期发展规划，对来华留学生教育的管理，指出了更加明确的政策方向。中国高校正逐步从高度统一管理，转变为系统科学的宏观管理。高校自主接收外国留学生是在国家宏观政策的充分指导下，发挥自身教育教学优势，面向国际留学生市场开启的新型的留学生招生模式。这种模式的确立，不仅增大了来华留学生教育招生的自由度，而且对高校提升自身的实力和教育质量也起到良好的推动作用。

（二）来华留学生教育收费政策

改革开放后，中国经济的发展与西方发达国家的差距越发明显，这种差距同样也表现在了来华留学生教育上。为此，中国在稳步提高高等教育质量和水平的同时，积极吸收国外先进的留学生教育事业发展经验，一方面出于政治和外交方面的考虑，继续坚持对友好和发展中国家提供援助，免费招收来华留学生；另一方面结合自身具体教育教学环境，开始逐步制定和实施收费政策，招收自费来华留学生。经过一段时间的实践和摸索，最终实现了来华留学生由以免费为主向以自费为主的转变。

1979 年 3 月，《关于接受自费外国留学生收费标准问题的请示的通知》对自费外国留学生每学年学费、杂费、门诊医疗合同费以及住宿费的缴费办法做了明确规定。同时，明确了各项费用的收费标准。仅时隔一年，这一收费标准就做了修改。1980 年 4 月，《关于修改对自费外国留学生收费标准和收费办法的通知》分别提高了对自费来华留学生的学费、住宿费、医疗费的标准，并对缴费办法做了明确的规定。

1980 年 11 月，教育部、财政部印发《关于外国留学生经费开支标准的规定的修改意见和补充说明》，对来华留学生的学习生活费、假期活动费、医疗费、实习费、冬装补助费、被褥装备费等各项费用的标准做了具体说明。1984 年，教育部、财政部、外交部颁发《外国来华留学生经费开支标准的规定的通知》，再次对上述两个文件做出修改和补充，除进一步提高来华留学生的经费开支标准外，规定自费留学生住院医疗的各项费用参加学校组织的旅行费用由其本人自理。与此同时，自费生参加教学计划内的专业实习或实践活动时，超出教学计划部分的活动，一切费用自理，自费生实习用餐不予补助。转学的车船费、新生来华入学在中国境内城市间的旅费，以及途中伙食费，均由自费生自理。

1995 年，国家教育委员会和财政部又发布《外国来华留学生经费管理办法》，规定对来华自费留学生的生活费、学杂费、住宿费、医疗费以及其他各项费用，参照政府奖学金生相应费用的发放标准进行收取。参照政府奖学金生的资助标准对自费留学生进行收费，这意味着来华自费留学生的收费标准也在不断提高。1998 年 2 月，《关于调整自费来华留学生收费标准的通知》规定，根据中国高等学校接收来华留学生的实际情况，提高自费来华留学生的收费标准。这是专门针对自费来华留学生制定的资费规定，明确了包括报名费、学费、住宿费，以及伙食、医疗、实验实习等各项费用的标准，其中学费依据学科和层次规定了不同的标准，并且是国内相应学科和层次的学生学费标准的 3～6 倍。

2018 年，教育部关于印发《来华留学生高等教育质量规范（试行）》（以下简称"《规范》"）的通知，此《规范》是我国首次专门针对来华留学教育制定的质量规范文件，是指导和规范高校开展来华留学教育的全国统一的基本准则，也是开展来华留学质量保障活动的基本依据。

从一系列来华留学生招生政策可以看到，来华留学生教育经历了从免费协定交换、奖学金资助，到逐步发展为高校自主招收自费来华留学生的不同阶段，可以说这是来华留学生教育在招生工作中发生的质的变化。改革开放以后，我国逐步进入接收自费留学生的阶段，这说明我国高等教育的综合实力和质量，具有足够的生源吸引力和国际影响力，大国教育的自信度迅速提升。与此同时，政府及相关各部门从整体上统筹招生政策的补充和完善，充分体现出来华留学教育的招生方式。为适应不断扩大的招生规模而进行的类型调整，对今后的招生工作的具体实施，提供了更加系统的、科学的政策保障。

五、政治因素

政治是社会内部整合与发展所必需的"上层建筑"，是构成人类社会活动和社会生活的最基本的要素之一。留学教育总是和一定时期的政治形势密切相关的，可以说，政治形势是直接影响留学教育兴与衰的重要因素。同时，留学教育的存在需要从经济和生产的发展中获得物质保障。不管是接收国还是派遣国，留学教育中的人力、物力、财力的投入都必须以经济实力为后盾。

中国政府也看到了留学教育中蕴藏的巨大收益，从注重政治影响向注重政治影响和经济利益并重趋势发展。中国高等教育部门积极采取行动，举办中国高等教育展，吸引留学生来华。中国曾连续三年分别在莫斯科、巴黎和多伦多举办大规模的中国高等教育展，向世界展示中国高等教育的特色和水平，吸引外国学生来华留学。中国留学服务中心在汉城（今首尔）举办了第三届中国留学博览会，北京大学、清华大学、北京语言大学、复旦大学四所中国院校参加了此次博览会。这些因素都促进了来华留学教育的大发展。

第四节 国际学生向中国高水平大学流动的 特征以及机遇和发展空间

一、群体特征

（一）身份特征

留学生是指持有外国护照，合法在中国大学读书的外国人，即具有外国人身份的学生。外国人这一身份特征是留学生最为显著的特征，它使留学生成为中国大学校园内一个特殊的群体。此外，中国人由于受传统的"内外有别""礼仪之邦"思想的影响，即使现在，留学生管理仍属涉外管理，在外国人居留、就业居住等方面都有特殊的规定；学校对留学生的管理也不是趋同管理，留学生在学习或生活上仍享受着特殊的照顾。外国人这一外部特征使他们在中国随处都能得到友好对待和照顾，并且很高兴能得到这样的对待和照顾。

（二）年龄特征

在来华留学生中，绝大部分留学生处在青年中期。他们的特点基本可以概括为：一是自信，深信自己的力量、智慧和能力，强烈地坚持独立自主，对学校的过度监督、管教行为会有抵触情绪，希望能按自己的意愿行事；二是希望受到他人尊重，特别是教师和其他留学生的尊重，一旦得不到认可或尊重，便会感到自尊心受到挫伤，喜欢获得别人的称赞和注意，怕被人瞧不起；三是感觉时间比较充裕，希望能被安排更多的学习或文化体育或娱乐活动。

（三）类别及层次特征

留学生类别及层次特征表现为：长期生多于短期生，学历生多于非学历生，中国政府奖学金生多于自费生，理科生多于文科生，男生多于女生。在与学生的交谈中，部分学生开玩笑似的抱怨留学生中女生太少，希望有更多的女性同学，以便活跃群体气氛。在对留学生进行的访谈中，他们对这种以公费留学为主的群体给予了肯定，原因是他们习惯了这样的环境，但不反对自费留学生来学校学习。

（四）交往特征

留学生相对集中居住在本校留学生公寓中，距离本校中国学生的居住地较远，留学生生活管理基本上是半封闭管理。学校为留学生提供的与中国学生共同活动的机会比较少，中外学生的交往主要体现在课上或中外学生联谊的活动中，中国学生举办文化娱乐活动很少请外国留学生参加，中国学生的各种协会并不完全向留学生开放。

（五）多元文化特征

留学生大都对其他文化表现出包容的心态，认为应该懂得尊重其他文化、尊重文化差异，体现出较好的人格素养和知识素养。但所有留学生个体都对本国、本民族或本宗教的传统文化更加热爱，并愿意传承自己的文化，体现出对自己民族文化的自信和自觉。在学习方面，不同留学生个体学习的目的不一样，对学习的态度也不一样，对自己在学习方面的要求也不一样。

二、机遇和发展空间

来华留学教育工作是我国教育国际合作与交流的重要内容，也是国家整体对外工作的有机组成部分，在培育我国文化软实力、配合外交工作、建设世界高水平大学等方面具有重要意义。在当前全球金融和经济持续变化的形势下，来华留学生教育存在着一定的机遇和发展空间。

政府对留学事业的支持力度加大，为留学生的留学条件、留学环境改善奠定了坚实的基础。在教育部的努力下，我国的财政拨款额度逐年增加，中国政府奖学金规模始终在持续扩大。从我国高等教育事业的现状和前景分析，来华留学生教育是中国高等教育面向现代化、面向世界、面向未来的标志之一。

20世纪80年代前，对来华留学生大多实行接受国家奖学金的计划性管理。2010年后，招收自费生成为来华留学生的主体，而且我国在来华留学生教育方面，经过多年摸索，已经形成一套具有中国特色的留学生培养、管理体制。有人归纳了国际贸易服务的四大特殊性，其中一种就是国家对服务贸易的管理，一般不是通过边境，而是通过国内立法和行政管理，而且管理对象不仅是服务本身，还包括服务的提供者和消费者。分析来华留学生教育特点可以发现，来华留学生教育正具有这一属性。因而来华留学生教育天然地成为中国高等教育提高办学效益、走国际化道路的先行者。

总之，各国高等教育只有积极调整自身与其他国家的交流，才能不断适应时代进步的节奏，从而逐步形成自己的应对策略和机制。由此，高等教育才能保持自己在社会中的中心地位，真正成为社会进步的"总发动机"。

高等教育发展到今天，其目的已经不再是单纯育人和传播文化，更为重要的是借助相互交流的过程，发展本国经济政治与国际接轨。高等跨国教育事业正发挥着其前所未有的功能。我国的留学生教育事业历程不长，虽然一直以来得到政府的政策、资金支持，取得了初步的成果，但仍然存在着诸多问题，需要进一步完善，特别是在教育体系方面的完善要求更为迫切。我国高校要采取"引进来、走出去"的策略，在不同层次、不同阶段、不同需求的不同层面加强国际接轨，多学习国际知名的高等教育学府，如牛顿大学、剑桥大学等，取长补短，逐步形成自己独具特色的留学生教育体制，在保证来华留学生教育扩大发展的同时，达到既传播我国优秀文化、提高民族地位又获得广泛社会效益的双重作用。

第五节 "双一流"背景下国际学生流动概况

一、国际学生流动的特点

（一）垂直流动处于主导地位

在当前的全球国际学生市场体系中，国际学生流动主要由人口众多、教育资源相对缺乏、经济水平相对落后的亚太地区流向经济较为发达、教育资源丰富、教育质量较好的北美洲、欧洲和大洋洲等地区，这种从东部向西部、从南部向北部的流动反映出一种特定的趋势，这种流动被称作垂直流动。2001 年，国际学生在全球范围的人数大约为 200 多万，接收国际学生人数最多的国家包括美国、英国、德国、法国和澳大利亚。而 2008 年的数据显示，全世界范围内的国际学生总数达到了 300 万人，上述这些国家仍然是主要的学生接收国，所占国际学生份额美国为 22%、英国为 23%、德国为 8%、法国为 9%、澳大利亚为 7%。这些国家都是属于经济合作与发展组织下的国家，在全世界国际学生市场份额中，它们长期占有的比例达到 60%～70%。而这些国家的国际学生大多数来自中国、印度，以及东南亚、非洲等地的一些发展中国家。由此可以推断，目前的国际学生流动仍然是以垂直流动为主导的。

（二）区域合作推动水平流动

各种区域经济合作组织的出现推动了教育合作，并使得教育合作日趋密切。许多区域组织如亚太经济合作组织（APEC）、北美自由贸易区（NAFTA）、欧盟和东南亚国家联盟等不但促进经济的合作，也积极推动教育和文化的合作，推出了许多促进学生区域流动的项目，如"欧洲大学生流动行动计划"、亚太大学生流动项目等。1999 年，来自 29 个欧盟国家的教育部长在意大利的博洛尼亚签署了《博洛尼亚宣言》，提出了"博洛尼亚进程"，这一宣言旨在整合欧盟的高教资源，打通教育体制，进一步推进欧洲一体化。《博洛尼亚宣言》指出，属于签约国中的任一国的大学毕业生，他们的毕业证书和成绩在其他的签约国家都将获得认可。签约国中任何一国的大学毕业生可以毫无阻碍地在其他签约国家申请硕士阶段课程的学习或者到其他签约国家寻求就业，欧洲高等教育一体化的实现、在欧盟国家之间教育交流和学生流动的实施基本可以无障碍进行。

（三）单向流动走向双向交流

随着经济全球化的发展，各国政府和高校越来越意识到培养具备国际视野的人才的重要性。各国的政府和高校不仅招收国际学生，还积极鼓励本国学生"走出去"了解外面的世界，了解其他国家和民族的文化，学习先进的科学技术。国际学生流动从以往的单向流动走向双向交流，发达国家之间、发达国家与发展中国家之间，以及发展中国家之间都在推动双向的交流。美国通过《全球教育良机法》和《国家安全教育法》法律的实施，推动美国本土学生向外流动并建立专门的基金资助美国本土学生到国外求学。2006年，美国国际教育者协会的国际教育年度报告显示，2005年美国出国留学生人数为205 983人，相比2004年增长了8%。而1994—1995年美国出国留学人数只有84 000人。1962年德国只有9709名学生在国外求学，而到了1985年因为"伊拉斯谟"计划，留学生数量增长到24 900人，2003年在外求学的德国学生达到62 200人。中国政府自改革开放以来，始终实行积极开放的政策鼓励学生进行国际交流，鼓励学生到外国的优秀大学进行学习和学术研究，了解外国文化，以期培养具有全球视野的人才，使中国在国际竞争中更加具备竞争力。中国政府一直将出国留学视为国家人才战略的一个重要组成部分并积极给予鼓励。中国学生的国际流动由最初的单向流动、公派流动演变为如今的多渠道、多元化流动，中国学生成为国际学生流动大潮中的重要参与者。国内目前有许多大学实施了新的措施推动国际学生流动，并取得了很好的成效。目前，我国与世界上189个国家和地区建立了教育合作与交流关系，与34个国家和地区签署了关于相互承认学位、学历的协议。

二、国际学生流动的现状

（一）20世纪90年代至21世纪初

1. 国家重视程度高

英国、澳大利亚、日本等国纷纷制定政策，大力发展留学生教育事业。英国自20世纪80年代中期开始，将招收留学生工作由教育服务转变为教育贸易，通过向留学生全额收取学费，把留学经济发展成为国家经济组成中的一项重要产业。日本政府先后以招收10万名留学生和"三十万人计划"为目标，将接收留学生作为促进和平、发展国际关系的一项重要举措。澳大利亚政府明确提出"把援助变成商贸"的口号，并把移民政策和留学结合起来，增加接收自费留学生的数量。

2. 教育资源丰富

美国、日本、德国、英国、澳大利亚等国无疑都是经济比较发达的国家。澳大利亚则善于利用价格优势，与留学英国、美国相比，学费及生活费只相当于这两国公立大学的三分之二左右。英国、美国、德国等国的高等教育历史悠久、名校云集。澳大利亚和日本的高等教育发展较快，伴随着经济发展，这两国高等学校的教学、科研实力等都得到了迅猛提高。

3. 地缘优势突出

日本作为亚洲最早发展起来的经济大国，接收的留学生 90% 以上都来自亚洲各国。澳大利亚招收的留学生大多来自亚太地区国家，排在前几位的大致为中国、马来西亚、印度尼西亚、新加坡等国。

4. 就业环境良好

大多数学生留学的最终目的是找到一份理想的工作。无论是美国还是日本，都为学业有成的留学者提供了良好的就职机会。澳大利亚，地广人稀，一度实行相对宽松的移民政策，为毕业留学生工作、定居都提供了较多便利。

（二）21 世纪以后

进入 21 世纪，新兴国家也纷纷加入国际学生接收地竞争的行列。一方面挖掘本国高等教育的特色；另一方面积极引进发达国家的高等教育资源，从而带动高校相关专业的建设，提升本国在国际高等教育市场上的竞争力。

中国作为留学生输出大国的地位并未动摇，由于高等教育事业的迅速发展，也逐渐加入留学生接收大国的行列。自 2001 年以来，中国在国际学生招收方面呈快速增长态势。除个别年份，留学生招收人数均比上一年有 10% 以上的递增。其中仅 2003 年由于受到"非典"爆发等因素的影响，招生人数有所下滑，但从 2004 年 42.63% 的增长率可以看出，来华留学生人数增长的趋势是明显的，不仅数量上猛增，而且学科结构、学历结构等方面都有较快的调整与改进，朝着更合理的方向发展。

考察近年来华留学生人数大幅增长的原因，与中国经济实力的迅速增强、中国政府的高度重视、中国教育对外开放格局的深入推进，以及中国语言文化本身所具有的独特魅力是分不开的。经过数十年经济的高速发展，目前中国已成为仅次于美国的世界第二大经济综合体。为了推动来华留学生工作，国家领导人亲自宣布对外增加中国政府奖学金名额，并将此纳入政府间合作协议。为此，中央财政的投入持续增长，中国政府奖学金生相比于 2007 年，在 5 年内增加了 15 536

人，增幅为 153%。中国政府还投入大量资金在海外建立了几百所孔子学院，让更多的国际友人可以近距离接触到中国文化，更深入地了解中国，从而产生进一步来中国学习的兴趣。同时，国家政府部门与中央级新闻媒体合作，面向国际学生开展"汉语桥"等活动，给学习汉语的优秀外国学生提供了集中展示的舞台，对内对外都达到了宣传留学生教育的目的。中国传统的文化艺术也具有极为独特的魅力，都能让人深深陶醉其中，从而激发留学生探究的乐趣。

近年来，加拿大政府对外公布了《国际教育营销行动计划》，以吸引更多的学生赴加拿大留学。值得注意的是，这些国际学生毕业后可以作为永久居民留在加拿大。韩国出台了《加强教育服务全球化方案》，作为对"学习韩国计划发展方案"的催化，以期实现在韩的外国留学生人数达到 10 万人的目标。

由此可见，越来越多的国家加入争夺国际学生的队伍中来。为了在国际学生市场竞争中占据优势位置，各国政府纷纷挖掘本国的特色，希望通过留学经济的增长带动本国经济的进一步发展，并达到宣传本国科学技术、语言文化的目的。国际学生流动呈现出前所未有的繁荣局面。

可以预见的是，国际学生的流动在未来的一段时间仍然会呈现增长的趋势，这是与经济的发展、人口的增加、教育的进步成正相关的。随着高等教育越来越大众化，国际学生的流动也不再是少数权贵之子或精英人才的专利，而会越来越大众化、常态化。越来越多的国家会积极投身于留学经济的争夺中，制定、实施招揽国际学生的政策，力争招收更多的国际学生。同时，输出留学生的国家也会越来越多。不过，美国作为最大的国际学生接收国、中国作为最大的国际学生输出国的地位，在短时间内不会改变。

从洲别来看，亚洲仍然是输出国际学生最多的大洲，不仅是因为亚洲拥有几个世界上人口最多的国家，亚洲各国追赶欧美经济的步伐也决定了派遣留学生成为这些国家既定的方针。欧洲仍然是国际学生市场上最活跃的一洲，输出和接收国际学生的规模都很大，输出的学生多流向本洲的其他国家或北美洲国家，也有一部分会到亚洲的日本或中国；接收的国际学生则有可能来自除南极洲之外的所有大洲。北美洲的加拿大、美国以接收留学生为主，而拉丁美洲则以输出留学生为主。非洲拥有输出国际学生的巨大潜力，也将成为国际学生接收争夺的主要生源地。在非洲内部，埃及和南非是两个主要的国际学生接收国。大洋洲的澳大利亚、新加坡在接收留学生方面也都表现得非常积极。

不过，考虑到经济的深入发展、科技的日新月异等因素，国际学生的流动有可能会出现一些新的变化：一是国际学生向低龄化方向发展；二是国际学生流动的方式在增加；三是国际学生流动的必要性在降低；四是国际学生流动的意愿在减弱。

第五章 "双一流"背景下的高等教育国际化

本章的主要内容为"双一流"背景下的高等教育国际化，主要介绍了四个方面的内容，分别是"双一流"背景下的高校国际化、"双一流"建设对高校国际化建设的影响、"双一流"背景下高校国际化存在的问题，以及"双一流"背景下高校国际化的发展思路。

第一节 "双一流"背景下的高校国际化

一、"双一流"与国际化的关系

"双一流"是国家为适应新的发展阶段而提出的重大教育举措，它着眼于国家"两个一百年"的战略目标，统筹推进一流大学和一流学科建设，将分三步走：第一步到2020年，若干所大学和一批学科进入世界一流行列，若干学科进入世界一流学科前列；第二步到2030年，更多的大学和学科进入世界一流行列，若干所大学进入世界一流前列，一批学科进入世界一流学科前列，高等教育整体实力显著提升；第三步到21世纪中叶，一流大学和一流学科的数量和实力进入世界前列，基本建成高等教育强国。

为实现教育"双一流"，需要着重完成五项建设任务：建设一流师资队伍、培养拔尖创新人才、提升科学研究水平、传承创新优秀文化和着力推进成果转化。同时也需要完成五项改革任务：加强和改进党对高校的领导、完善内部治理结构、实现关键环节突破、构建社会参与机制和推进国际交流合作。

教育国际化是把国际的、跨文化的或全球层面的内容融入（高等）教育目的、职能或教学实施的过程，也可定义为一个国家、一个教育系统、一个教育机构回应经济全球化趋势的具体政策或举措。教育国际化是经济全球化的产物，是世界经济发展超越国界，引起商品、技术、信息、服务、货币、人员等生产要素跨国、跨地区流动的重要表现之一，是教育资源在全球跨国界、跨地区流动的必然趋势。教育国际化的内容包括：加强与合作伙伴之间的交流与合作；加强人才的国际化培养；提高师资建设的国际化水平；推进学科国际化建设和科研成果的国际发表，以及推动中华文化面向世界等。

"双一流"与国际化是相互依存、相辅相成的关系。建设世界一流大学和一流学科，其着眼点在"世界"，这就要求中国高校突破地区或国界的限制，用国际化视角和眼光来审视自身的发展，充分发扬自身的优势和特长，认真学习和吸收国际优秀的教育工作理念和教育实践经验，有重点地建设并发展高校一流学科，积极参与国际竞争与合作，增强我国高等教育在国际舞台的竞争力和影响力。中国高等教育只有置身于世界教育舞台，按照国际标准和国际水平要求自己，不断提升自身的办学水平和国际化程度，才能真正推进世界一流学科和世界一流大学的建设。简而言之，建设世界一流大学，必须拥有世界一流学科，而一流学科的建设和发展离不开高校国际化进程的推进。

国际化是实现"双一流"建设的重要途径。随着世界多极化、经济全球化的迅猛发展，教育领域的国际交流与全球资源流动也日益频繁。纵观世界范围内的一流大学，国际化都是其发展战略的重要组成部分。世界一流大学在服务本国、面向世界方面有着强烈的使命感。如英国剑桥大学前校长莱谢克·博里塞维奇爵士曾提出"最好的大学也是最为国际化的学府，此等学府应不仅具备胸怀天下之志，也应具备'让世界更加美好'的实力"。不断推进国际化建设，加强与国外合作伙伴的交流与合作，开展教师和学生的交流与交换，共同开展国际会议及国际合作研究，将大大提升学校的学科水平和促进学校总体发展，为高校"双一流"建设添砖加瓦。

二、"双一流"背景下高校国际化的形成

高等教育是我国国民教育的重要环节，担负着人才培养、知识创造和科技创新的核心使命。毋庸置疑，在当今知识经济时代，一个高等教育落后的民族是没有希望的民族，一个高等教育滞后的国家是发展乏力的国家。改革开放以来，我国在许多领域都发生了翻天覆地的变化，经济上已一跃成为 GDP 总量居世界第二位的国

家，政治及军事等方面也在全球具有重大国际影响。在实施诸如高等教育国际化等多次重大战略变革之后，我国的高等教育获得了长足的发展并取得了辉煌的成就，但目前我国高等教育的质量和水平与发达国家相比还存在较大的差距，实现高等教育现代化以及高等教育强国梦还为时尚早，我国与发达国家高等教育的差距早已成为我国科技创新的软肋、可持续发展的瓶颈。为切实改变高等教育落后的现状、赶超发达国家、培育世界一流人才、创造世界尖端科技，2015 年 10 月，国务院颁布《统筹推进世界一流大学和一流学科建设总体方案》（以下简称《方案》）。《方案》将高等教育国际化战略与"双一流"建设紧密地结合在一起，从引进国外优质教育资源、开展人才联合培养与科学联合攻关、加强国际协同创新、营造国际化教学科研环境、参与国际教育规则制定等多个方面明确提出了未来的国际化发展方向。2017 年 1 月，教育部、财政部、国家发展和改革委员会联合制定出台《统筹推进世界一流大学和一流学科建设实施办法（暂行）》，对有效落实"双一流"建设提出了具体要求，将面向世界科技发展前沿、突出国际影响力、提升国家综合实力作为重要抓手，并制定以国际公认的学校标准和学科标准为依据的一流大学和一流学科遴选方案。2017 年 9 月，教育部、财政部、国家发展和改革委员会三部委联合印发《关于公布世界一流大学和一流学科建设高校及建设学科名单的通知》，自此"双一流"建设真正进入了全面启动和实施阶段，而伴随着"双一流"建设的高等教育国际化战略也进入全面攻坚阶段。在此战略背景下，为了尽早实现高等教育强国的三阶段战略目标，有必要对新形势下我国高等教育国际化的理论和实践进行深入的反思，唯有如此才能更好地明确未来发展的方向。

三、"双一流"背景下高等教育国际化的战略意义

国际化是世界高等教育发展的时代潮流。当前，世界多极化、经济全球化深入发展，人力资源和物质资源跨国、跨地区流动成为新常态。在教育领域，这种国际流动也在不知不觉中发生。尽管各国大学文化、特色不同，但开放包容、合作互补已经成为其共同的选择。纵观世界范围内的一流大学，国际化都是其发展战略的重要组成部分。同时，越来越多的国家意识到必须在全球的视角下审视教育改革发展，高等教育国际化已超越教育政策层面而上升为国家发展战略。"博洛尼亚进程"、欧洲研究型大学联盟、环太平洋大学联盟等，都是世界高等教育主动适应经济全球化的具体实践。

国际化是大学服务国家战略的使命要求。国际教育、人文和学术交流是国

家公共外交的重要手段，是我国面向全球传播中国声音、汇聚中国精神、宣传中国道路、凝聚中国力量的重要战略举措。中国作为最大的发展中国家和世界第二大经济体，国际话语权与参与全球治理能力持续提升，"一带一路"倡议的提出，对我国大学加快国际化进程提出了迫切要求。正如2014年12月习近平总书记对留学工作做出重要指示时所指出的：留学工作要适应国家发展大势以及党和国家工作大局，统筹谋划出国留学和来华留学，综合运用国际国内两种资源，培养造就更多优秀人才，努力开创留学工作新局面。

国际化是衡量大学办学水平的重要指标。国际化是世界一流大学的基本特征。世界一流大学在服务本国、面向世界方面有着强烈的使命感。如美国麻省理工学院、英国剑桥大学这些大学正是把自己的使命摆到国际化的高度上来定位，从而获得全球一流的生源、师资队伍和教学资源，产出人类社会共同的知识、杰出人才和科技成果的。同时，高等教育国际化的推进，必将为本土高等教育改革发展引入更多元的教育理念和教育手段，创造更广阔的交流平台和合作空间，促进资源互通，激发教育智慧，增强国际影响力，使高等教育的未来呈现更为丰富的可能性。

第二节 "双一流"建设对高校国际化建设的影响

一、"双一流"背景下国际化的重要性

统筹推进世界一流大学和一流学科建设，是党中央、国务院做出的重大战略决策。近年来，国内高校积极响应国家政策，对外交流日益频繁，从之前的"走出去"到"引进来"，从吸引了一大批具有国际视野及海外教育科研背景的高水平国际化师资队伍，到同国外高校签订学生联合培养协议，以及聘请包括诺贝尔奖得主在内的国际著名科学家和学者为高校客座教授，国内高校在国际化的道路上迈出了一大步。但纵观基本科学指标数据库（Essential Science Indicators，ESI）的数据统计，我国高等教育同国际先进水平还有明显的差距，距离实现建设"双一流"的目标还有很长的一段路要走。以苏州大学为例，截至2017年3月，我国共有5所高校进入世界前200名，苏州大学国内排名第24位，世界排名第531位，入选ESI前1%学科总数为8。由此看出，目前国内的高等教育体制尚有改进空间，存在的弊端束缚着高校国际化的进一步发展。因此，作为高校外事人员，

应该及时突破现有体制局限，寻求新的方式，让国际化为师资队伍建设、学生培养和学科建设服务，充分发挥国际化的桥梁与纽带作用。

（一）打造国际化师资队伍的重要性

在高等教育国际化的大背景下，各国高校都重视组建国际化的师资队伍，师资队伍的国际化程度已成为大学综合实力的重要衡量指标之一。越来越多的高校工作者意识到，要想推动教学科研的国际化发展，必须有具备前沿知识储备和丰富教育经验的教师。出色的师资为教育质量保驾护航，师资水平的高低很大程度上决定了教育质量的高低，师资队伍的国际化可以有效保障人才培养机制的国际化，以专业化、知识化为导向，营造宽松、和谐的学术氛围，打造活泼自由、高效严谨的治学氛围。

（二）培养学生国际化视野的重要性

中国高校为自己设定了国际化教学的发展方向和目标，并将培养具有国际交往能力和国际视野的综合型人才作为目标。当代大学生有很强的适应性和表现欲，他们渴望走出国门，一展风采，因此，高校工作人员必须认真研究国际环境下的学生性格特点和人才培养需求，以学生为中心，为他们成长成才所需的国际化素质培养提供和创造更多的机会与可能。

（三）推动学科建设国际化的重要性

大学以学科为支撑，一所高校的水平高低取决于该高校的学科整体水平。对于综合性大学，如果超过一半的学科进入 ESI 学科排名前 1%，那么这所大学一定成功实现了"双一流"建设目标。而要想推动学科建设国际化，则要从学科的课程设置、教学水平、知识创新能力组织和管理入手，实现"双一流"的目标。

二、"双一流"建设对国际学生交流工作提出的要求

仔细研读《方案》，就国际学生交流而言，可以引出两个方面的要求：一是要"走出去"，主要包括加强与世界一流大学的实质性合作，开展高水平人才联合培养等；二是"引进来"，主要包括营造良好的国际化教学科研环境，增强对高水平留学生的吸引力等。两者结合，重在提升我国高等教育海外竞争力和话语权，打造中国自己的高等教育国际品牌。世界一流大学的成功经验值得我国高校借鉴，结合"双一流"建设推动国际学生交流工作从质量上得到提升。

（一）引导人才培养，加强顶层设计

长期以来，国际学生交流工作并没有得到足够的重视，有时仅将其作为国际化工作的一项苍白指标，对于国际学生交流的重要意义仍停留在表层，误读与曲解时常出现。国家出台了《留学中国计划》《关于做好新时期教育对外开放工作的若干意见》等一系列重要文件，这些文件都强调了教育对外开放对人才培养的重要性。南洋理工大学建校历史并不长，但其国际化办学理念在国际理工科领域获得了广泛认可。其办学战略目标是：通过提供优质教育为国家经济增长和建设输送优秀人才；精于科研、开发与创新，缔造新的知识和理念，以加强国家的科研能力，助力国家发展；实现卓越教学与科研的国际化品牌。该校硕士生中国际学生的比例是53%，博士生中国际学生的比例更是高达76%。国际化、经济全球化是一流大学的重要标志。作为高等教育国际化最活跃的元素，国际学生交流应当受到重视，通过政策倾斜、经费投入等大力开展国际学生交流工作，以点带面，依托零星的国际交流项目、规模化的中外合作办学项目，促进学校整体国际化办学的提升，从而服务国家发展战略。

（二）重点建设学科，优先特色学科发展

世界一流大学并不一定在每个学科上都处于国际领先地位，但一定有世界级的学科，如加利福尼亚大学伯克利分校的计算机与工程学科、耶鲁大学的人文社会学科，以及芝加哥大学的经济学科等。不同的地区、不同的学科领域、不同的学校定位，都存在巨大的差距，要坚持"有所为，有所不为"的战略，走特色化、差异化的道路，集中优势资源打造一批具有专业特色、国际知名度的优质学科，培养一批高质量的毕业生，形成辐射效应，提升国际影响力。"双一流"建设遵循着一流学科建设带动一流大学建设的战略路径，这表明国际学生交流工作要更加重视对学科建设的服务功能，遴选出接近高水平的学科或科研领域，进一步贴合相关学科对人才培养、国际合作的需求，加强与相关领域世界一流大学的接触和交流，如加强与世界著名高校的合作，以学科建设为导向，开设学分访问项目，把更多的中国学生送出去；利用现有的特色学科，与国外知名实验室开展研究生联合培养，共同设立国际联合实验室等，促进学科国际化水平的提升；依托国家"一带一路"倡议在东盟国家的推进，广泛宣传科技实力与办学成果，吸引相关国家成批次选派学生来校进修等。

（三）国际国内资源利用，提升交流质量

高校已成为国际交流的主体，可以充分利用大量科研人员在国外重点大学进修学习的契机，给予一定的政策倾斜，鼓励他们发挥"牵线搭桥，穿针引线"的作用，开展定向国际学生交流，把中国学生送到世界一流大学去、送到国际大师身边去。与此同时，高校与外事管理部门协同工作，加强与相关学科领域世界一流大学的联系，加强中外学生双向交流，尤其是博士层次的交流，提升高层次人才培养水平。此外，积极推动相关专业开展国际认证，这是与世界其他一流大学开展深度合作的基础。一个国家高等教育对国际学生的吸引力，很大程度上取决于该国所能提供的专业课程的类型、规模、数量和质量。2013 年，中国已加入世界上最具影响力的国际本科工程学位互认协议——《华盛顿协议》，依托专业认证，开展更多的专业类国际学生交流，提高国际学生交流对专业国际化建设的贡献度，是理工类院校发展国际化的重要途径。

（四）减少语言障碍，建设国际化师资队伍

英美发达国家因为具备语言优势，所以能够在全球范围吸纳优质生源。即使是非英语类国家，也为国际学生专门开设了全英语讲授课程。目前英语是强势语言，高校在推动国际学生交流的过程中，必须下功夫解决语言障碍问题。通常情况下，我国接收国际学生来校交流学习，教学语言有三类：用汉语学汉语（专业是汉语，授课语言为汉语，零起点或者有一定基础，国际学生最容易接受的模式）；用汉语学其他专业（专业是除汉语外的其他专业，授课语言为汉语，国际学生课堂授课压力较大）；全英语授课专业，典型的专业是医科类大学设置的临床医学专业。英语授课是教育国际化的重要体现，是实现国内外大学课程对接以及教学国际化的必要前提。但这对教师提出了较高的语言要求，给课堂授课、教务管理也带来了挑战。因此，推动全英语授课必须与教学师资队伍建设结合起来，以培养国际化人才为目标，以全方位提升教师英语授课能力为抓手，通过一定的政策、经费倾斜，鼓励更多教师开设双语课程，进而建设全英语授课专业。

（五）加大经费投入，深化高水平国际学生交流

美国大学之所以能吸引全世界范围内的优质生源，不仅因其拥有一大批具有全球声誉的顶尖大学，还因能给学生提供良好的学习生活条件，其中奖学金是重要吸引条件之一。因此，增强国际学生交流同样需要加大经费投入力度。国家留

学基金管理委员会通过设立优秀本科生海外访学项目、全球青年领袖短期访学项目等引导高校积极联系海外高水平大学，签订交流协议，推动中国学生进入一流大学课堂，并给予相对有利的资助，如资助往返国际旅费、提供生活费等。各学校也可以根据自身办学特色，设置有针对性的高层次学生交流培养奖学金，鼓励学生赴境外访学。

第三节 "双一流"背景下高校国际化存在的问题

一、当代高校的国际化现状与挑战

（一）师资队伍国际化现状

目前，国内高校已将对外合作视为常规工作，各高校正不断拓展新渠道、充分利用国家优惠政策支持，为高校骨干教师和科研人员出国深造创造条件。

1.专任教师英语水平有待提高

教学科研岗位教师的英语水平普遍是读写能力高、听说能力弱，即英语水平可以满足阅读国外期刊文献和撰写论文的需求，但若要开展全英文教学则还有些差距。这在很大程度上限制了来华留学生的数量，换句话说，从"走出去"到"引进来"还有很长的一段路要走。

2.教师"走出去"的层次有待提高

目前许多高校对应聘正高或者副高职务的人，提出了需有在国（境）外访学、合作研究的经历，因此很多中青年教师会为此选择赴国（境）外高校研修。由于是客观条件需要，而非主观意愿驱动，因此出国研修往往只是满足了派出6个月或12个月的时间要求，但未明显促进教师个人发展或是提升高校教师的国际化整体水平。

3.增加全职高水平外籍专家学者的聘请数量

国内高校聘请的外籍专家学者以短期的客座教授为主，长期聘任的很少。但是教师国际化水平的整体提高很大程度上取决于知名外籍专家学者和优秀海外归国人才的引进数量。

（二）学生培养国际化现状

学生培养是一个系统工程，涉及多方面的内容，包括积累知识、提升能力和培养个性等。目前，我国高校在全方位、多角度培养学生方面已取得了长足发展。例如，通过与世界一流大学和学术机构签订联合培养协议、由国内和国外高校共同创立具有鲜明特色的新型国际大学等，将国外的优质教育资源有效引入国内的教学科研全过程。但不可否认，目前学生的国际化培养还存在一些问题亟待解决。

一是国内学生尤其是理工科学生的英语听说水平相对薄弱，在课堂上或讲座中较少积极主动地与外籍专家运用英语进行交流，即使有问题，也很难进行深入探讨。外籍兼职教师讲授的课程通常以讲座形式开设，时间短、强度大且数量有限，学生的获益自然受到很大影响。二是很多优秀的本科生会在大二、大三时参加学校短期交流项目出国学习，而这半年或者一年的学习将在很大程度上影响他们毕业后的走向，多数学生在经济条件允许的情况下，会选择出国读研，这又影响了国内高校研究生生源的质量和数量。因此，学生交流的本质是输出优质生源，直接受益人是学生个体，但难以在校内产生辐射效应，不利于改善在校学生的国际化培养状况。所以，探索引进海外优质资源，具有更为重要的现实意义。

（三）学科建设国际化现状

众所周知，建设一流学科是建设一流大学的基石，而高校必须通过国际交流与合作，有效利用国际资源来建设一流学科。因此，国际交流与合作对建设世界一流大学有非常重要的作用。但现阶段我国高校在学科国际合作与交流方面还有需要改进的地方。

1.学科的国际交流有待深入

高校师生目前多倾向于通过参加国际会议、合作研究、联合培养等形式来开展学科的国际交流，但这些都是短期的途径，缺少系统性，长此以往，无论是对教育工作者还是学生而言，会形成"独树成林"的误区。

2.学科建设离不开教育

换句话说，只有在一开始制定可以实现的教育目标，以及适合国内学生的教育方法与手段、系统且呈阶梯式深入的教育内容，才能圆满完成最终的教育质量评价。现在许多高校虽然引入了国际化的教育质量评价体系，却只注重最终的评价结果，而忽略结果所反映的过程性问题。这或许能在短期内提高学科排名，却绝对不利于学科的长期发展。

二、当前国际交流与合作中存在的问题

（一）国际交流合作机制有待完善

目前，诸多高校的国际化办学的主体为国际交流主管部门，"大外事"运作机制尚不完善，国际合作和交流表现出单兵作战的特点，缺乏有关部门的协调与配合，对于院系来说，大部分工作过多地拘泥于被动的迎来送往，没有以联系的眼光把国际交流和合作工作与学科建设、师资队伍建设、人才培养等工作有机结合起来，一定程度上制约了国际化合作与交流的进一步实施和拓展。

（二）国际交流与合作中体现出不对等性

长期以来，发达国家占国际教育交流的主导地位，大量接收国内高水平高校输出的人才，拥有众多文化输出渠道，优势资源单向流动明显，也形成了"马太效应"，世界一流高校人才纷至沓来，而急需顶尖人才实现进一步发展的国内高校则遭受人才流失的风险。另外，在合作办学项目中，外方也把控着师资资源、课程内容、授课模式等的主导权。

（三）师资队伍国际交流合作能力有待提高

师资队伍是学校的核心竞争力，与世界一流大学相比，我国高校师资队伍的国际化水平和能力还不够高。从规模上来看，高校长期外籍教师占比较低，缺乏一批在世界上有影响力的学术大师。从国际化沟通能力上看，部分教师的外语能力有限，限制了其与国外高水平教授之间开展深层次的科研合作。从操作性方面看，大部分教师授课任务及科研任务重，没有富余的精力应付事务性的交流工作。

（四）交流层次不够深入，交流形式单一

国内诸多高校的海外合作伙伴数量虽在增长，但主要交流形式仍为浅层次的迎来送往，可持续性不够，缺乏高质量的核心合作伙伴。目前诸多高校国际交流与合作主要是以学习为主、引进为主的单向性输入，国际化并不只是增加交换生和留学生的数量，不是多引进几名外教、多召开几次国际会议，而是通过国际交流和合作，推进教育理念、教学内容和教学方法的更新，引发高校改革的连锁反应。要鼓励"双向互动"，只有这样，合作共赢的国际化才有可持续性。

（五）宣传渠道与方式有待改善

要成为世界一流大学不仅需要硬实力，也需注重软实力的建设。国内许多高校在宣传方面，较依赖单一的、传统的信息传播方式，这大大限制了信息传播的及时性与广度；在英文网站建设方面，诸多高校没有注重网站维护的持续性，另外在网站页面设计、信息内容表述、更新速度等方面，均有较大的完善空间。

第四节 "双一流"背景下高校国际化的发展思路

一、我国高等教育国际化的战略定位

我国高等教育国际化进程是一个复杂的发展过程。高等教育国际化的战略规划要建立在明确的战略定位基础上，既要考虑区域内高等教育的发展水平，也要综合运用各种手段和方法来应对外部环境的变化。因此，我国高等教育国际化的战略规划要有目的性、计划性、预见性和创新性；并应从我国高等教育国际化发展的长期性和全局性出发，对所面临的各种问题进行详细的分析。

（一）系统性和结构性

我国高等教育国际化是我国高等教育改革和发展的内在动力之一，也是经济和社会发展的必然要求。通过不断深入推进高等教育国际化的发展，我国高等教育致力于建设一个全方位、多层次、宽领域的教育对外开放格局。首先，高等教育国际化的战略规划应该具有系统性。高等教育国际化是由一个多元主体参与的过程，其发展需要多元主体间的协商与合作。政府、高校、市场、社会力量都应积极地参与其中，并为高等教育国际化发展承担职能与责任。高等教育国际化的战略规划要系统地考虑多元主体的存在以及他们之间的权利分配，要在逐步明确各主体职能与责任的基础上，力求政府、高校、市场和社会力量都能充分发挥其作用，从而建立起一套能够有效促进高等教育国际化的协作系统。其次，高等教育国际化的战略规划应该具有结构性。高等教育国际化包含着丰富的内容，国际化发展战略要从结构的视角出发，梳理出规划所包含的内容。在我国，高等教育国际化主要涉及教育教学活动，如教师和学生交流的国际化、课程的国际化等，同时也涵盖了教育服务贸易，教育市场开放、保护等内容。政府和高校需要从现有的实际情况出发，统筹兼顾、科学合理地平衡高等教育国际化所面临的机遇与挑战。

（二）立足本土与放眼全球

立足本土、服务本土既是我国高等教育国际化发展的基础和力量源泉，也是我国高等教育及其国际化发展的重要目标。城市高等教育国际化与城市国际化紧密相连，彼此相互促进。因此，在对我国高等教育国际化进行战略规划时，必须以地方经济社会发展的现实为依据，并致力于为城市发展提供持续动力。立足本土就是立足于区域政治、经济、社会文化等各方面的特殊因素，具体问题具体分析，让整个战略规划适应当前社会经济发展的需要。高等教育国际化的推进要坚持以人才培养为中心，满足区域经济发展所需要的高层次人才，并不断激发出区域经济创新的活力。同时，高等教育国际化与城市国际化紧密联系，需通过高等教育国际化的窗口，提升城市的品位与魅力，进而营造出具有地方特色和国际氛围的文化环境。

放眼全球是高等教育国际化战略规划的另一基本方面，它关注的是国际化的交流与合作。在经济全球化的大背景下，世界各国间的经济文化交流越来越密切。在这样频繁的交流中，社会资源能够高效地在全球范围内自由流动，并实现其最大的效用。因此，高等教育国际化的核心在于国际教育资源共享。高等教育国际化发展要具备国际化的视野，要在"走出去"和"引进来"的过程中，提升国际化层次。放眼全球既是要放开眼界，广泛地参与到国际教育合作中去，同时也是对自身高等教育发展的要求。我国高等教育国际化要致力于提升我国高等教育的质量，建立起一批真正具有国际竞争力的高等院校，提升我国高等教育的国际竞争力和影响力。

（三）宏观指导与微观执行

我国高等教育国际化的战略规划是对我国高等教育国际化发展的总体指导，它必须是一份内容翔实、可行性强的工作计划。在实施高等教育国际化战略规划时，务必要将宏观指导与微观执行密切结合，既要从宏观上把握发展方向，又要在微观上细致地处理各项具体事务。宏观指导与微观执行是战略规划的基本定位之一，需要一份内容翔实且具有可行性的工作计划作为保障。战略规划所要求的内容翔实主要聚焦于高等教育国际化的具体内容上，包括高校办学国际化、中外合作办学、高等教育对外援助等。在内容的构建上，战略规划既要注重体制机制的建设和改革，也要保证各项政策法规的跟进。同时，可行性也显得极为重要。

因为战略规划不仅是一份工作计划，还是各种能够切实落实的具体措施。可行性是整个战略规划实行的关键。也就是说，我国高等教育国际化既要充分继承和运用我国高等教育发展所积淀下来的传统与成果，同时也要运用现有的优势条件，不断深化我国高等教育国际合作与交流的综合改革，以寻求更为科学的发展之路。这要求战略规划联系着高等教育国际化进程中的每个利益相关者。它符合大部分利益相关者对我国高等教育国际化的期望，也经得起内部与外部对战略规划的评估与监督。在形成具体完整的战略规划基础上，政府主要承担宏观指导的职能，并在战略规划的形成与完善方面起主导作用。而学校和其他社会力量则会成为微观执行的核心力量，要将战略规划中的具体措施落实到位，切实推进我国高等教育国际化的发展。

二、高等教育国际化的推进策略

（一）发展理念开辟全球视野

国际的迎来送往、师生的进进出出，这些都是外显的国际化，更为重要的是办学理念、视野、战略的国际化，这意味着高校要将高等教育改革与发展置于世界政治经济宏观变革背景中，以国际社会的广阔视野而非一国一域的角度进行设计和把握。对一所大学来说，与世界一流大学的差距或大或小，必须站在国际高等教育大平台上审视自己，在国际高等教育大坐标系上定位自身。如华东师范大学，从"十一五""十二五"到"十三五"规划，都一以贯之地把国际化作为学校办学战略，国际化也成为该校办学的鲜明特色和核心竞争力。

（二）人才培养强调国际理解教育

"培养大批具有国际视野、通晓国际规则，能够参与国际事务和国际竞争的国际化人才"是《国家中长期教育改革和发展规划纲要（2010—2020年）》提出的目标。高等教育国际化正从外部的人才流动转向内部的人才培养，并渗透到教育教学的全过程，深入专业、课程、教学、实践等核心要素中，从而推动高等教育进行深层次改革。首先建立国际化的课程体系，打破原有的专业壁垒，鼓励学科交叉融合，开设通识课程和国际教育课程，改变以知识传授为中心的教学方式，采取灵活多样的教学方式，注重能力培养，使学生具有更强的社会适应能力。其次营造多元化的文化生态。通过创新留学生趋同化管理培养、创建国际教育园区等方式，让具有不同文化背景的学生在一起学习和生活，在碰撞和融合中培养学生对多元文化的沟通、交流和理解能力。如华东师范大学探索成立了国际教育园区，吸引了诸如美国纽约大学、美国科罗拉多州立大学、美国国际教育交流协会、法国里昂商学院、以色列海法大学等海外著名大学、教育机构在园区设立海外教学中心和海外校区，华东师范大学因此成为各国学生学习中国文化、体验中国高等教育、了解中国改革开放的一个窗口；也通过引进这些优质教育资源，使学生有机会选修国外著名大学课程，感受不同的大学文化和教育理念。

（三）人员交流体现双向互动

学生国际化包括生源国际化和学习经历国际化。近年来，国内不少高校都有计划地持续选派学生出国学习；以联合培养项目为纽带，开展全方位实质性合作。华东师范大学与法国高师集团的中法联合培养研究生项目就是其中的成功典范。通过中法双方师资互派、学生联合培养，取得了人才培养和科学研究的丰硕成果。"走出去"也要"引进来"，不久的将来中国有望成为亚洲最大的留学目的地，甚至成为全球留学生主要的接收国之一。

师资国际化则包括师资结构的国际化和师资水平的国际化。既要吸引国外优秀人才，注重教师的"海外经历"，这是大部分教师职业发展的必要条件，也要积极创造条件提高师资水平，努力培养能与国际同行进行平等对话的师资。学术交流着重协同共享。举办国际学术会议固然属于学术交流，不同国籍的学者立足学科发展前沿，服务国际行业产业变革，确定共同科研选题，共建科研团队或平台，形成学术共同体，这能进一步拓展国际学术交流的广度、深度，催生出实质性的学术成果，这已成为国际学术交流的趋势。近年来，华东师范大学与美国康奈尔大学、加拿大不列颠哥伦比亚大学、法国高师集团、以色列海法大学等境外高校或机构合作，搭建了双边的或多边的联合实验室、联合研究院、联合研究生院等平台，为提高学科建设和科研水平提供了新动力。值得一提的是，华东师范大学借助与纽约大学共建上海纽约大学之机，与纽约大学在数学、计算化学、脑与认知科学、社会发展、物理方面共建了五个联合研究中心，为加强科研合作、提高国际学术参与度提供了重要平台。

（四）治理体系秉持共商共建共享

正如习近平总书记所提出的："世界上的事情越来越需要各国共同商量着办，建立国际机制、遵守国际规则、追求国际正义成为多数国家的共识。"上海纽约大学的创立和运行，是由华东师范大学和美国纽约大学等"共同商量着办"，在遵守国际规则的同时，也探索出中外合作办学新模式、管理新机制。因此，在高等教育国际化进程中，要恪守"共建共享"的全球治理理念，不仅要瞄准国际上通行通用的规则及标准、建立健全与国际全面接轨的现代高等教育制度和支撑保障条件，而且要积极参与全球高等教育治理，提高中国在全球教育治理中的制度性话语权。

三、规划我国高等教育国际化的基本原则

高等教育国际化不仅意味着教育资源与信息的共享和交流，更是一种新型的办学理念。地方高校应该突破地域，放眼世界，克服传统的保守思想，真正做到以全球视角去看待高校教育国际化。高校要清晰地把握住教育国际化发展的立足点，坚持为地方经济社会发展服务、坚持提升高等教育发展水平、坚持统筹兼顾与重点推进相结合的原则。

（一）坚持为地方经济社会发展服务

我国高等教育国际化战略规划要以服务地方经济建设与社会发展为基点，这与战略规划中"立足本土、放眼国际"的定位是一致的。国际化不仅要提升高等教育的发展层次，全面夯实地方经济社会在知识、技术、人才等方面的基础，还要充分运用国际化教育发展带来的活力，突破现阶段经济社会发展所遇到的瓶颈。同时，要紧紧抓住高等教育国际化的机遇，不断深化改革，加快地方经济产业的转型升级和社会服务建设质量的提升。我国高等教育国际化战略要始终以地方社会经济发展的实际情况为依据，进行科学合理的规划。地方经济社会的快速发展对高等教育的发展提出了更高的要求，也为高等教育国际化提供了坚实的基础。在我国高等教育国际化的不同发展阶段，"走出去"与"引进来"之间总会呈现出不同的状态，这主要取决于当地高等教育发展的实际情况。"走出去"是指本国或本地区教育资源的输出，是一种主动交流的形态。它代表着一个国家或地区的教育实力。而"引进来"则是外国教育资源的输入，主要包括引进国外优秀的教师、卓越的课程和教学模式等。在输入与输出间，要统筹规划，既要加大教育开放的力度，也要不断增强自身教育的吸引力和竞争力，努力形成"平等交流、均衡发展"的局面。

（二）坚持提升高等教育发展水平

高等教育国际化是高等教育发展的内在需求，也是加快高等教育发展的重要途径之一。我国高等教育发展要主动融入国际化趋势之中，把握住高等教育国际

化所带来的巨大机遇。在此契机下，不断创新国际交流与合作的途径，拓展我国高等教育质量发展的空间。在现有的发展基础上，我国高等教育国际化要注重对教育资源的整合和管理，并以更加积极活跃的姿态参与到国际交流与合作中。地方高校要借鉴和学习国外优秀的办学经验，引进国外优质的教育资源，逐步提高办学水平和服务水平。我国高等教育国际化战略规划强调教育形式和模式的创新，盘活教育资源，激发办学活力。地方政府和高校要集结社会各界的力量来共办高等教育。毋庸置疑，教育国际化发展对扩大地方高校生存与发展空间，解决现实性的发展瓶颈有着无可替代的作用和意义。

（三）坚持统筹兼顾与重点推进相结合

从长远和全局的角度对我国高等教育国际化的发展进行系统的谋划，必须将统筹兼顾和重点推进紧密结合。统筹兼顾是针对我国高等教育国际化发展中所遇到的普遍性问题而言的。在战略规划时要对这些问题进行全面的梳理，制定出适合我国高等教育国际化发展的远景目标和整体规划。而重点推进则强调对我国高等教育国际化中特殊性问题的关注。它要求在总体规划中突出重点，找到影响我国高等教育国际化发展的关键因素，集中优势力量快速找到解决之道。统筹兼顾与重点推进是远期规划和近期成效的统一，可以保证我国高等教育国际化的有效推进。当前，我国高等教育国际化仍处在一个探索的阶段，其发展面临着复杂的环境和多重的问题。要加快我国高等教育国际化的进程，就需要在整体规划中把握方向，突出现阶段工作的重点，为我国高等教育国际化的进一步发展打下坚实的基础。

四、加强高校国际化建设的对策

第一，着力提升教师队伍的外语水平，培养中青年教师独立承担全英语授课的能力。对于高校教育工作者来说，英语的用途绝不能局限于阅读文献和撰写论文，而应该作为一种工具，承担起辅助教学科研、实现国际化的任务。

第二，重点关注培养而非派出，目前高校对师生的出国交流都是采取"行前审批、行后报销"的流程，却没有重点关注师生被派出后的培养效果。所以，高校必须将工作重心放在培养上，关注培养过程中的突发问题以及培养的质量和效果，探索更加有效的出国交流激励机制，建立健全管理体制等。

第三，加强与世界一流科研院校的实质性合作，整合国内外优质教育资源，继续推动联合培养项目的开展，如"2+2"联合培养博士项目和"1+1"联合培养博士后项目，这不仅能解决目前生源有限的问题，还能吸引优秀的国际学生来华学习。

教育学生就是培养人才，任何有利于人才培养的手段和措施，都是值得尝试的。

第四，打造健康的学术生态环境，营造提升学术氛围，不仅要引进前沿的科技成果，也要输出国内的思想和理念，打造和谐浓郁的科研环境，为实现教师队伍国际化铺平道路。

五、国际交流合作支撑"双一流"建设

（一）建立有效的体制机制保障

高校是一个有机的整体，创建"双一流"高校，涉及科研、教学、教务、宣传等方面，需要各个部门的相互支持、协同努力。高校应从学校发展战略出发，建立高度统筹、有机协调的国际交流与合作管理体制，促进国际化意识与教学、科研、师资队伍建设等各个环节的有机结合，做好国际化软环境的建设，完善激励与考评机制，给予学术单位充分自主的发展空间，逐步将学校不同层次的国际交流与合作服务纳入教师社会服务职责，将国际交往纳入二级学术单位和教师评鉴体制。

（二）推动国内高校把握国际交流合作主导权

建设世界一流大学、一流学科并不是盲目遵循西方的标准。在我国国际地位不断提升的大背景下，我国高校要积极开发合作项目，搭建交流平台，主动明确地提出自己的请求，积极把控国际交流的方向盘，"引入"与"输出"并举。在与国外高校建立合作关系开展交流项目的过程中，不仅要输出学生，更要在交流中善于与国际高水平大学、机构协同攻关，促进教师交流、科研交流，以及学科发展。

（三）提高师资队伍国际交流与合作水平

国际交流与合作，归根到底是人与人之间的交流与合作。院系和教师是促进国际交流与合作的重要载体，应充分发挥院系和教师的主人翁精神，增强其自主开展国际交流的能力，调动其协同推动国际交流的积极性和创造性。一方面，要做好在国际上有影响力的高级人才及其团队的引进工作，发挥其植根本土的"溢出效应"，以辐射整个学科的科研发展与人才培养；另一方面，要培育本土青年教师的国际交流意识，提升其国际交流能力，实现自下而上与自上而下的有机融合。

（四）做好国际交流与合作的顶层设计

国际交流与合作要深入开展，需要各高校根据自身的发展需求、学科建设情况、发展目标，有针对性和指向性地做好交流与合作的顶层设计，继而有侧重性

地选择加强与国外院校的交流与合作。高校的工作重点是做好组织引导、为院系国际交流与合作提供政策和资金支持。鼓励各院系、学科和研究所，根据自身发展需求和学科优势，积极加强与国外顶尖大学院系、科研机构的合作。把国际化宏观的目标任务变成具有实际操作意义的项目。

（五）改善国际交流宣传内容与宣传渠道

一是注重传播渠道的多样性，除了传统的纸媒，还可以利用各种互联网平台，如英文门户网站、微信、脸书等。二是注重传播内容的丰富性，无论是宣传册、新闻稿还是网站，都需摒弃空洞的泛泛而谈的内容，而对科研与教学发展选取典型案例集中宣传。三是注重受众体验，需在页面设计、内容表述与编辑上，采用符合国际惯例的内容设置和表达方法，提升宣传的及时性、丰富性、有效性与趣味性。

六、实施高等教育国际化发展战略

（一）政府层面

1.更新观念以明确高等教育国际化发展目标

在推动我国高等教育国际化的进程中，地方政府管理部门要加强对高等教育国际化理念的宣传，促使高校在教学和办学的过程中，逐步形成全球化视野和国际化发展战略思维。地方政府管理部门要引导高校加强对外交流与合作，将高等教育国际化作为加速提升高等教育整体实力的重要途径，切实提高对高等教育国际化内涵及其重要性的认识。地方政府管理部门要从自身出发并与高校等主要参与主体密切协作，深入理解高等教育国际化的具体内涵，并通过高校组织和科研组织促进对高等教育国际化的研究。地方政府在高等教育国际化中承担着宏观管理和引导的责任。作为我国高等教育国际化方向的掌控者，地方政府要积极联合高等院校和社会参与主体共同更新对高等教育国际化的认识。只有这样，地方政府才能以正确的国际化理念推动地方高等教育的发展。明确我国高等教育国际化的理念与目标，是推进战略规划实施的首要环节。地方政府只有充分认识高等教育国际化的意义，才能让我国高等教育国际化的理念深入人心，并得到更多社会公众的认可。

2.加快高等教育行政管理体制的改革

高等教育行政管理体制是影响高等教育国际化进程的重要因素之一，它直接关系到高校在国际化进程中所发挥的作用。在以高校为主体的高等教育国际化中，一定要凸显出高校的主体性，落实高校的办学自主权。当前，高等教育国际化发展趋势要求高等教育行政管理体制必须做出改革，而高等教育行政管理体制的改革主要集中于高校与政府之间的权责分配。要提升高等教育国际化发展的活力，就必须明确划分政府与高校的权力和责任。一方面，既要保证政府管理部门在适当的范围内行使其职权，避免"不作为"与"乱作为"的现象发生。另一方面，要尊重高校的办学主体地位，给予其合理的自由发展空间。在推进高等教育国际化的进程中，政府管理部门的主要权责局限于宏观管理和指导，目标是保证国际化有序进行。与此同时，政府管理部门还要根据现有的发展状况转变其职能，在行政管理体制改革中实现权力强化与弱化的结合，使政府管理逐步向法制管理和民主管理转变。高等教育行政管理体制的改革是要将原本属于高校的权力给予高校，落实高校的办学自主权，以激发高校在高等教育国际化中的积极性和创造性。高校的自主性对高等教育国际化极为关键，这是高等教育国际化发展的内在动力。

3. 建立我国高等教育国际化发展评价与监督体系

政府管理部门在高等教育国际化中除了起引导作用外，监督与评价也是其重要的职能。高等教育国际化是一个持续化的发展过程，在不同的阶段会呈现出不同的内容和形式。政府管理部门要在这个发展过程中承担起监督者的角色，以保证高等教育国际化取得相应的成果。并通过建立评价与监督体系对高等教育国际化进行监测，要依据数据收集和成果分析，持续关注高等教育国际化发展中存在的问题和取得的成绩。在对高等教育国际化进行评价和监督时，社会评价和监督也是重要的组成部分，能直接体现出高等教育国际化的发展状况。政府管理部门要将一部分监督职能转移给社会中介评估组织，进而形成一个更为公平、公正、公开的多元评价体系。政府管理部门要与社会中介评估组织密切合作，逐步建立符合国际规范、各中外合作办学机构主动参与的区域办学特色的质量标准认证机制。同时，政府管理部门也要注重内部和外部评价与监督的结合。各高校和科研机构在开展高等教育国际化的进程中，需要建立起自己的评价与监督体系。高等院校科研部门要对高等教育国际化评价指标进行科学论证。只有建立起完善的内外部评价与监督体系，才能从整体上把握高等教育国际化的发展状况。

4. 建立共享机制，促进校际资源互通

我国高校大多采用传统的垂直式封闭管理体制，高校管理自成体系，校际缺乏便捷通畅的合作渠道。从我国实践情况来看，校际合作在经济发达省份、部属高校和部分高水平大学间发生较为频繁，这些地区和高校本身教育资源丰富，发展理念相对超前，通过科研合作、课程互选、学分互认、师资互聘等多样化的形式加强校际合作，成立高校联盟，利用现代信息技术扩大校际合作规模，在学术讲座、实验室平台、大学生竞赛项目等方面加强校际联系，可以大大提高教育资源的利用效率，实现优质资源区域共享。

鉴于有限的人力、财力、物力，区域内高校从某种角度来说处于竞争地位，政府的政策倾斜也往往看重评价结果，重视排名靠前的高校和学科，因此为了争夺更多的资源和支持，高校不愿将自身优质资源进行共享，缺乏合作意识。我国高校区域分布普遍呈聚集状态，地理位置临近，具备加强校际密切合作、进行资源共享的先天优势，各省市政府应该加强顶层设计，引导高校摒弃传统资源争夺的"零和博弈"思维，建立和完善相关高校合作制度，实行规范化管理和高效运作，完善基础设施建设和交通服务，推动校际资源共享平台建设；推动区域内高校优质课程互选、学分互认，鼓励校际科研合作和学科交流，促进校际优质资源的互联互通，实现图书馆、实验室的开放共享，建立区域高校人才信息库，加强区域内师资互联互通。

5. 搭建交流平台，推动产学研有机融合

高校不仅是国家和区域发展的人才培育基地，还是知识传承、知识创新和知识应用的组织，19世纪中叶美国《莫里尔法案》的颁布在各州催生了一批赠地大学的诞生，这些赠地大学切实担负起为各州培养高素质技术人才的职责，主动为社会服务。威斯康星大学及其思想成为大学践行社会服务办学理念的典范，威斯康星大学思想是高校必须冲破象牙塔式的封闭办学模式，教学活动不应仅仅局限在校园，而应在全州展开，加强联系与合作。正如西班牙思想家奥尔特加·加塞特在《大学的使命》一书中写道："大学不仅需要与科学进行长期、永久的接触，否则会萎缩退化；而且需要和公共生活、历史事实，以及现实环境保持接触。"

政府应该意识到高校学科建设应引领甚至适度超前于区域产业结构调整，强调学科与产业之间的支撑关系，真正打造服务于地区发展的一流学科体系。在此过程中，政府要起到"政、产、学、研"深度合作的桥梁和润滑剂作用，营造有利于沟通合作的宏观环境，目前中央政府和各省级政府在深化产教融合方面都出台了系列制度措施，但如何避免流于形式，真正落实相应举措还需各方共同努力。首先，政府要发挥政策激励作用，鼓励企业与高校合作，采用诸如税收优惠、金融政策、平台共享、人员交流、智库建设、成果转化机制等措施加强校企、校地的深层次合作。其次，充分调动、发挥行业协会等第三方机构的集聚作用，定期举办交流会和研讨会，为企业和高校提供广阔的交流平台，增进相互了解，便于双方的信息互通、设备共享，减少信息不对称引起的产学研脱节，加强双方在人才培养、成果转化、科学研究等领域的深度合作，提高高校人才的创新能力和实践能力，促进行业的转型升级，提高经济发展效益，实现双赢。最后，学习国外先进建设经验，加强坚持以问题为导向的研究集群建设，政府应该基于对区域经济、政治、社会、文化、生态等全方位的考量，引导和资助各一流学科与企业在迫切急需领域进行研究合作，补齐区域发展短板，提升一流学科的社会服务能力。

（二）高校层面

1. 提升学校师资和管理队伍的国际化水平

教师国际化是高等教育国际化的重要指标，也是国际化教学的重要保障。高校在高等教育国际化进程中，要注重国际化教师队伍的建设。地方高校要进一步加强教师对外交流工作，鼓励教师出国进修、访学。通过各种形式搭建教师学习交流的平台，积极支持教师参加国内高水平学术研讨班和国际学术会议。不断加强与国际知名高校的合作与交流，建立起国际化的教师培训机制。与此同时，要加快高校教师管理制度的改革，逐步完善教师聘用、职务晋升和激励制度，调动教师提高自身修养和教学技能的积极性，建设一支能够适应高等教育国际化发展的师资队伍。在加强自身师资力量建设的同时，高校也要重视对外国文教专家的引进工作，积极创造条件、开辟渠道，面向全球广揽贤才。

2. 加快学校国际化专业与课程的建设

课程建设既是高等教育国际化的关键，也是高等教育国际化水平的重要体现。地方高校在国际化办学中，必须建立起科学合理、能与国际接轨的课程体系和教学内容。高等教育国际化与经济社会的发展状况密切联系，因此，国际化课程的建设也要符合经济社会的发展需求。我国高等教育国际化要在现有课程资源的基础上，进一步扩展国际化课程的范围。高校要积极发挥资源优势，建立起具有品牌效应的涉外专业，增加海外招生名额，提高课程国际化水平；要在巩固现有国际化专业的同时，不断丰富与国际化密切联系的专业的内容。在国际化课程的建设中，加大全外语课程和双语课程的开发力度，为学生提供一个更国际化的学习环境。同时，要在加强高校国际化课程建设的基础上，将目光投向国外的知名高校，积极借鉴和吸收国外同类高校在课程体系改革、教学内容更新、教学方法创新等方面的先进经验。地方高校要进一步加强与国外高校的交流与合作，引进国外高校先进的教学模式和课程内容，不断增加国际化课程合作的内容与形式。在国际合作与交流的过程中，不断形成课程设置经验互相分享的局面。

3. 大力发展留学生教育和境外办学

随着留学政策的逐步放开，地方高校在双向留学方面取得了快速健康的发展。政府管理部门大力支持高校的留学生教育，建立了一系列的政策法规，以保证留学生教育的顺利进行。地方高校要抓住机遇，提高自身高等教育的吸引力，大力发展留学生教育。在这些政策法规的指导下，地方高校要充分发挥自主性，加快国际化课程建设和增加海外招生名额，不断增强自身在留学生教育尤其是留学生学历教育等方面的实力。同时，地方高校还要扩大其在国外的影响力，积极参加各种海外推介工作，将所在地方的经济、社会、文化和高等教育的发展状况推广出去，吸引外国学生来校就读。

4. 加强国际学术交流和科研合作平台建设

国际学术交流和科研合作是高等教育国际化的重要内容之一，加强国际学术交流和科研合作平台建设，是高校国际化发展的重要内容。在高等教育国际化中，地方高校要积极主办或承办各类国际学术会议，建立起国际学术交流的固定机制。建设国际化科研合作平台，将高等教育国际化的成果迅速运用到地方经济建设和社会发展中去。国际化科研合作平台要汇集国内外的优质科研资源，创新合作模式，力求实现科研成果的大突破。首先，地方高校要制定具体的政策以鼓励并支持高校教学科研人员参与国际合作研究项目，申请国际组织和其他国家的科研项目。其次，要鼓励地方高校与国外高校、科研机构共同建立科研协作平台。最后，要大力支持地方高校与国外政府部门、学术界和产业部门共同建立产学研基地。我国高等教育国际化战略规划要重视高校在科研领域作用的发挥，加大投入，建成真正具有国际水准的科研合作中心，依靠科学研究的最新成果，为经济发展方式的转型注入活力、动力。

5. 注重师资培育，提高本校师资质量

高层次人才并不是一朝一夕就成长起来的，而需要花费一定时间、财力去栽培，是一个投资周期长、收益见效滞后的工程，因此各高校选择高效、直接的引进办法，重视"输血移植"挖人才，但忽视了自身造血功能，对本校的高层次人才培育工作重视不足。当然，面对一流学科建设的迫切要求，高校仍要加强人才引进工作，积极利用国家和区域相关人才政策，继续完善本校高层次人才引进和管理制度；同时，避免盲目引进造成的人才无序流动，根据自身学科发展实际情况有针对性地引进急需紧缺人才，不仅要考察人才的真实专业水平，还要重视职业道德修养的考评，提高人才引进质量，避免资源浪费。

另外，与人才引进这一短期行为相比，高校师资培育则应是长期性的常规工作，高校应立足长远，重视存量管理，对引进的人才和现有师资一视同仁，建立和完善优秀师资选拔、资助、交流、激励和保障的体制机制，给予高校教师、科研人员和管理人员对外学习交流的机会，鼓励优秀人才特别是青年人才继续深造、访学，到企事业单位进行实践锻炼，提升学科专业素养，加强社会服务意识的培养，引导形成多层次、多元化的人才成长机制。

6. 加强国际交流，提高国际合作水平

高校间的国际交流与合作是各国文化交流的重要渠道，而拥有较高的学术声誉、较高的学科发展水平、资金雄厚的大学总是更容易获得国际交流的机会和优质国际生源。高等教育国际化成为高校实现内涵式发展、提高学术影响力的重要途径。

目前，我国积极打造"全方位、多层次、宽领域"的教育对外开放格局，深化与世界各国的教育国际交流，大部分高校的学科建设方案中也提出要立足区位优势，以国家战略为背景，加强与"一带一路"沿线国家的交流与合作。在此基础上，高校应树立国际化发展理念，创造性地开展多种形式的国际交流与合作，学习和借鉴国外高校先进的学科管理经验；立足区域发展和沿线国家发展需要，培养紧缺的国际化专业人才，加强实质性的国际科研合作；提高留学生培养质量，加强留学生的认同感和归属感，打造留学品牌；寻求与国外高水平大学和科研机构的联合培养与合作，出台相应激励政策鼓励教师、学生、科研人员、管理人员出国交流、访学，增加在读学生的国际交流经验，提高师资国际化水平。

7. 重视学科文化，打造开放包容环境

作为大学基本组织单元的学科，离不开学科文化这个成长环境，良好的学科文化是大学保持和提升核心竞争力最基本、最持久的优势。当前许多高校中存在学科文化缺失现象，如有学者指出，高校行政的科层制文化一定程度上阻碍了学术自由，各部门缺乏合作意识，管理人员在管理理念和专业化程度上有所欠缺。

潘懋元认为无论是部属高校，抑或研究型、应用型、职业型高校，都应该有自己的"一流"。"一流"不应该被局限在学科评价排名上，高校应该把"一流"内化为办学理念和精神品质，将"一流"视为一种质量诉求、一种信誉和承诺、一种持续追求卓越的办学理念，"双一流"建设的重点应当是通过树立卓越的办学理念来释放学术活力，持续改进学术生产力和生产关系。高校要重视学科文化建设：第一，要增强师生的学科自信，强化学科群体意识，加强学科研究范式、学科价值和学术规范的教育，引导师生专注于学术研究，产出高质量研究成果，增强对所属学科的认同感、责任感、归属感；第二，要消除对某些学科的偏见，给予各学科平等对话的机会，打破学科规训制度的藩篱，加强学科间交叉融合，取长补短，形成鼓励创新、开放包容的学科氛围；第三，无规矩不成方圆，在制度文化层面，要完善职称评审制度、科研激励机制、教学质量保障体系等，保障相关群体的切身利益，凝聚力量共同推动一流学科建设；第四，在组织管理层面，学校行政部门应明确为建设一流学科服务的理念，创新组织管理机制，促进各部门之间加强沟通合作，简化不必要的审批程序，积极与其他高校进行交流，定期进行相关管理人员的培训和交流学习，并实地考察，借鉴先进管理经验，提升人员专业素养，为本校一流学科建设提供优质服务。

8.重视科教融合，促进一体化建设

学科是知识的专门分类；专业则是社会学范畴中的社会分工，由若干门课程构成；课程则是教育学意义上的学生的学习内容，它来源于学科知识，其"最有价值的知识"组成教师的教学内容。学科、专业和课程具有内在逻辑联系，是各高校履行人才培养、科学研究、社会服务职能的主要载体。但在高校办学实践中，人才培养和科学研究常常被放在对立面，但二者其实并不冲突，不少高校也进行了科研和教学有机融合模式的积极探索，如2019年广西大学推行《广西大学创新人才培养实验班管理办法（试行）》，支持学生"早进课题、早进实验室、早进科研团队"，着力提高学生的科研能力、团队协作能力和探究意识。科教融合强调科研与教学的相互配合，突出学科与专业的一体化建设，以一流的科研支撑高素质创新人才的培养，符合科技创新与人才发展一体化的本质规律，是世界科教体系改革的重要方向。

因此高校应转变观念，平衡人才培养和科学研究的关系，推动"学科—专业—课程"一体化建设。一流的学科需要一流的课程，一流的课程同样需要一流的学科来支撑，要自觉将学科建设的创新成果转化为课程，将学科前沿知识、跨学科建设成果、学科建设最新成果等及时融入课程中，加强科教融合，将科研成果融入课堂，丰富和更新教学内容，使学生把握学科研究前沿；把科学研究作为人才培养的重要方式，让学生成为教师科研工作的合作伙伴，使研究项目成为第二课堂，在研究中促进学生自觉学习专业知识，掌握研究方法，实现探究式学习，培养学生的创新意识和科研能力，提高人才专业素养和学识；通过学科建设改革传统的专业教育，摒弃过时的、不适应现代社会发展的专业培养方式，推出"面向职场"的专业教育，加强实用型课程建设，提供多元化和个性化的课程，加强创新创业教育，培养学生的批判性思维以及创造能力、组织协调能力和实践能力，关注社会需要的人才必备素质。

9.提升学生能力，推进教学模式国际化

本科人才培养主要通过具体的教学过程来体现，而教学质量的高低则主要体现在课程体系的设置上，因此可从四方面来推进本科教学模式的国际化。一是在本科课程设置上要遵循学科发展的规律，体现不同学科发展的前沿知识，凸显交叉学科、边缘学科和新兴学科的发展特点，有选择地选用国际上先进的外文教材，不断将最新成果补充到相关课程中。二是探索现有本科四年制培养体系从单一模式向多元化转变的方式，如学习和借鉴国外合作院校的经验，尝试对接国外核心本科生课程，科学建成学分互认转换系统，畅通教学信息沟通机制，不断修订与完善本科生培养方案和课程设置。另外，可以尝试邀请国际知名教授参与培养方案的制订，以提高学科的国际认同度。三是在合理设置通识课程、核心课程和实践课程的比例基础上，大力加强全英文课程和双语课程的建设，同时通过聘请长短期外国专家访问、讲学等方式，将海外知名学者引入本科教育中的日常学习研讨、课堂教学、论文合作指导等环节。四是以多种形式为学生提供更多走向国际的机会，建设包括选修、学习、评价在内的开放课程体系，开展常态化、规模化、规范化的国际暑期课程或培训等。

（三）社会层面

1. 加快高等教育国际化的市场化运作

我国市场经济正处于蓬勃发展阶段，市场机制的建设也日渐完善。国家的深化改革，确定了市场在资源配置中的决定性作用。因此，推动我国高等教育国际化建设，必须紧紧依靠市场的力量，努力探索高等教育国际化市场运营的新路径，促进高等教育国际化的市场化运作。首先，要求政府管理部门进一步打开教育开放大门，建立市场准入制度，鼓励社会资本积极参与到兴办教育之中。其次，要搭建起具有优势的民办教育机构与高等教育国际化发展的合作关系，通过学校以外的第三方机构来激活高等教育国际化发展的动力。最后，我国高等教育国际化是在地方政府、市场、学校和社会力量等主体的共同推动下发展的，市场作为资源配置的有效方式，可以提供一部分的教育产品或服务，并在合理的市场竞争中提升高等教育国际化的效率。市场化运作是推动高等教育国际化的重要方式，政府管理部门要为市场组织进入高等教育国际化领域建立政策法规，营造公平和开放的环境，使市场力量能充分发挥其应有的职能。

2. 促进社会力量积极参与高等教育国际化

高等教育国际化是由多元主体共同参与和推动的，政府、学校、市场和社会组织都在此过程中发挥着不可或缺的作用。社会组织包含着社会团体、基金会、企业、教育中介组织等多类主体。这些力量的参与能促使高等教育国际化的运行更加透明、更加合理。很多社会组织在高等教育国际化中既是消费者也是监督者。在参与高等教育国际化中，它们具有自由的选择权，也有权得知高等教育国际化项目的详细信息。作为高等教育国际化服务的消费者，家长可以充分参与到高等教育国际化的监督中，以得到最优质的教育服务。而教育中介组织，是处于政府与学校之间的中介组织，具有独立性。政府部门在规划高等教育国际化时要逐步将一部分的教育服务让渡给教育中介组织，让其有空间在高等教育国际化事务中发挥作用。教育中介组织要体现第三方的特性，以中立的状态参与高等教育国际化的各项服务，它除了提供教育服务外，也成为评价与监督高等教育国际化的重要主体。

七、为留学生举办文化体验活动

（一）外国留学生文化体验活动的定义

在进行专业学习的同时，文化体验活动也成为外国留学生学习生活的一个重要组成部分。文化体验活动是指依据外国留学生的主体特点，区别于其他高校学生活动，了解留学生来中国学习生活的目的，配合高校汉语课堂教育内容，开展一系列有计划、有组织、有目的的符合外国留学生的活动。这些活动能够起到辅助汉语课堂教学、传播中华文化、搭建中外友谊桥梁和更好地促进跨文化交流的作用。

在文化体验活动中，充分了解其特点，立足于高校文化体验活动的现状。教育国际化的背景对文化体验活动提出了挑战，寻找其不足并在挑战中寻求机会以促进高等教育国际化的蓬勃发展。

（二）留学生文化体验活动的特点

1. 多样性的特点

多样性表现为组织形式、表现形式、活动内容，以及参与人员等方面，在其他方面也要体现多样性的特点。参与文化体验活动的外国留学生个体有很大差异，如不同的语言、不同的肤色、不同的文化习俗等，这些差异导致留学生文化体验活动需要具有多样性的特点，以传播中国文化为目的，通过不同的活动组织形式和表现形式来提高留学生的参与度。

2. 国际化和跨文化的特点

目前，各高校外国留学生逐年增加，招收留学生的国别也逐年增加。参与文化体验活动的外国留学生来自不同国家，文化差异显著，这使得文化体验活动不只存在中国文化和中国元素，还具有国际化的特点，适合来自不同国家的外国留学生，这意味着外国留学生文化体验活动具有国际化和跨文化的特点。

3. 开展特色体验活动

外国留学生文化体验活动除了包括一些比较常见的文化体验活动以外，还需增添一些特色的体验活动。具有特色的文化体验活动要配合正常的汉语课堂教学内容，需做到动静相宜，让外国留学生在生活中感受课本上的知识。课堂上教学内容的辅助教学工具有图片、照片和视频等，但这些并不是最直观地感受中国文化的方式。而配合课堂教学内容开展带有中国元素的特色文化体验项目，能更直观地让外国留学生感受到中国文化和中国元素，达到更生动、更真实传播中国文化的目的。

不同的高校应当创造出具有学校精神、学校风格、世界地域特色的留学生校园文化。创造有个性的外国留学生校园文化，可以从办学任务入手。如中文专业留学生注重培养中国传统文化中的科学文化精神，商科专业留学生注重培养中外企业和商业之间的桥梁与纽带精神等。各高校校园文化既是有个性的，又是历史的，并有一定的延续性，而外国留学生校园文化既是世界的，又是开放的，又有国际性。坚持一定的选择性，突出各高校办学特性，从而开展特色的外国留学生文化体验活动。

（三）留学生文化体验活动的现状

1. 实地考察

实地参观和游览的文化体验形式主要是指让外国留学生能够直接面对最能体现中国文化特色的名胜古迹、山川河流、市井民俗等，使学生近距离地接触并了解中国历史、民俗。这种文化体验活动能使学生较快地接受。据调查得知，近年参与此类文化体验活动的外国留学生人数逐年增长，但参与度在各高校来华留学生总数中仍较低。这类活动在某些方面也存在弊端，如短期留学者没有更多的时间参与其中、留学生所在地文化资源有限、需要一定的资金支持等。

2. 中国传统节日聚会

参与中国传统节日聚会的留学生逐年增加，但由于外国留学生对中国传统节日和风俗习惯相关知识了解不多，此类文化体验活动并不能提高他们的重视度和参与度，在生活学习中开展此活动存在一定的障碍。

3. 举办文化专题活动

高校现有类似的文化专题活动有限，需投入大量的人力、物力和财力。在外国留学生中真正能钻研某种中国传统文化的学生属于少数。调查得出，参与文化专题活动的留学生逐年增多，这说明外国留学生对了解中国文化的需求逐渐增加，这其中也与高校对举办类似文化专题活动的投入是分不开的。

4. 中外学生的文化交流

培养外国留学生在真实情境中运用汉语进行交际的能力是对外汉语教学的最终目的，这已成为学界共识。而谈到交际活动，则必然离不开交际对象，因为交际活动不可能是单方面的，必须由交际双方同时参与。因此，要想真正掌握汉语，学习者就必须走出课堂，找到比较娴熟地使用该语言的人并与之一起从事各种交际活动。

5. 与汉语相关的比赛

现有的汉语比赛主要是以汉语桥、汉语之星和各种与中华才艺有关的比赛。比赛主要是考验汉语的听说读写的能力，掌握中华才艺的能力，对中国文化和历史的知识了解的能力。

各高校组织主要是根据在校外国留学生的汉语水平和学生个人才艺能力水平，考虑现状组织类似汉语比赛。通过比赛，可以锻炼外国留学生运用汉语的能力，增长其知识面，掌握书面以外的知识，结识更多的中外朋友，从而达到文化体验的目的。此类汉语比赛是各个高校留学生办公室较为重视的活动之一，如高校在比赛中获得名次，能在一定程度上提高高校的知名度，为其扩大招生起到积极的作用。值得注意的是，尽管在活动初期进行大量的宣传，并对报名参赛的选手进行针对式的培训，但最终参与的外国留学生人数仍然比较少、涉及面小、影响力有限。汉语运用能力好又有才艺的外国留学生虽然往往能脱颖而出，但在投入大量人力、物力、财力去培养种子选手的同时，容易忽视其他留学生的文化体验活动。

6. 带有中国元素的体育类活动

体育类的活动是指带有中国传统文化特点的体育活动，如高校运动会、民族舞蹈、中国特色体育项目和比赛等。不但让外国留学生参与体育运动锻炼身体，还在运动的同时感受到中国特色的体育文化，提高学生团结协作的能力。一些体育运动项目是中国特有的，外国留学生参加更能达到提高团结合作能力的目的，从而共同进步，永争第一。

在体育类文化体验活动中，以高校运动会为例，从报名到海选到比赛，参与的外国留学生的比例逐年增大。在参与此类文化体验活动的同时，也能创造一个和中国学生同台竞技的平台。但值得注意的是，高校参与体育类文化体验活动的留学生人数并不多，并且在组织和管理外国留学生参与体育类活动上有难度，由于诸多原因，各高校相关部门人员容易忽视体育方面的文化体验活动。

（四）留学生文化体验活动的挑战与机遇

在教育国际化背景下，高校外国留学生不仅是各国人民友好、合作的纽带和桥梁，是多元文化交流的媒介，也是接受中外文化、知识、教育的宝贵人才资源。教育国际化为留学生教育提供了一个快速发展的机遇，但在机遇把握和利用中，人们必须更新教育理念，在注重课堂教育的同时，充分利用文化体验活动，对外国留学生进行各种素质培养，从而达到更好地发展高校教育国际化的目的。

在发展国际化教育的背景下，留学生文化体验活动面临着诸多挑战。

1. 数据统计

选择来华留学的外国友人及其国别逐年增多，国别的增加对文化体验活动多样性和国际化特点提出了新的挑战。这也就意味着开展文化体验活动不但要从活动设计、组织、目的、系统性上有更高的要求，而且对举办活动的组织者对各个国家的文化习俗的了解程度也提出了新的要求。

2. 外国留学生人数增加

外国留学生个体的差异化，对如何更好地发挥留学生主体作用提出了新的挑战。如何提高在校外国留学生的活动参与度，如何根据学生自身特点开展有特色的文化体验活动，如何挖掘个别有潜力的留学生，重点培养，使他们更好地成为两国之间的友好使者，从而为高校国际化教育做出贡献，成为一系列新的难题。

3. 将学生视为一个整体

国际化形势对组织群体活动也提出了挑战，如何将来自不同国家、具有不同背景、使用不同语言的留学生更好地团结起来？如何使在校留学生缩小文化差异，相互融入？如何使外国留学生与中国留学生能更好地相处？打破留学生在华学习和生活的顾虑，真正融入中国文化，增强外国留学生团结一心的精神是教育国际化发展道路中对开展留学生活动提出的难题。

在发展国际化教育背景下，面对诸多挑战，如何弥补现有文化体验活动的不足，也同样为国际化发展创造了机遇。越来越多国家的外国留学生选择中国作为出国学习目的地，越来越多外国留学生选择将汉语作为第二语言进行学习，外国留学生主体人数的增加为文化体验活动的开展创造了机遇。各个高校外国留学生增多，国别的增多，为中国文化的传播创造了机遇。这也意味着世界来自更多国家的人来到中国感受中国文化，学习汉语，作为友好的使者，为中国与各国的友谊搭建起桥梁。

4. 举办文化活动

在传播中国文化的同时，各国文化碰撞和跨文化交流也为国际化教育奠定了基础。为各高校开展国际化教育，开展校际合作项目、交换生项目和双语教学课程提供了机遇。中国政府对发展国际化教育也加强了重视，很多民间的传统文化和民间艺术被列为非物质文化遗产，这为外国留学生来中国体验传统文化创造了机遇。近年来，政府对外国留学生的文化活动具有一定程度上的资金支持，这也为各高校开展特色文化体验活动奠定了坚实的基础。

（五）开展留学生文化体验活动的影响

首先，外国留学生在文化体验活动中获得了学习汉语和使用汉语的机会。文化体验活动能在很大程度上积极配合现有高校教育的国际化教学，在强化汉语教学的同时，也为促进双语教学和英文国际化课程授课打下了坚实的基础。文化的四个层面——精神文化、制度文化、行为文化和物质文化的传播和交流都离不开语言这个载体。文化体验活动可通过增强和提高留学生对中国文化的兴趣和认可度，激发留学生学习汉语的动机。

其次，高校留学生通过参加各项大型汉语比赛和文化传播类活动能够加大本校的宣传力度并提高其在国际上的知名度，这为扩大招生、增进招生工作奠定了国际化的基础。

最后，优质的文化体验活动是有目的、有组织、有计划的教育活动，这也对高校汉语教师队伍和留学生管理人员队伍提出了新挑战。在策划优质文化体验活动中，不但要培养高校师资队伍在实践中的汉语教学能力，也要不断培养锻炼一批高能力、高素质外国留学生管理人员。

外国留学生的文化体验活动有其特有的特点，组织形式多种多样，任何单一的方式都存在一定的不足。文化体验活动是很多外国留学生非常渴望和受欢迎的一种学习、锻炼和了解社会的方式。文化体验活动能够激发留学生带有心理认同的学习动机、培养其积极的学习态度，锻炼留学生个人的汉语运用能力、领导能力，也为促进高校国际化教育的发展做出了贡献。教育国际化给开展外国留学生文化体验活动创造机遇的同时也带来了新的挑战。立足于现有高校文化活动的现状，对外国留学生要注重通过各类文化体验活动向他们传播中国悠久文化和中华民族的优秀品德与传统，使他们在懂得中国文化的基础上，积极地宣扬中华文化。

八、政策目标优化策略

（一）立足实际优化政策目标

政策目标作为公共政策的出发点与落脚点，是对公共政策问题的进一步明确，也是政策方案制定的基础与依据。为推进"双一流"建设，相关文件明确提出了2020年、2030年和2050年三个时间节点的奋斗目标。根据这一国家层面的建设规划，各一流大学建设高校在其方案中均制定出近期目标（2020年）、中期目标（2030年）和远期目标（2050年），一些大学根据建校时间对这几个时间节点做出了微调。

为更好地推动政策执行，加快我国高校"双一流"建设的进程，政策目标的规划要综合考虑多个方面。具体表现在：远期目标应具有战略方向性，起到指导、规定中期与近期目标的作用，而中期与近期目标作为远期目标实现的保障，在制定的过程中应注重明确性、具体性。因此，各高校要立足于自身的发展情况，制定出切合实际的发展目标，切忌概念的笼统不清或是严重偏离自身特色的目标。在推进世界一流大学的建设中，各高校要注意政策目标是用来实现的，为避免其过分高于现实、难以落实，应制定出更合理的近期、中期和远期目标。

（二）民主决策推动协同建设

在我国高校"双一流"政策的制定过程中，参与者主要是各学院负责人、学科负责人以及相关职能处的负责人，作为学科建设主体的广大教师却很少有机会参与到政策制定过程中。在政策的推进过程中，各高校的普遍做法是成立"双一流"建设领导小组，同时强化院系的主体地位和院系领导责任制，采取自上而下的强力推动。这些做法将很难激发广大教师群体的内在动力，无法保障预期政策目标的实现。

教师作为教育政策执行的主体，是教学活动开展的重要参与者，教师参与到教育政策的制定中，既是一种权利，也是一种义务，积极鼓励教师群体参与到政策的制定中，有利于政策制定的科学性与客观性，从而更好地推动政策的实施。因此，我国高校"双一流"政策的制定与执行，要注重民主决策推动协同建设。公共政策的制定要坚持民主参与的原则，抛砖引玉，充分听取大学内部师生的意见或建议，做到集思广益，保障政策的民主性、科学性。政策的实施过程其实也是政策自我完善和调整的过程，因此要尽量做到自下而上合理意见的吸收，充分增强基层学术组织和广大师生的积极性，这将有助于及时调整政策实行过程中出现的现实偏差。

（三）重视中国特色现代大学制度建设

我国明确提出，要把深化改革、建设中国特色现代大学制度贯穿于推进"双一流"建设的全过程，因此进一步完善中国特色现代大学制度的建设是推动高校进军世界一流大学行列的关键环节。

要想完善中国特色现代大学制度的建设，就要充分认识到这一制度的内涵。它扎根于我国优秀传统文化的土壤中，是几千年来中国特色传统文化的积淀，同时符合了当前高等教育改革的发展背景。坚持并完善中国特色现代大学制度建设的过程，就是主动同国家政治、经济、文化等制度体系相协调的过程，可以体现出当下大学制度的共同趋势，这将有利于推动高校的健康发展，促使大学充分发挥其社会价值。因此，在建设世界一流大学的过程中，要时刻重视中国特色现代大学制度的建设，将其打造成一项基础性工程，推动高校冲击世界一流大学建设的进程。各高校要注重保障大学民主化决策与管理，通过有效合理的民主参与，完善大学治理体系。"无规矩，不成方圆"，大学章程作为现代大学制度的载体，高校要充分认识到其对建设现代大学制度的意义，提高全校师生自觉学章程、守章程、用章程的意识，做到真正落实大学章程。

参考文献

［1］ 钱小龙，孟克.美国高等教育国际化概论：进展分析与经验借鉴 [M].南京：南京大学出版社，2017.

［2］ 林金辉，鄢晓，薛卫洋.中外合作办学与国际化人才培养 [M].厦门：厦门大学出版社，2015.

［3］ 刘志兰."双一流"视域下地方高校建设一流学科的困境与突破 [J].黑龙江教师发展学院学报，2021，40（10）：7-9.

［4］ 满萍萍.本科生教育国际化校本发展策略：以南京农业大学为例 [J].林区教学，2021（10）：35-38.

［5］ 伍俊晖.双循环背景下职业教育国际化发展研究 [J].教育与职业，2021（19）：48-52.

［6］ 朱飞，黄英杰."双一流"建设背景下地方本科大学国际化发展路径探索：以云南大学为例 [J].教育理论与实践，2021，41（18）：20-23.

［7］ 张丽.我国高等教育国际化问题研究综述 [J].运城学院学报，2021，39（3）：68-72.

［8］ 王佳音，石臻春，周慧婧."双一流"建设背景下来华国际学生跨文化趋同培养模式探析 [J].大学，2021（18）：66-71.

［9］ 王旸.双一流建设背景下我国高等教育国际化的逻辑建构与战略选择 [J].北京城市学院学报，2020（4）：37-44.

［10］ 王祎玲，柴敏，赫娟.双一流学科建设背景下研究生教育国际化水平提升对策探析 [J].创新创业理论研究与实践，2020，3（12）：7-8.

［11］ 张红，陈思羽，陈玉水，等.新时代高等教育国际化发展探究 [J].教育现

代化，2020，7（43）：88-92.

[12] 李增森，赵淑惠."双一流"背景下的高等教育国际化探析 [J]. 教学研究，2019，42（6）：22-26.

[13] 田启凌，严涌嘉. 双一流学科建设背景下研究生教育国际化水平提升对策 [J]. 科教导刊，2019（33）：1-2.

[14] 吴永会."双一流"战略背景下我国高等教育国际化发展反思 [J]. 现代经济信息，2019（21）：461.

[15] 赵新，于岩. 略论"双一流"建设背景下的高校国际学生交流 [J]. 红河学院学报，2019，17（5）：98-101.

[16] 侯淑霞，韩鹏."双一流"建设背景下我国高等教育国际化发展研究 [J]. 国家教育行政学院学报，2019（8）：46-51.

[17] 党婷云. 推进"双一流"背景下地方高校高等教育国际化策略探讨 [J]. 科教文汇，2019（8）：14-15.

[18] 陆静如. 新时代我国高等教育国际化转型发展的路径研究 [J]. 高教学刊，2018（24）：7-9.

[19] 周连勇."双一流"建设背景下高等教育国际化的发展路径探究 [J]. 世界教育信息，2018，31（20）：38-42.

[20] 陆小兵，王文军，钱小龙."双一流"战略背景下我国高等教育国际化发展反思 [J]. 高校教育管理，2018，12（1）：27-34.

[21] 水玲玲，周姗，李文辉，等."双一流"背景下地方高校研究院国际化发展路径 [J]. 中国高校科技，2017（S2）：7-9.

[22] 李辉."双一流"建设背景下研究生教育国际化研究 [J]. 中国成人教育，2017（7）：30-34.

[23] 吴文婷. 浙江省本科生国际化素养及其影响因素研究 [D]. 金华：浙江师范大学，2020.

[24] 戴文红."双一流"建设背景下的地方高校科研管理再造研究：以浙江某高校为例 [D]. 桂林：广西师范大学，2020.

[25] 张楠."双一流"建设背景下高校人才流动存在的问题与对策研究 [D]. 石家庄：河北师范大学，2019.

[26] 张明超."双一流"背景下地方高水平大学学科布局研究 [D]. 杭州：浙江工业大学，2019.

［27］ 王若南 . "双一流"背景下地方高校重点学科建设问题研究：以 H 大学为例 [D]. 新乡：河南师范大学，2019.

［28］ 马嵘 . 全面国际化背景下美国研究型大学国际事务治理研究 [D]. 南京：南京师范大学，2019.

［29］ 王伟伟 . 中国高等教育国际化及其效应研究 [D]. 北京：对外经济贸易大学，2018.

［30］ 王卓 . "双一流"背景下 AHELO 项目在我国高等教育中的应用前景研究 [D]. 西安：陕西师范大学，2017.